Das Licht, das keinen Schatten wirft

Vicki Mackenzie

DAS LICHT,
DAS KEINEN SCHATTEN WIRFT

Die Lebensgeschichte einer Frau aus dem Westen
auf der Suche nach Vollkommenheit

Aus dem Englischen von
Susanne Kahn-Ackermann

O. W. Barth

Tenzin Palmo im Internet unter: tenzinpalmo.com

Spenden zur Unterstützung des Aufbaus ihres Nonnenklosters
Dongyu Gatsal Ling können gerichtet werden an:
Dongyu Gatsal Ling
c/o Eliz Dowling
3 Nassim Road
02-04 Nassim Jade, Singapore 258371

Die Originalausgabe erschien 1998 unter dem Titel
«Cave in the Snow» bei Bloomsbury Publishing Plc,
38 Soho Square, London W1V 5DF

Erste Auflage 2001
Copyright © 1998 by Vicki Mackenzie
Published by arrangement with Bloomsbury Publishing Plc
Alle deutschsprachigen Rechte beim Scherz Verlag,
Bern, München, Wien,
für den Otto Wilhelm Barth Verlag
Alle Rechte der Verbreitung, auch durch Funk, Fernsehen,
fotomechanische Wiedergabe, Tonträger jeder Art
und auszugsweisen Nachdruck, sind vorbehalten.

Für meine Mutter, Rene Mackenzie (1919 – 1998),
die erste spirituelle Frau in meinem Leben,
in tiefer Dankbarkeit für ihre unerschöpfliche
Liebe, Weisheit und Unterstützung.

Inhalt

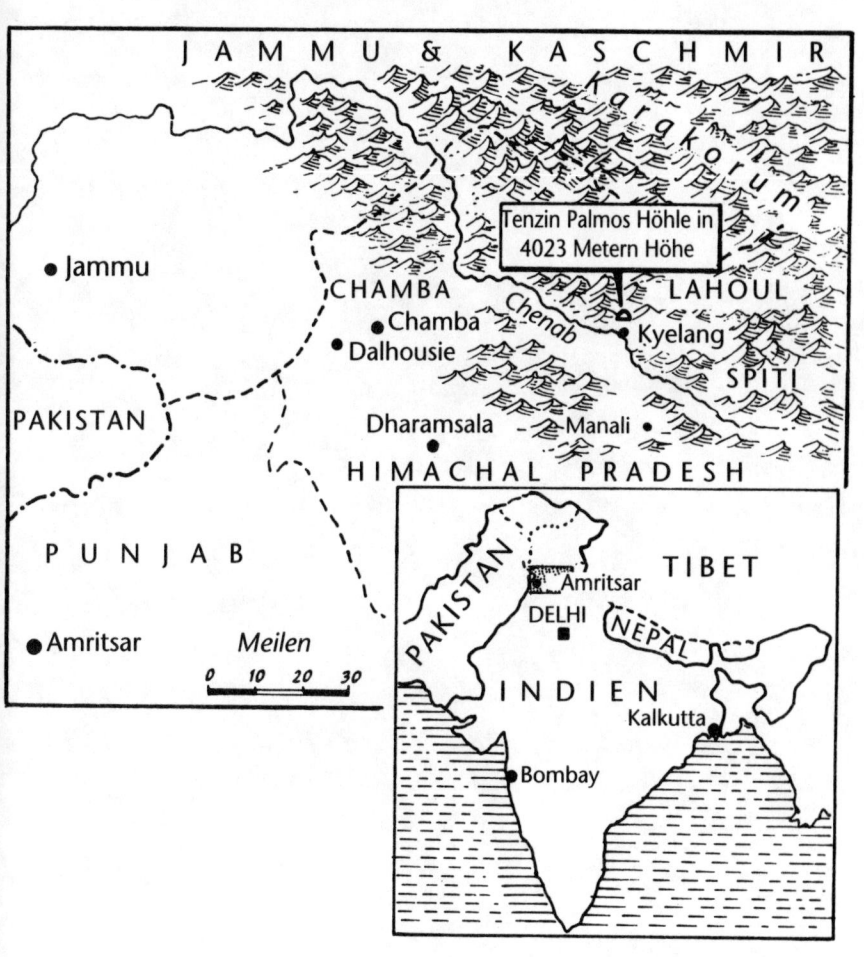

I

Die Begegnung

Rückblickend erscheint es mir recht merkwürdig, dass unsere erste Begegnung gerade an diesem Ort stattfand. Pomaia, ein in die herrliche toskanische Hügellandschaft eingebettetes Städtchen, ist etwa eine Autostunde von Pisa entfernt. Es war Hochsommer, später Nachmittag und die Luft von trockener Hitze und dem würzigen Duft von Piniennadeln erfüllt. Das einst herrschaftliche Landhaus mit seinen ockerfarbenen Mauern, hohen Rundbögen, Türmchen und Zinnen schimmerte in der flirrenden Augustsonne, und nur die Zikaden durchbrachen die Stille der Siesta. In ein paar Stunden würde es Abend sein und der etwas weiter unten gelegene Ort zum Leben erwachen. Die kleinen Läden mit ihrem seltsamen Warengemisch von Salamis, Keksen und Sandalen würden öffnen und die alten Männer sich auf der Piazza versammeln, um über die Angelegenheiten des Städtchens und die Affären der Kommunistischen Partei zu debattieren. Die schier überbordende Üppigkeit Italiens, wo sich alle Dinge zu verschwören scheinen, um den Sinnen Freude und Genuss zu bereiten, hätte in keinem schärferen Kontrast zu der Welt stehen können, aus der sie gekommen war.

Als ich sie zum ersten Mal sah, stand sie auf dem Gelände des Landhauses im Schatten einer Baumgruppe – eine etwas zerbrechlich wirkende Frau mittleren Alters mit heller Haut und gebeugtem Rücken. Sie war in die kastanienbraune und goldfarbene Robe einer ordinierten buddhistischen Nonne gehüllt und trug das Haar nach traditioneller Art kurz geschnitten. Eine Gruppe von Frauen hatte sich um sie versammelt, und man konnte auf den ersten Blick sehen, dass sie in intimer Atmosphäre eine angeregte Unterhaltung führten. Eine einnehmende Szene, aber nicht besonders ungewöhnlich für einen einmonatigen buddhistischen Meditationskurs.

Wir, etwa fünfzig Personen, waren aus aller Welt zusammengekommen, um an diesem Kurs teilzunehmen. Solche Ereignisse waren ein fester und willkommener Bestandteil meines Lebens geworden, seit ich 1976 in Nepal auf die Lamas gestoßen war und den Reichtum ihrer Botschaft entdeckt hatte. Lebhafte Diskussionen, so wie jene, deren Zeugin ich gerade wurde, boten eine angenehme Unterbrechung der langen Stunden, die man im Schneider- oder Lotossitz sitzend verbrachte, um den Worten Buddhas zu lauschen oder sich im mühsamen Geschäft der Meditation zu versuchen.

Als wir später unser Abendessen unter dem Sternenhimmel einnahmen und ich das Olivenöl mit großen Brotbrocken vom Teller aufwischte, lenkte mein Sitznachbar meine Aufmerksamkeit erneut auf die Frau. Sie saß von Leuten umringt am Tisch und unterhielt sich voller Enthusiasmus mit ihnen.

«Das ist Tenzin Palmo, die Engländerin, die zwölf Jahre in einer Höhle, über 4000 Meter hoch im Himalaya gelegen, in Meditation verbrachte. Sie war fast die ganze Zeit völlig allein. Sie ist gerade erst herausgekommen», erzählte er.

Nun blickte ich mehr als nur beiläufig zu ihr hinüber.

Ich hatte von solchen Persönlichkeiten gelesen – von den großen Yogis in Tibet, Indien und China, die allen weltlichen Komfort aufgaben, um sich in irgendeine abgelegene Höhle zurückzuziehen und sich jahrelang in tiefe Meditation zu versenken. Es waren spirituelle Virtuosen und ihr Weg der härteste und einsamste von allen. Ganz allein, so hatte ich erfahren, und nur in eine einfache Robe oder ein Lendentuch gehüllt, setzten sie sich den grimmigsten Elementen aus – heftig tobenden Stürmen, Schnee und Eiseskälte. Ihre Körper waren schrecklich ausgemergelt, ihr verfilztes Haar hing bis zur Hüfte herab. Sie sahen sich mit wilden Tieren konfrontiert und mit Räuberbanden, die sie ohne jede Achtung vor ihrem spirituellen Bestreben zusammenschlugen und blutüberströmt, dem Tode nahe, liegen ließen. Aber das alles war nichts im Vergleich zu den Abenteuern, die ihr

Geist zu bestehen hatte. Vom normalen Leben abgeschnitten, erhoben sich nun all die dicht unter der Oberfläche lauernden Dämonen und verhöhnten und verspotteten sie. Der Zorn, die Paranoia, die Sehnsüchte und die sinnliche Begierde – diese vor allem. All dies musste überwunden werden, und sie hielten durch. Sie strebten den Preis aller Preise an: die Erleuchtung – einen Geist, der so weit geöffnet ist, dass er die kosmische Wirklichkeit zu umfassen vermag. Einen Bewusstseinszustand, in dem sich das offenbart, was nicht zu erkennen und zu verstehen ist. Allwissenheit, nichts weniger. Begleitet von höchster Glückseligkeit und einem unvorstellbaren Frieden. Die höchste Stufe, die ein Mensch zu erreichen imstande ist.

So hatte ich es gelesen. Ich hätte nie gedacht, dass ich einer solchen Person leibhaftig begegnen würde. Doch hier, mitten in Italien, saß eine derartige, wie es schien, den Mythen und Legenden entsprungene Gestalt so zwanglos unter uns, als sei sie gerade aus einem Bus gestiegen oder von einem Einkaufsbummel zurückgekehrt. Hinzu kam, dass sie nicht, wie es sonst in den Berichten der Fall war, ein Yogi aus dem Osten, sondern westlicher Herkunft war. Und, noch erstaunlicher, es handelte sich um eine Frau.

Unzählige Fragen schwirrten mir im Kopf herum. Was hatte eine moderne Engländerin dazu getrieben, wie ein Höhlenmensch in einem dunklen, feuchten Loch hoch in den Bergen zu leben? Wie hatte sie in der extremen Kälte überlebt? Wie kam sie zu ihrer Nahrung, zu einem Bad, einem Bett, einem Telefon? Wie konnte sie all die Jahre ohne die Wärme menschlicher Gesellschaft existieren? Was hatte sie dabei gewonnen? Und, besonders seltsam, wie konnte aus dieser exzessiven Stille und Einsamkeit eine Frau, redselig wie auf einer Cocktailparty, hervorgehen?

Meinem Anfall von Neugier folgten jedoch rasch rückhaltlose Bewunderung und ein wenig Ehrfurcht. Diese Frau hatte sich auf ein Gelände vorgewagt, das ich nie betreten würde. Anders als bei mir hatte sie ihr Wissensdurst über die sicheren Grenzen eines vierwöchigen Meditationskurses, dessen Beendigungsklausel eine rasche Rückkehr ins normale Leben garantierte, hinausgetrieben. Wie ich aus eigener, erbärmlich geringer Erfahrung wusste, bedeutete ein Retreat harte Arbeit, zu der tagaus, tagein die endlose Wiederholung derselben Gebete,

Mantras, Visualisierungen und Meditationen gehörte. Man saß immer auf demselben Kissen an der gleichen Stelle, sah dieselben Menschen am gleichen Ort. Die Langeweile war für jemanden, der der modernen Lebensweise mit ihrer fortwährenden Stimulierung und ihrem raschen Wechsel verhaftet war, unerträglich. Nur der winzigste Gewahrseinsschimmer und das ungewohnte Gefühl von tiefer Ruhe und Gelassenheit machten es die Sache wert. Letztlich war ein Retreat ein Test der Ausdauer, des Mutes und des Glaubens an das Endziel.

Am nächsten Tag sah ich sie wieder. Dieses Mal saß sie allein im Garten, und ich ergriff die Gelegenheit, sie anzusprechen. Ob sie etwas dagegen habe, wenn ich mich ein Weilchen zu ihr setzte? Ein breites, einladendes Lächeln war die Antwort, und ein Paar durchdringende blaue Augen blickte stetig in die meinen. In ihnen waren Ruhe und Gelassenheit, Freundlichkeit und auch Lachen, aber das hervorstechendste Merkmal war ihr Leuchten. Die Frau strahlte förmlich Licht aus. In der Tat war sie eine überaus interessant aussehende Person. Sie hatte scharfe Gesichtszüge, eine lange, spitze Nase und kleine, hübsche Ohren. Vielleicht lag es an ihrem kurz geschnittenen Haar und dem fehlenden Make-up, dass sie sehr androgyn wirkte, so, als würde sie in ihrem Innern ein sensibles männliches Wesen beherbergen.

Wir begannen zu plaudern. Sie erzählte, dass sie derzeit in Assisi wohnte, im Gartenhäuschen von Freunden, und dass sie das ungemein genoss. Sie war dorthin gerufen worden, als ihre Zeit in der Höhle zu Ende war. Der Ort bot sich geradezu an. Ich erfuhr, dass sie, mit gerade mal 21, schon 1964 ordiniert worden war, lange bevor die meisten von uns überhaupt von der Existenz des tibetischen Buddhismus wussten. Das machte sie, schätzte ich, zur dienstältesten tibetisch-buddhistischen Nonne in der westlichen Welt. Doch 30 Jahre zölibatäres Leben waren eine lange Zeit. Hatte sie währenddessen nie den Wunsch nach einem Partner, einer Ehe oder nach Kindern verspürt?

«Das wäre eine Katastrophe gewesen. Das war überhaupt nicht mein Weg», erwiderte sie, warf den Kopf zurück und lachte. Nach zwölf Jahren Leben in einer Höhle hätte ich eine solche Lebhaftigkeit nicht erwartet.

Was sie in diese Höhle geführt habe, fragte ich.

«Mein Leben war wie ein Fluss, es verlief ständig in einer Richtung», gab sie zur Antwort und fügte nach einer Pause hinzu: «Der Sinn des Lebens ist die Erkenntnis und Verwirklichung unserer spirituellen Natur. Und dazu musst du weggehen und praktizieren, damit du die Früchte des Weges ernten kannst, sonst hast du anderen nichts zu geben.»

Hatte ihr denn gar nichts gefehlt?

«Mein Lama fehlte mir, sonst nichts. Ich war dort sehr glücklich und hatte alles, was ich wollte», sagte sie still.

Aber war der Rückzug in die Höhle nicht eine Flucht, wich sie damit nicht den Prüfungen, Schicksalsschlägen und Strapazen eines «normalen» Lebens aus? Ich brachte damit vor, was wir, die wir zutiefst mit irdischen Angelegenheiten befasst sind, Einsiedlern am häufigsten entgegenhalten.

«Überhaupt nicht. Für mich ist das weltliche Leben eine Flucht», kam blitzschnell die Antwort. «Wenn du ein Problem hast, kannst du den Fernseher einschalten, eine Freundin anrufen, einen Kaffee trinken gehen. In einer Höhle jedoch kannst du dich an niemanden wenden außer an dich selbst. Wenn Probleme auftauchen und es schwierig wird, hast du keine andere Wahl, als da durchzugehen und auf der anderen Seite wieder herauszukommen. In einer Höhle bist du mit deiner Natur im Rohzustand konfrontiert, du musst einen Weg finden, um mit ihr zu arbeiten und umzugehen.»

Es war eine denkwürdige Begegnung. Tenzin Palmo war, wie ich schon aus der Ferne beobachtet hatte, bemerkenswert offen und umgänglich. Sie war auch sehr gesprächig, überaus eloquent und verfügte über einen scharfen, durchdringenden Verstand. Und sie legte eine Nüchternheit und Sachlichkeit an den Tag, die jede klischeehafte Vorstellung von einer «abgehobenen Meditierenden» sofort zunichte machte. Doch hinter all der Lebhaftigkeit war eine tiefe Stille, eine ungeheure innere Ruhe, zu spüren, so, als könne sie nichts, aber auch gar nichts erschüttern. Zweifellos eine Frau von Format, entschied ich. Der Kurs ging zu Ende, und ich hielt es für unwahrscheinlich, dass sich unsere Wege noch einmal kreuzen würden. Ein paar Monate später entdeckte ich in einer buddhistischen Zeitschrift ein Interview mit ihr. Und darin stand folgender Satz:

«Ich habe das Gelübde abgelegt, in weiblicher Gestalt die Erleuchtung zu erlangen – ganz gleich, wie viele Leben es dauert.»

Ich hielt inne. Die Worte elektrisierten mich, denn was Tenzin Palmo da so beiläufig, ja fast wegwerfend gesagt hatte, war nichts weniger als revolutionär. Sie hatte versprochen, ein weiblicher Buddha zu werden, und weibliche Buddhas (so wie auch weibliche Christusse und weibliche Mohammeds) waren entschieden dünn gesät. Gewiss hatte es in allen Teilen der Welt eine Menge äußerst angesehene Mystikerinnen und weibliche Heilige gegeben, doch was die höchste Blüte menschlicher Göttlichkeit anging, so wurde sie zumindest in den letzten paar tausend Jahren als ausschließlich männliche Domäne erachtet. Aus irgendeinem Grund galt der weibliche Körper als ungeeignetes oder unwürdiges Gefäß für die Beherbergung des Allerheiligsten. Nun verkündete Tenzin Palmo öffentlich, dass sie beabsichtige, das alles über den Haufen zu werfen. Es war eine kühne, mutige Aussage. Sogar eine verwegene. Eine, die, würde sie nicht von Tenzin Palmo mit ihrer nachweislich außergewöhnlichen Meditationsfähigkeit und Hartnäckigkeit stammen, als herausfordernde Behauptung oder gar als Wunschdenken hätte abgetan werden können. Es war durchaus möglich, dass sie es schaffte. Und wenn nicht in diesem Leben, dann im nächsten oder übernächsten.

Auf so etwas hatte ich seit Jahren gewartet. Schon als ich begonnen hatte, mich mit dem Buddhismus zu beschäftigen, war mir erzählt worden, dass wir alle, Männer wie Frauen, das Samenkorn der vollen Erweckung in uns tragen. Es war unser Geburtsrecht, unser natürliches Erbe, erklärten die Lamas von ihren hohen, brokatbezogenen Thronen herab. Die Buddhaschaft schimmerte in unserem Innern wie eine überaus kostbare Perle, und wir brauchten sie nur freizulegen. Es lag allein in unserer Verantwortung. Was für eine viel versprechende Philosophie für eine unabhängige Frau, die ihren eigenen Weg ging! Es brauchte Leben des Fleißes, der Anstrengung und Bemühung, so sagten die Lamas weiterhin, aber wenn wir uns auf diese Reise begaben, würden wir schließlich den herrlichen Preis erringen.

So lautete zumindest die Theorie. In der Praxis jedoch waren die Beispiele solcher weiblicher Spiritualität äußerst rar. Ja, es gab weibliche Buddhas auf Bildern und in Form von Statuen zuhauf – zu Ehren des Ideals weiblicher Göttlichkeit in all seinen wunderbaren Ausprägungen. Man konnte diese der Verehrung und Anbetung würdigen Objekte überall an Tempelwänden und in Klostergärten finden. Manche waren schön anzusehen, manche friedlich, andere machtvoll oder überaus erotisch. Aber wo waren die lebenden Vorbilder? Wohin ich auch blickte, nirgends konnte ich Anzeichen dafür entdecken, dass Frauen irgendwo für höhere spirituelle Positionen auch nur in Betracht gezogen wurden. Die uns unterrichtenden Lamas waren männlich; die Dalai Lamas (alle vierzehn) waren männlich; die machtvollen Linienhalter, die das Gewicht der gesamten Tradition trugen, waren männlich; die hochverehrten Tulkus, die anerkannten reinkarnierten Lamas, waren männlich; die riesigen Mönchsversammlungen, die die Tempelhallen und Lehrsäle füllten, waren männlich; die Gurus, die nacheinander in den Westen kamen, um neue Sucher zu inspirieren, waren männlich. Wo blieben die Frauen? Gerechterweise muss gesagt werden, dass nicht nur der tibetische Buddhismus so testosteronlastig war, sondern auch der Buddhismus in Japan, Thailand, Sri Lanka und Burma – praktisch in allen Ländern des Fernen Ostens, vielleicht mit Ausnahme von Taiwan. (Und meine eigene Religion, das Christentum, war in ihrem Beharren auf einem männlichen Gott und ihrer Angst vor weiblichen Priestern nicht besser.) Wo waren die weiblichen Gurus, denen wir Frauen nacheifern konnten? Wie sah eine weibliche Spiritualität überhaupt aus? Wir hatten keine Ahnung, Tatsache war, dass es trotz dem Versprechen des Buddha, dass wir alle die spirituelle Leiter zur Erleuchtung erklimmen können, keine Beweise dafür gab, dass Frauen auch wirklich dazu in der Lage waren. Für die weiblichen Praktizierenden, die zu Füßen der Lamas saßen und dem Weg ernsthaft zu folgen versuchten, war dies, gelinde gesagt, entmutigend.

Wir bedurften dringend der Hoffnung, dass das Unmögliche möglich werden konnte. Wir Frauen brauchten Meisterinnen, die uns den Weg wiesen. Es war an der Zeit. Das 20. Jahrhundert hatte die stetig voranschreitende Emanzipation der Frau in allen Lebensbereichen gebracht – mit Ausnahme der Religion. Jetzt, kurz vor Anbruch des neuen Jahrtausends, hatte es den Anschein, dass auch die letzte Woge der weiblichen Emanzipation ihren Anfang nahm. Wenn es tatsächlich so war, dann würde sie auch die gewaltigste Woge sein. Ein weiblicher Buddha, ein allwissendes Wesen, war sicherlich die letzte und höchste Stufe der Frauenbefreiung. Schon die Leistung Tenzin Palmos, zwölf Jahre der Meditation in einer Höhle im Himalaya durchgehalten zu haben, bedeutete einen Vorstoß in den Bereich universellen Bestrebens.

Ich beschloss, sie wieder aufzusuchen. Es gab noch so viel in Erfahrung zu bringen. Wer genau war sie, woher war sie gekommen, was hatte sie in der Höhle gelernt, was hatte sie zu ihrem Gelübde veranlasst – und hatte sie etwas dagegen, der Gegenstand eines Buches zu sein? Zögernd, sehr zögernd willigte sie ein, und auch nur deshalb, weil das Buch andere Frauen inspirieren und der Unterstützung ihres Projekts zur Förderung von Frauen, die Erleuchtung erlangen wollen, dienen konnte. So machte ich sie also im Verlauf des folgenden Jahres immer wieder ausfindig, in Singapur, London, Seattle, Kalifornien und Indien, wo sie ein völlig anderes Leben führte, und fügte nach und nach die einzelnen Elemente ihres außergewöhnlichen und, wie manche sagen würden, unnatürlichen Lebens zusammen. Ich sprach mit Menschen, die sie kannten, und besuchte Orte, die für ihr Leben von Bedeutung gewesen waren. Unter großen Mühen fand ich sogar ihre Höhle und bewunderte, nachdem ich in der dünnen Luft hinaufgeklettert und ihre ehemalige Bleibe persönlich in Augenschein genommen hatte, ihre Leistung nur noch mehr.

Dies nun ist Tenzin Palmos Geschichte – die Schilderung des Weges einer Frau auf der Suche nach Vollkommenheit.

2

DER FALSCHE ORT

Die Kluft zwischen der Welt, aus der Tenzin Palmo kam, und jener, in der sie sich später wieder finden sollte, hätte nicht tiefer sein können.

Sie wurde in einem Herrenhaus geboren, in Woolmers Park in Hertfordshire, und zwar in der Bibliothek, um genau zu sein. Nicht, weil blaues Blut in ihren Adern floss, weit gefehlt, sondern weil Hitlers Luftwaffe an diesem Tag, dem 30. Juni 1943, London bombardierte und die Entbindungskliniken der Hauptstadt evakuiert und in die relativ sicheren umliegenden Grafschaften verlegt worden waren. Irgendetwas musste bei der Vorausberechnung ihres Geburtstermins schrecklich schief gelaufen sein, denn obwohl sie technisch gesehen überfällig war und die Geburt eingeleitet wurde, kam sie ohne Wimpern, Fingernägel und Haare zur Welt und sah ziemlich hässlich aus, wie selbst ihre Mutter einräumte. Doch diese war, des schrumpligen und wenig einnehmenden Äußeren ihres Babys ungeachtet, von romantischen Hoffnungen für ihre Tochter erfüllt und gab ihr den Namen Diane, nach einem damals beliebten französischen Song, der ihre Fantasie angeregt hatte. Sie bestand jedoch auf der französischen Aussprache, woraus dann im Englischen «Dionne» wurde. Und diesen Namen trug ihre Tochter bis zu ihrer Ordination zur buddhistischen Nonne einundzwanzig Jahre später, bei der sie dann ihren zweiten Namen Tenzin Palmo annahm.

In den ersten zwanzig Jahren ihres Lebens war die Wohnung über einem Fischladen ihr Zuhause, 72 Old Bethnal Green Road, Bethnal

Green, gerade mal um die Ecke von der historischen Old Roman Road im Herzen des Londoner East End gelegen. So weit wie möglich entfernt von den himmelhoch aufragenden, schneebedeckten Gipfeln und weiten Ausblicken des Himalaya, wo ihre Seele einmal frei umherschweifen sollte. Heute existiert 72 Old Bethnal Green Road nicht mehr, und das Bethnal-Green-Viertel mit seinen eleganten öffentlichen Plätzen, winzigen Gässchen und seiner Citynähe läuft Gefahr, in Mode zu kommen. Doch als Tenzin Palmo dorthin kam, war nach der Bombardierung ein Haufen Schutt und Geröll daraus geworden, und sie glaubte, bevor sie alt genug war, um die Dinge besser begreifen zu können, dass es dort schon immer so ausgesehen habe. Ein überfüllter, geschwärzter, in Smog gehüllter Ort, wo es kaum einen Baum gab. Solange sie zurückdenken konnte, hatte sie jedoch immer das Empfinden gehabt, nicht dorthin zu gehören: «Ich hatte das überaus starke Gefühl, am falschen Ort zu sein. Selbst jetzt fühle ich mich in England nie ‹richtig›», berichtete sie.

Ihr Vater George Perry war Fischhändler. Ihm gehörte der Laden im Parterre. Ein klein gewachsener Mann, zwanzig Jahre älter als seine Frau, der sich gerne seinen Vergnügungen hingab. So besuchte er Pferde- und Hunderennen und Tanzschuppen und zeigte sich, wann immer die Gelegenheit es erforderte, als Pearly King herausgeputzt in seinem mit Perlenknöpfen besetzten Anzug. Er hatte sich im Ersten Weltkrieg eine Gasvergiftung zugezogen und litt infolgedessen unter einer schweren Bronchitis. Die Arbeit in dem kalten und feuchten Fischladen trug nicht gerade zu deren Besserung bei. Er starb im Alter von siebenundfünfzig Jahren, als Tenzin Palmo gerade zwei war.

«Es ist traurig, dass ich ihn nie kennen gelernt habe, er scheint ein sehr liebenswürdiger Mann gewesen zu sein. Man erzählte mir, dass meine Mutter, die ja so viel jünger war, gerne mit ihren Tanzpartnern ausging, dass er sie dazu ermunterte und dann, wenn sie nach Hause kam, für sie eine Mahlzeit vorbereitet hatte. Ich weiß, wie sehr er sich eine Tochter wünschte, nachdem er bereits zwei Söhne aus einer vorangegangenen Ehe hatte. Aber für mich war er ohne Bedeutung.»

Es blieb ihrer Mutter Lee Perry, einem ehemaligen Hausmädchen, überlassen, Tenzin Palmo und ihren sechs Jahre älteren Bruder

Mervyn großzuziehen. Lee war in jeder Hinsicht eine bemerkenswerte Frau. Eine lebhafte, aufgeschlossene und angesichts von Unglück und Not optimistische Person, und, am wichtigsten für diese Geschichte, eine spirituell Suchende, die ihr ganzes Leben lang Tenzin Palmo in allen ihren Bestrebungen unterstützte. Die beiden standen sich sehr nahe.

«Meine Mutter war wunderbar. Ich bewunderte sie ungemein. Sie arbeitete extrem hart und war immer an neuen Ideen interessiert. Sie war auch ein Freigeist. Als sie meinem Vater begegnete, lebte er von seiner ersten Frau getrennt, war aber nicht geschieden. Sie zog dennoch bei ihm ein und hatte zwei Kinder mit ihm, was in jener Zeit ziemlich ungewöhnlich war. Als dann seine Scheidung endlich durch war, heiratete sie ihn trotzdem nicht, weil sie sich an ihre Unabhängigkeit gewöhnt hatte.»

Tenzin Palmo wuchs in einem geradezu urtypisch englischen Umfeld auf, nämlich inmitten von Cockneys, den «echten Londonern», die für ihren scharfen Verstand und ihre Schlagfertigkeit bekannt sind. Das East End war eine freundliche Wohngegend. Tenzin Palmo kannte jedermann in der Nachbarschaft, ihr Onkel Harry war der Besitzer des Pubs von gegenüber, auf den Straßen herrschte ein reges Treiben, und die zerbombten Gelände lieferten den Kindern ausgezeichnete Abenteuerspielplätze.

Sie war ein nach innen gekehrtes, einzelgängerisches Kind, das zwar Freunde hatte, sie aber nie mit nach Hause bringen wollte. «Ich war nicht daran interessiert», erzählte sie. «Ich wusste, dass ich aus meinem Leben etwas anderes zu machen hatte. Ich mochte es einfach, wenn ich für mich war, und war sehr glücklich, wenn ich nur dasitzen und lesen konnte. Ich entsinne mich, dass mir meine Lehrerinnen immer und immer wieder Bücher liehen, was sie bei den anderen Kindern nicht taten.» Sie fühlte sich auch auf merkwürdige Weise vom Osten angezogen, obwohl es damals nicht wie heute eine blühende asiatische Gemeinde im East End gab und auch niemand in ihrer Familie nur im Entferntesten am Orient interessiert war. «Ich habe Stunden damit verbracht, japanische Damen in fließenden Kimonogewändern zu zeichnen. Ich sehe immer noch die komplizierten Muster vor mir, die ich ihnen aufmalte. Als im West End die ersten chinesischen Restaurants eröffnet wurden, bat ich meine Mutter, mich dorthin mitzunehmen, damit ich ein paar asiatische Gesichter sehen konnte.» Dann war da auch die unerklärliche Faszination, die die Nonnen auf sie ausübten, vor allem die, die den kontemplativen, weltabgewandten Orden angehörten. «Mir gefiel die Vorstellung von den eingeschlossenen Nonnen, von jenen, die ins Kloster eintreten und nie wieder herauskommen und ihr ganzes Leben im Gebet verbringen. Den Gedanken an einen solchen Lebensstil fand ich ungemein anziehend. Einmal ging ich in einen Laden in der Nachbarschaft, und die Besitzerin fragte mich, was ich später einmal werden wolle. ‹Nonne›, antwortete ich ganz spontan. Sie lachte und sagte, wenn ich älter sei, würde ich meine Meinung schon noch ändern, und ich dachte bei mir: ‹Du irrst dich!› Das Problem war nur, dass ich nicht wusste, was für eine Art Nonne ich werden würde.»

Es gab noch andere Anomalien. So wie sie sich in England ständig fehl am Platz fühlte, so kam sie sich auch als Mädchen merkwürdig «verkehrt» vor. «Dass ich ein weibliches Wesen war, verwirrte mich», erklärte sie. «Es fühlte sich einfach nicht richtig an. Ich hörte die Erwachsenen immer sagen, dass sich der Körper in der Pubertät verändern würde, und ich dachte dann: ‹O gut, dann kann ich endlich wieder ein Junge sein.›» Dieses Rätsel sollte, wie so viele andere auch, später gelöst werden.

Wenn sie von ihrem Temperament her für ein künftiges Leben der Meditation in einer einsamen Höhle ideal ausgerüstet war, so hätte sich ihr Körper nicht schlechter dafür eignen können. Ihre gesamte Kindheit wurde von einer Reihe von Krankheiten beherrscht, die sie schließlich so sehr schwächten, dass ihre Ärzte und Lehrer ihr rieten, nie einen Beruf zu ergreifen, der auch nur im Entferntesten strapaziös war. Sie kam schon mit einer Rückgratverkrümmung auf die Welt, ihr Steißbein war nach innen und nach links gebogen, was ihre ganze Wirbelsäule aus der Balance geraten ließ. Zum Ausgleich entwickelte sie stark gekrümmte Schultern, die sie bis heute behalten hat. Dieser Zustand bereitete ihr außerordentliche Schmerzen, schwächte die Wirbelsäule und machte sie für Hexenschuss anfällig. Als Kind ging sie dreimal in der Woche ins Krankenhaus, um sich einer Physiotherapie zu unterziehen, was aber nichts half. (Später half ihr Yoga.) Als sie ein paar Monate alt war, bekam sie Meningitis, erholte sich davon und bekam sie erneut. Sie wurde eilends ins Krankenhaus gebracht, wo sie ihre Eltern nur durch eine Glaswand getrennt sehen konnten. Lee, die auf dieses zu kleine Baby mit seinen stöckchenartigen Beinen und den riesigen blauen Augen starrte, sagte geschmerzt: «Sie wird sterben.» «O nein, das wird sie nicht. Schau dir diese Augen an! Sie sehnt sich danach zu leben», erwiderte George.

Dann war da diese mysteriöse Krankheit, die die Ärzte vor ein Rätsel stellte und immer wieder monatelange Krankenhausaufenthalte nötig machte. Sie versäumte sehr viel Unterricht und verbrachte einmal acht Monate im berühmten Great Ormond Street Children's Hospital. Sie war allgemein so geschwächt, dass ihre Schule für sie, auf Sozialkosten, regelmäßige Erholungszwangspausen am Meer arrangierte.

«Niemand wusste, was es war, aber zwei- oder dreimal im Jahr bekam ich hohes Fieber und schreckliche Kopfschmerzen, die mich völlig entkräfteten», berichtete sie. «Ich war sehr krank. Ich glaube, dass es etwas Karmisches war, denn als ich älter wurde, verschwand es einfach, und in der Höhle war ich nie ernsthaft krank. Wegen dieser Anfälle von hohem Fieber machte ich eine Menge außerkörperlicher Erfahrungen. Ich durchstreifte im außerkörperlichen Zustand die Nachbarschaft, aber da ich ein kleines Mädchen war, wagte ich mich nicht allzu weit von zu Hause fort. Ich wollte mich nicht verirren. Also schwebte ich über den Straßen dahin und sah zur Abwechslung auf die Leute hinab statt immer zu ihnen hinauf. Als Teenager versuchte ich es erneut damit, bekam aber Angst und habe deshalb diese Fähigkeit nie entwickelt.»

Es gab auch Unfälle mit ebenfalls faszinierenden Auswirkungen. So zum Beispiel, als sie einmal in der Wohnung Ball spielte und mit ihrem Nylonkleid das elektrische Heizgerät streifte. Binnen Sekunden stand sie in Flammen. Glücklicherweise war Lee zu Hause, weil sie krank war und daher nicht im Fischladen arbeitete. Die junge Tenzin Palmo kam im lichterloh brennenden Kleid schreiend ins Zimmer ihrer Mutter gerannt. Lee sprang aus dem Bett, hüllte sie in Decken ein und brachte sie in rasender Eile ins Krankenhaus.

«Das Erstaunliche war, dass ich keine Schmerzen hatte, obgleich mein Rücken eine einzige rote, offene, wunde Masse war», erzählte Tenzin Palmo. «Ich entsinne mich, dass ich den Krankenhausflur entlanggerollt wurde und der Arzt meine Hand hielt und sagte, was für ein tapferes Mädchen ich sei, weil ich nicht weinte. Aber es schmerzte überhaupt nicht. Ich war ewig im Krankenhaus, und dann war da dieses Gestell, das die Laken von meinem Körper fern hielt, aber es blieben keine Narben zurück. Später, als ich älter war, erzählte mir meine Mutter, dass sie, als sie mich in Flammen stehen sah, inbrünstig gebetet habe, dass der Schmerz von mir genommen und stattdessen ihr übergeben werden möge. Das interessierte mich, denn inzwischen hatte ich von der buddhistischen Praxis, die man Tonglen nennt, gehört. Dabei atmest du das Leiden anderer ein, um sie davon zu erlösen, und gibst ihnen deine ganze Gesundheit und dein Wohlbefinden in Form von weißem Licht zurück. Meine Mutter hatte ganz spontan diese Praxis angewandt, die zudem auch funktionierte. Sie erzählte, dass sie, obwohl ihr Gebet absolut aufrichtig gewesen sei, nie noch zusätzlich den Schmerz meiner Brandwunden bekommen habe. Meine Mutter war wirklich erstaunlich. Sie tat das, obwohl sie selbst unter heftigen Schmerzen litt. Tatsächlich glaube ich, dass ich ihretwegen in diese Familie kam», setzte Tenzin Palmo still hinzu und bezog sich damit auf ihren Glauben an die Wiedergeburt und auch auf ihre Ansicht, dass sie aus einem ganz bestimmten Grund dieses westliche Leben in einem weiblichen Körper gewählt hatte.

Wenn sie nicht krank war, gingen die Dinge im East End ihren normalen Gang. Tenzin Palmo teilte sich ein Zimmer mit ihrem Bruder Mervyn, die Badewanne wurde einmal in der Woche aufgestellt, und Geld war verzweifelt knapp. «Nach dem Tod meines Vaters übernahm meine Mutter den Fischladen. Nur wusste sie nicht, dass ein Onkel, der die Geschäftsführung innehatte, bei Pferderennen wettete. Es endete damit, dass die Familie enorme Schulden hatte und meine Mutter doppelt hart arbeiten musste, damit wir gerade so durchkamen.»

Tenzin Palmo verbrachte trotz des fehlenden Vaters und des starken finanziellen Drucks, unter dem sie standen, alles in allem eine glückliche Kindheit, die ihr später, in den Jahren ihrer Einsamkeit, zugute kommen sollte. Es gab billige Busfahrten zu Parks und

Museen und gelegentlich einen Walt-Disney-Film. Dazu kam das verbotene Vergnügen der Räucherkammern des Fischladens (die letzten, die es in London noch gab), zwei große Backsteinkamine im Hinterhof, vom Teer geschwärzt und mit Regalen für das Räuchern der Schellfische und Bücklinge versehen. Ein gefährlicher Ort, aber er machte Spaß.

«Um ehrlich zu sein, haben wir uns darüber, dass wir arm waren, nie viele Gedanken gemacht, es war eben einfach die Art, wie wir lebten. Wir hatten immer genug zu essen, und in jenen Tagen waren die Ziele der Menschen sehr viel bescheidener», erzählte Tenzin Palmo. «Dass wir keinen Vater hatten, machte uns überhaupt nichts aus! Tatsache ist, dass wir sehr gut ohne einen auskamen. Mir fiel auf, dass es bei uns zu Hause nicht die Konflikte oder Spannungen gab, die in den Familien meiner Freundinnen und Freunde ziemlich häufig auftraten.»

Tenzin Palmo entwickelte sich zu einem hübschen, kleinen Mädchen, immer noch dünn, aber mit denselben großen blauen Augen. Ihr einstmals kahler Kopf war nun mit einem Wust von hellbraunen Locken bedeckt. Tatsächlich sah sie so bezaubernd aus, dass ihr Kloster in Indien später darauf bestand, ein Foto von ihr aus dieser Zeit aufzuhängen. «Ich erreichte meinen Gipfelpunkt mit drei – danach ging es bergab», sagte sie lachend. Sie focht mit ihrem Bruder, den sie anhimmelte, Kämpfe aus und schloss sich ihm bei seinen zahlreichen Streichen an. «Er pflegte mich am Guy-Fawkes-Tag, so eine Art Karneval, grotesk zu verkleiden, und ich saß dann stundenlang regungslos auf dem Bürgersteig! Und einmal brachte er mich in Hampstead Heath dazu, Fremde um Geld für die Busfahrt nach Hause anzubetteln, indem ich ihnen erzählte, dass unsere Mutter uns verlassen habe. Seither hat er immer behauptet, dass er es gewesen sei, der mich auf den Weg der Bettelschale gebracht habe!»

Tenzin Palmo mochte sowohl ihre Grundschule als auch ihr Gymnasium, die Teesdale Street Primary School und die John Howard Grammar School, deren von Vergil entlehntes Motto überaus passend war: «Sie können es, weil sie denken, dass sie es können.» Sie war eine gute, wenn auch nicht überragende Schülerin und tat sich in

Englisch, Geschichte und bei den Intelligenztests hervor, die sie stets mit Bravour absolvierte. «Das bedeutete nicht unbedingt, dass ich intelligent war, sondern nur, dass ich die Art von Verstand hatte, mit der man Intelligenztests bestehen kann», sagte sie bescheiden. Sie heimste auch regelmäßig den jährlichen Fortschrittspreis ein, eine Auszeichnung, die sie ebenfalls herunterspielte. «Im Grunde hieß das nur, dass du dein Bestes getan hattest, was in meinem Fall nicht stimmte. Ich habe mich in der Schule überhaupt nicht besonders angestrengt, weil mich die Fächer im Grunde kalt ließen.»

Wie bei ihr nicht anders zu erwarten, fanden die interessantesten Entwicklungen in der spirituellen Arena statt. Lee war eine Spiritualistin, und jeden Mittwoch um acht Uhr abends trafen die Nachbarn zu ihrer wöchentlichen Seance in 72 Old Bethnal Green Road ein.

«Wir pflegten rund um den großen Mahagonitisch zu sitzen, dessen Beine so dick wie Baumstämme waren und der aus irgendeinem herrschaftlichen Haus stammte. Eine der Nachbarinnen, die ein Medium war, versetzte man dann in Trance und erhielt Botschaften von den Geistführern. Ich entsinne mich, dass meine Mutter eines Abends irgendeinen Witz über die Geister machte, der besagte, dass sie nicht sehr stark seien, und diese nahmen die Herausforderung an. Sie baten die Gemüsehändlerin, eine an die 115 Kilo wiegende Frau, sich auf den Tisch zu setzen, und hoben dann das ganze Ding hoch und ließen das riesige, schwere Möbelstück mit der Gemüsehändlerin oben drauf im Zimmer herumsegeln. Wir mussten alle in die Ecken flüchten, um ihm nicht in die Quere zu kommen.»

Tenzin Palmo zweifelte nie an der Authentizität dieser Vorgänge. Sie ereigneten sich in ihrem Zuhause, sie wusste, dass es keine Falltüren gab und niemand für irgendwelche Tricks bezahlt wurde. «Ich verdanke diesen Erfahrungen viel. Niemand kann mir erzählen, dass das Bewusstsein nach dem Tod zu existieren aufhört, denn ich habe so viele Beweise dafür erhalten, dass es weiter existiert. Das ist kein Glaube, das ist ein Wissen, eine Gewissheit. Ich habe auch erfahren, dass es viele absolut reale Dimensionen des Seins gibt, derer wir uns normalerweise nur nicht bewusst sind. Und aufgrund dieser Seancen wurde in unserer Familie viel über den Tod gesprochen, und zwar auf sehr positive Weise. Wir diskutierten darüber, was es mit ihm auf sich hat und was danach geschieht. Es war eines unserer Hauptthemen. Und dafür bin ich enorm dankbar. Viele Menschen meiden das Nachdenken über den Tod und haben Angst vor ihm, aber wenn du die nicht hast, nimmt das eine ungemein schwere Last von dir und deinem Leben.

Für mich ist der Tod das nächste Stadium auf dem Weg, ein weiteres Tor, das sich öffnet. Wir haben in der Vergangenheit so viele Dinge getan und gehen jetzt weiter in eine unendliche Zukunft. Das nimmt dir viel von der Angst in Bezug auf dieses Leben, weil es nur ein kleiner Wassertropfen in einem großen Teich ist. Und so tust du in diesem Leben, was du eben in diesem Leben zu tun hast, und der ganze Rest spielt keine Rolle, weil du es vermutlich ohnehin schon zuvor getan hast oder aber in Zukunft tun wirst. Das gibt dir ein Gefühl von Weite und Hoffnung.»

Tenzin Palmo ließ schon früh Anzeichen für einen durchdringenden Verstand und einen forschenden Geist erkennen – Eigenschaften, die sie ihr ganzes Leben beibehalten sollte. Sie war nie leichtgläubig. «Mir gefiel nicht, wie die Leute durch den Spiritualismus am Haken hingen und nicht losließen, um in ihrem Leben voranzukommen. Diese Seancen wurden für unsere Nachbarn der Mittelpunkt ihres Daseins, an dem sie immer stärker hafteten. Ich fand auch, dass die Leute insgesamt dumme Fragen stellten. Sie kamen nicht auf die tiefen Themen zu sprechen, die meiner Ansicht nach wirklich zählten. Sie waren in der Hauptsache an Plaudereien mit ihren verstorbenen Verwandten interessiert. Ich persönlich hielt das für eine Vergeudung der Zeit und des Wissens der Geistführer.»

Die junge Tenzin Palmo befasste sich mit für ihr Alter ungewöhnlich inhaltsschweren «Themen». Sie war auch auf merkwürdige Art Buddhistin: «Ich hätte es nicht in diese Worte fassen können, aber mich beschäftigte die Frage, wie wir das Dilemma überwinden können, dass wir immer und immer wieder zurückkommen und das unserer Existenz inhärente Leiden erneut durchleben müssen.»

Es gab einen bestimmten Vorfall in ihrer Kindheit, der die Arbeitsweise ihres Geistes sehr gut beleuchtete: «Ich war etwa dreizehn und befand mich mit meiner Mutter nach dem Besuch bei einer Tante und einem Onkel auf dem Nachhauseweg. Wir hatten einen sehr angenehmen Abend verbracht und warteten auf den Bus. Und während ich an der Haltestelle saß, hatte ich plötzlich den Gedanken, dass wir alle sterben werden und dass wir davor alle alt und wahrscheinlich auch krank werden. Wir hatten über diese Dinge nicht gesprochen, es kam einfach so über mich. Ich entsinne mich, dass ich all diese im Innern hell erleuchteten Busse vorbeifahren sah, in denen die Leute saßen und lachten und sich unterhielten, und dass ich bei mir dachte: ‹Wissen sie nicht, sehen sie nicht, was passieren wird?› Ich sagte zu meiner Mutter, dass das Leben wirklich sehr traurig sei angesichts all dessen, was wir durchmachen mussten. Und meine Mutter, die im Grunde ein schreckliches Leben hatte, die kämpfen musste, um zwei Kinder durchzubringen, die bei unglaublich schlechter Gesundheit war und so viele finanzielle Probleme hatte, erwiderte: ‹Ja, natürlich gibt es eine Menge Leiden im Leben, aber es gibt auch gute Dinge.› Ich dachte, sie hätte nicht verstanden! Es gab gute Dinge, ABER allem lag doch die Tatsache des Alterns, der Krankheit und des Todes zugrunde, und das machte alles andere zunichte.

Doch das konnten die Leute nicht sehen, sie waren so gleichgültig. Ich konnte nie begreifen, warum. Kapierten sie nicht, wie schrecklich die Situation war, in der wir alle steckten? Das fühlte ich wirklich und ganz konkret in den Tiefen meines Seins», sagte Tenzin Palmo sehr gefühlsbetont. «Da aber niemand verstand, wovon ich redete, und alle dachten, ich sei nur unglaublich trübsinnig, hörte ich auf, darüber zu sprechen.»

Interessanterweise machte sich dieses junge Mädchen im Londoner East End genau über dasselbe Problem Gedanken, das schon um 540 v. u. Z. dem jungen Prinzen Siddharta in Indien zu schaffen machte, als er seinen behüteten Palast verließ und sich mit einem kranken Mann, einem alten Mann und einem Leichnam konfrontiert sah. Deren Anblick erschütterte ihn derart, dass er seine behagliche, privilegierte Existenz aufgab und sich auf die Suche nach den Gründen für das menschliche Leiden begab. Nachdem er viele Jahre herumgewandert war und verschiedene spirituelle Methoden ausprobiert hatte, fand er schließlich die Antwort unter dem Bodhi-Baum in Bodh-Gaya, wo er in tiefster Meditation die Schranken der Unwissenheit durchbrach und Erleuchtung erlangte. Und so wurde er zum

Buddha, zum Vollerwachten, und begründete eine Lehre, die im Lauf der Zeit Millionen dazu inspirierte, ihm nachzueifern. Doch diese Menschen lebten zumeist im Fernen Osten.

Es gab aber noch eine andere große Frage, die Tenzin Palmo beschäftigte und die die *raison d'être* ihres gesamten Lebens bilden sollte. Es ging um den Grundstein des Buddhismus. «Ich wollte wissen, wie wir Vollkommenheit erlangen können. Schon von klein auf hatte ich die innere Überzeugung, dass wir im Grunde vollkommen sind und immer und immer wieder zurückkehren müssen, um unsere wahre Natur zu entdecken. Ich hatte das Gefühl, dass unsere Vollkommenheit irgendwie verdunkelt und verdeckt worden war und wir sie wieder enthüllen müssen, um herauszufinden, wer wir wirklich sind. Und dass wir aus diesem Grund hier waren. Ich fragte meine Mutter, ob sie an Reinkarnation glaube, und sie erwiderte, dass deren Existenz für sie sehr nahe liegend sei.»

Problematischer war es, eine Antwort auf den Rest der Frage zu erhalten. Tenzin Palmo wandte sich zunächst an die Geistführer.

«Als Allererstes fragte ich: ‹Gibt es einen Gott?› Und sie antworteten: ‹Wir denken ganz klar, dass es keinen Gott im Sinne einer Person gibt, aber wir fühlen letztlich, dass da Licht und Liebe und Intelligenz sind.› Das hörte sich für mich gut an. Dann stellte ich die Frage Nummer eins in meinem Leben: ‹Wie werden wir vollkommen?› Und sie gaben zur Antwort: ‹Du musst sehr gut und freundlich sein.› Und ich dachte: ‹Sie wissen es nicht.› Von da an verlor ich völlig das Interesse am Spiritualismus als Weg.»

Danach wandte sie sich an Father Hetherington, den örtlichen Priester, den sie mochte, weil er groß war und asketisch und mönchisch aussah. Sie und Lee gingen gelegentlich zu der anglikanischen Kirche ihres Viertels und erfreuten sich an deren pseudogotischer Architektur.

«Er sagte: ‹Nun, du musst ein guter Mensch werden. Du musst ein guter Mensch werden, und du musst freundlich und gütig sein.› Und ich dachte: ‹Das ist es nicht!› Natürlich musst du gut und freundlich sein, das ist die Grundlage. Aber Vollkommenheit! Das ist etwas anderes. Ich kannte eine Menge Leute, die gut und freundlich, aber ganz gewiss nicht vollkommen waren. Dazu gehörte etwas mehr. Und was dieses *mehr* war, das wollte ich wissen», sagte sie und in ihrer Stimme schwang die Dringlichkeit mit, die sie als Kind empfunden hatte.

Das Christentum fand bei Tenzin Palmo keinerlei Resonanz. Diese Religion warf aus ihrer Sicht mehr Probleme auf, als sie Lösungen anbot. Tenzin Palmos Grunddilemma war, dass sie nicht an einen Gott als ein persönliches Wesen glauben konnte. «Mir kam er so vor wie der Weihnachtsmann», sagte sie. «Ich kann mich entsinnen, dass mir vor allem die Kirchenlieder Rätsel aufgaben. In der Schule sangen wir: ‹Alle Dinge gut und schön, alle Dinge groß und klein, alle Dinge klug und herrlich, der Herrgott schuf sie alle›, und ich fragte mich dabei: ‹Und wer hat dann all die trüben und hässlichen Dinge geschaffen?› Das Gleiche galt für die Erntedanklieder, in denen Gott für Sonnenschein und Regen gepriesen wurde. In diesem Fall, so dachte ich, musste Gott auch die Dürre und die Hungersnot gebracht haben.» Wie es schien, setzte sich Tenzin Palmo mit dem Problem der «Dualität» auseinander, mit der Frage von Gut und Böse, Dunkelheit und Licht, Groß und Klein, und suchte nach einer Antwort, die diese Gegensätze transzendierte.

Sie suchte weiter, hielt Ausschau nach etwas. Sie war sich nicht sicher, wonach. Mit dreizehn versuchte sie, den Koran zu lesen, und bemühte sich erneut, das Christentum zu verstehen. Es blieb ihr ein Rätsel. Mit fünfzehn begann sie, Yoga zu praktizieren, und wurde dadurch in den Hinduismus eingeführt. Das befriedigte sie aber auch nur bis zu einem gewissen Grad. Wieder einmal war Gott der Stolperstein.

«Das Problem war, dass sich alle Religionen auf die Vorstellung von einem äußeren Wesen gründeten, mit dem wir in Kontakt zu kommen und das wir irgendwie günstig zu stimmen hatten. Das fand bei mir ganz einfach keinen Widerhall. Du musst an dieses transzendente Wesen glauben und eine Beziehung zu ihm haben, bevor du irgendwelche Fortschritte machen kannst. Und wenn du das, so wie ich, nicht tust, dann hast du nichts, was dich weiterbringt», erklärte sie. «Ich erinnere mich, dass ich mit meiner künftigen Schwägerin, einer guten Freundin der Familie, diskutierte. Sie war Jüdin und behauptete, Jesus sei nicht der Sohn Gottes. In Weiterführung ihrer Argumentation gelangte ich zu dem Punkt, dass es gar keinen Gott gab.

Das war wie eine Offenbarung für mich. Jaah! Genau das war es, was meinem Gefühl entsprach.»

Als Teenager wandte sich Tenzin Palmo den Existenzialisten zu, las Sartre, Kierkegaard und Camus «auf sehr oberflächliche Weise». Hier wurden zwar, wie sie fand, die richtigen Fragen gestellt und das Problem der menschlichen Existenz zur Sprache gebracht, aber es gab keine Antworten.

Sie suchte weiter.

In der Schule las ihnen eine Lehrerin Heinrich Harrers Buch *Sieben Jahre in Tibet* vor, die Schilderung seiner Reise in das Land des Schnees und seiner Freundschaft mit dem Dalai Lama. Tenzin Palmo fand es fantastisch, dass ein solches Wesen in dieser Welt existierte. Als sie neun oder zehn Jahre alt war, sah sie einen Film über die Tempel in Thailand. An einer Tempelwand befand sich ein Fries, auf dem das Leben des Buddha dargestellt war. Sie fragte Lee, wer das sei. «Das ist so eine Art orientalischer Gott», erwiderte ihre Mutter. «Nein, er lebte und hat eine Geschichte, so wie Jesus», sagte Tenzin Palmo voller Überzeugung. Es war nur noch eine Sache der Zeit, bis sie herausfinden sollte, was für eine Geschichte das genau war.

3

ERWACHEN – DEN WEG FINDEN

Der Durchbruch ereignete sich, als Tenzin Palmo und ihre Mutter nach Deutschland fahren wollten, um mit Tenzin Palmos Bruder Mervyn, der dort bei der Royal Air Force stationiert war, die Weihnachtsfeiertage zu verbringen. Das war 1961, und Tenzin Palmo war achtzehn. Sie hatte vor einem Jahr das Gymnasium abgeschlossen und in der Hackney-Bibliothek zu arbeiten begonnen, ein netter ruhiger Job, ganz so, wie ihre Lehrer es ihr angeraten hatten. Zudem entsprach er ihrem ebenso methodisch wie akribisch arbeitenden Verstand und ihrer großen Liebe zu Büchern. Eigentlich hatte sie gehofft, an der Universität Englische Literatur und Philosophie studieren zu können, doch Lee fehlte das Geld dafür. So tröstete sich Tenzin Palmo mit dem Gedanken, dass sie, wenn sie Geld verdienen musste, rascher aus England herauskäme. «Das Heimweh nach dem Osten war zuweilen qualvoll», berichtete sie. Um während der Urlaubstage in Deutschland etwas zu lesen zu haben, nahm sie drei Bücher aus der Bibliothek mit: eins von Sartre, eines von Camus und eines, das sie sich im letzten Moment schnappte, weil es gerade zurückgebracht worden war. Der Einband zeigte eine schöne Abbildung des Buddha, aber es war vor allem der Titel *The Unshaken Mind*, der ihr Interesse weckte. Während ihres Aufenthalts in Deutschland las sie Sartre und Camus, ignorierte aber das buddhistische Buch. Auf dem Rückweg nach England gab es auf dem Flughafen eine achtstündige Verzögerung. Da es sich um einen Militärflughafen handelte, ohne Läden oder Vergnügungsmöglichkeiten, hatte sie keine andere Wahl als das

Buch aufzuschlagen, um sich die Langeweile zu vertreiben. Als sie es zur Hälfte durchgelesen hatte, wandte sie sich an ihre Mutter und sagte leise und erstaunt: «Ich bin eine Buddhistin.» Lee Perry erwiderte in ihrer nüchternen Art: «Das ist schön, Liebes. Lies das Buch zu Ende, dann kannst du mir alles darüber erzählen.» Tenzin Palmos Reaktion war ganz anders.

«Für mich war das eine Überraschung. Alles, woran ich je geglaubt hatte, stand in dem Buch! Natürlich viel besser formuliert, als ich es je hätte ausdrücken können, aber dennoch! Es war genau das, was ich dachte und fühlte. Und dazu kam dieser absolut klare und logische Weg, um uns zu unserer naturgegebenen Vollkommenheit zurückzuführen.»

Um genau zu sein, hatte sie auf diesen Buchseiten Buddhas Auseinandersetzung mit demselben Problem gefunden, das sich ihr so aufgedrängt hatte, als sie die Menschen im Bus hatte vorbeifahren sehen – das universelle Problem des Alterns, der Krankheit und des Todes. «Das andere, das mir so sehr gefiel, war die Lehre von der Wiedergeburt und die Tatsache, dass keine äußerliche Gottheit die Strippen zog. Im Hinduismus wird sehr viel Nachdruck auf Atman (das wirkliche, unsterbliche Selbst des Menschen, das im Westen als Seele bezeichnet wird) und dessen Beziehung zum Göttlichen gelegt. Als ich zum ersten Mal den Begriff ‹Atman› hörte, wurde mir allein schon von dem Wort übel. Der Buddhismus hingegen spricht von ‹Anatman›, dem Nicht-Selbst oder Nicht-Ich! So etwas wie die unabhängige Wesenhaftigkeit eines ‹Selbst› in Großbuchstaben gibt es hier nicht. Das war für mich so befreiend. Es war wunderbar, endlich eine Religion gefunden zu haben, einen spirituellen Weg, auf dem man weitergehen konnte.» Tenzin Palmos unerklärliche Abscheu vor dem Wort «Atman» sollte, wie so viele andere merkwürdige Vorlieben und Abneigungen in ihrem Leben, später eine Erklärung finden.

Endlich hatte sie entdeckt, wonach sie gesucht hatte. «Dieses Buch hat mein Leben völlig umgewandelt», erklärte sie. «Ich entsinne mich, dass ich drei Tage später auf dem Weg zur Arbeit dachte: ‹Wie lange bin ich schon Buddhistin? Drei Tage? Nein, ein ganzes Leben lang.› Sie wusste nicht, wie recht sie hatte.

Nachdem sie ihren Weg gefunden hatte, verlor Tenzin Palmo

keine weitere Zeit und betrat ihn umgehend. «Wenn du etwas tun willst, kannst du es auch ordentlich machen», lautete ihr Lebensmotto. Im England des Jahres 1961 war das freilich nicht so leicht. Heutzutage erlebt der Buddhismus einen Boom. Es erscheinen hunderte von Büchern zu diesem Thema, und die Meditationszentren schießen wie Pilze aus dem Boden. (Selbst das alte Feuerwehrhaus in Bethnal Green wurde in einen wunderschönen buddhistischen Tempel umgewandelt – eine Oase der Ruhe inmitten des Lärms.) Doch als Tenzin Palmo zum ersten Mal auf die Botschaft des Buddha stieß, war sie so ziemlich auf sich allein gestellt. Trotzdem nahm sie mit dem Eifer und der Naivität einer frisch Konvertierten alles auf, was sie zu diesem Thema entdeckte.

«Ich las immer wieder, dass es im Buddhismus hauptsächlich darum geht, ohne Wünsche und Verlangen zu sein, und so dachte ich: ‹In Ordnung.› Ich überreichte meiner Mutter alle meine Kleider zum Weggeben und begann in einer Art gelber Tunika herumzulaufen. Ein knöchellanges Gewand, das ich mit einem Gürtel trug, und dazu schwarze Strümpfe.» Sie lachte bei der Erinnerung daran. «Ich schminkte mich auch nicht mehr, band mein Haar hinten straff zusammen, trug praktische Schuhe und ging nicht mehr mit Jungs aus. Ich war verzweifelt bemüht, wunschlos zu sein.»

Eine Phase, die nicht von langer Dauer war. Bald darauf entdeckte sie die Buddhistische Gesellschaft am Eccleston Square gleich hinter der Victoria Station, die 1924 von Richter Christmas Humphreys gegründet worden war. Man könnte sagen, dass Humphreys mehr als jeder andere dafür getan hat, die britische Öffentlichkeit mit dem spirituellen Gedankengut des Ostens bekannt zu machen. Er war eine faszinierende Persönlichkeit, die es fertig gebracht hatte, eine bemerkenswerte Richterkarriere mit einem unkonventionellen Interesse an alternativer Medizin, Astrologie, außersinnlicher Wahrnehmung und am Buddhismus zu verbinden. Er pflegte Umgang mit Leuten wie C. G. Jung, dem Zen-Meister D. T. Suzuki, der königlichen Familie Thailands, und er war einer der ersten, die den Dalai Lama, als er ins Exil ging, aufsuchten und willkommen hießen. Als Tenzin Palmo den Weg zur Buddhistischen Gesellschaft fand, war diese die älteste und größte buddhistische Organisation im Westen. Dennoch handelte es sich nur um ein kleines Gebäude, und die Mitgliederzahl war ziemlich begrenzt.

«Ich kam zur Tür herein und stellte fest, dass all die anderen Leute nicht in gelben Tuniken herumliefen! ‹Irgendwie muss ich etwas missverstanden haben›, dachte ich. ‹Vielleicht war es ein Fehler, meine ganzen Kleider weggegeben zu haben.› Das sagte ich meiner Mutter, und sie überreichte mir den Schlüssel zu einem Schrank, in dem sie meine Garderobe eingeschlossen hatte. Sie hatte sie gar nicht weggegeben. Sie sagte nie ein Wort und wartete nur ab. Sie war wirklich äußerst geschickt.»

Tenzin Palmo vertiefte sich am Eccleston Square in die Schätze des Theravada-Buddhismus, der in Sri Lanka, Burma, Thailand, Vietnam und Kambodscha verbreiteten «Südlichen Schule». Sie lernte alles über die Vier Edlen Wahrheiten des Buddha, seine brillante und schlüssige Diagnose des menschlichen Leidens und dessen Heilmittel: die Wahrheit vom Leiden; die Wahrheit von der Entstehung des Leidens; die Wahrheit von der Aufhebung des Leidens; die Wahrheit vom Weg, der zur Aufhebung des Leidens führt. Es war die Essenz der Erkenntnis, die er unter dem Bodhi-Baum im Augenblick seiner Erleuchtung gewonnen hatte. Sie entdeckte den Achtfachen Pfad, Buddhas Leitfaden zur rechten säkularen oder meditativen Lebensführung und zur Schulung in Sittlichkeit, Meditation, Weisheit und Einsicht – den Grundlagen seines Weges: ganzheitliche Anschauung, ungeteilter Entschluss, untadelige Rede, vollkommenes Handeln, ganzheitliche Lebensführung, gleichgewichtige Anstrengung, unablässige Achtsamkeit, ganzheitliche Einswerdung. Tenzin Palmo sog alles auf. «Es war wie ein Bankett, nachdem du vorher am Verhungern warst», berichtete sie. Das Zen mit seinen Rätseln und intellektuellen Verrenkungen, die andere damals angebotene Form des Buddhismus, brachte sie zur Verzweiflung. «Ich kann mich erinnern, dass ich schluchzend im Bett lag, weil ich so gar nichts davon begriff! Es war so voller Paradoxa. Heute bereitet mir Zen Vergnügen, aber wenn ich damals als Erstes an ein Buch darüber geraten wäre, hätte ich nie weitergemacht.»

Sie tastete sich voran und errichtete einen Altar, den sie mit einem butterblumengelben Badetuch bedeckte. Sie stellte eine Buddha-Statue darauf, das Geschenk einer Frau, der sie zwei Siamkatzen abgekauft hatte. Das war typisch für die Art und Weise, wie zu jener Zeit die Dinge zu ihr kamen. Die Statue war von dem Seehandel treibenden Ehemann der Frau aus Burma mitgebracht worden und hatte auf deren Kaminsims gestanden. Als die Dame herausfand, dass Tenzin Palmo eine echte Buddhistin war, schenkte sie sie ihr spontan. Vor dem Altar machte Tenzin Palmo ganz selbstverständlich voller Energie und Freude ihre Niederwerfungen. «Als ich zum ersten Mal zur Buddhistischen Gesellschaft ging und dort einen Schrein sah, war mein erster Impuls, mich niederzuwerfen. Dann dachte ich: ‹O nein, nein, nein! Das kann man nicht machen! So etwas würden Buddhisten nicht tun.› Also nahm ich Abstand davon, aber ich empfand diese Unterlassung als sehr schmerzlich. Später sah ich Fotos von Menschen in Asien, die sich vor dem Abbild des Buddha niederwarfen, und ich war so glücklich. Ich warf mich nieder und warf mich nieder und warf mich nieder. Es fühlte sich einfach so richtig an.»

Irgendwie stieß sie auch auf das Mantra «Om Mani Peme Hung», mit dem im tibetischen Buddhismus Chenrezig, der Buddha des Mitgefühls, angerufen wird. Sie fing an, es auf ihre eigene Weise zu rezitieren, und erzielte überraschende Ergebnisse.

«Ich wusste gar nichts darüber», berichtete sie. «Ich dachte, man müsse das Mantra fortwährend rezitieren, und begann daher, es ständig zu sprechen, erst laut und dann im Innern meines Herzens. Im Grunde war es ziemlich ähnlich wie bei jenem Russen in *Der Weg eines Pilgers*, der immerzu das Jesusgebet spricht, wobei zu sagen ist, dass ich zum damaligen Zeitpunkt von ihm nichts wusste. Ich sprach es einfach fortgesetzt in meinem Herzen, und das hatte sehr schnell überaus interessante Auswirkungen. Ich stellte fest, dass ich das Mantra innerlich rezitieren und zugleich sehr gut meiner Arbeit nachgehen konnte. Es bewirkte die Abspaltung eines Teils meines Geistes, so dass ich diese Art beobachtendes Bewusstsein hatte, in dem das ‹Om Mani Peme Hung› widerhallte. Es gab mir Raum, in dem ich ein Gewahrsein von dem, was vorging, entwickeln konnte, statt mitten im Geschehen zu stecken.»

Doch irgendetwas stimmte nicht ganz. Sie wusste zwar ohne den Schatten eines Zweifels, dass der Buddhismus das Richtige für sie war, aber es gab Aspekte an der Südlichen Schule, die ihr zu schaffen machten. Da waren vor allem die Arhats, die sie beunruhigten, jene Heroen, die das Nirvana erlangt hatten, nachdem sie in sich alle Spuren von Unwissenheit, Gier und Hass getilgt hatten. Als solche brauchten sie nie wieder in diese leidvolle Welt hineingeboren zu werden. Sie waren frei! An sich hätten sie genau das sein sollen, worauf Tenzin Palmo aus war, aber sie sagten ihr nie zu.

«Bei all dem wurde nie über Liebe gesprochen. Ich liebte den Buddha und weinte stets Tränen der Hingabe, wenn ich an ihn dachte. Ich wollte wie er sein, doch nie wie die Arhats. Sie erschienen mir so kalt. Tatsächlich glaube ich, dass ich damals eine ziemlich unfaire Vorstellung von ihnen hatte, und ich bin ihnen gegenüber jetzt sehr viel freundlicher gesinnt, aber in jener Zeit machte ich mir wirklich Sorgen. Wenn du einen Ingwerkuchen hast und magst keinen Ingwer, hast du ein Problem. Und obwohl ich den Buddhismus liebte, mochte ich das Ziel nicht, zu dem der Pfad des Theravada führte. Dahin wollte ich nicht. Irgendetwas fehlte, aber ich wusste nicht, was. Ich wusste damals nur, dass der Theravada-Weg nicht der richtige für mich war.»

Sie verfeinerte ihre Suche, hielt Ausschau nach dem Weg, der exakt ihren Bedürfnissen entsprach. Ein paar Monate später stieß sie auf ein Buch von Nagarjuna, dem berühmten buddhistischen Heiligen und Philosophen aus dem zweiten Jahrhundert, und fand darin eine Definition des Bodhisattva, des «spirituellen Helden», der sich dafür entscheidet, das Nirvana aufzugeben und immer und immer wieder in diese Welt zurückzukehren, um bei der Befreiung aller fühlenden Wesen zu helfen. «Ich wusste es sofort. Das ist es, was ich will! Das ist das Ziel! Es nicht nur für sich selbst, sondern es aus Mitgefühl für alle Wesen zu tun. Die Vorstellung, ein Bodhisattva zu sein, fand bei mir Resonanz.»

Die Enthüllung des genauen Weges, den sie einschlagen wollte, brachte jedoch ein enormes Problem mit sich. Nagarjuna, der Mitbegründer des Mahayana-Buddhismus, des «Großen Fahrzeugs», hatte vor allem in Tibet seine Verehrer und Anhänger. In den 60er Jahren aber war der tibetische Buddhismus im Westen nahezu unbekannt, und was man über ihn wusste, fand kein Gefallen. Man hatte

Geschichten gehört, mitgebracht von unerschrockenen Reisenden, denen es gelungen war, sich in dieses für Außenstehende verbotene Land zu stehlen – Geschichten über magische und mediale Phänomene, die mit dem Weitererzählen immer fantastischer wurden. Darin war die Rede von Lamas, die «fliegen», nach Belieben Dinge materialisieren und dematerialisieren, sich in Tiere verwandeln oder jede andere gewünschte Gestalt annehmen und in Trance mittels einer sprunghaften Fortbewegungsmethode in kürzester Zeit unwahrscheinlich große Entfernungen zurücklegen konnten. Dem Vernehmen nach gab es in Tibet Geister und fremdartig aussehende Götzen mit vielen Armen und Beinen, Fangzähnen und hervorquellenden Augen. Infolgedessen lehnten die Mitglieder der Buddhistischen Gesellschaft, vorwiegend Intellektuelle, den tibetischen Buddhismus als schamanistisch, esoterisch und im Grunde degeneriert ab. Im Gegensatz zu den keuschen Richtlinien des Zen und dem geradlinigen Dogma des Theravada war der tibetische Buddhismus einfach zu exotisch, zu seltsam. Niemand glaubte, dass er je Anhänger finden würde.

Und so wandte Tenzin Palmo als neues und eifriges Mitglied der Buddhistischen Gesellschaft dem tibetischen Buddhismus und allem, wofür er stand, prompt den Rücken zu. Aber er sollte sie nicht loslassen. Als sie wieder einmal ein Buch durchstöberte, stieß sie auf eine Beschreibung der vier Schulen des tibetischen Buddhismus, die der Nyingmapa, Sakyapa, Gelugpa und Kagyüpa. «Als ich das Wort ‹Kagyüpa› las, sagte eine innere Stimme: ‹Du bist Kagyüpa.› Und ich fragte: ‹Was ist Kagyüpa?› Die Stimme antwortete: ‹Das ist unwesentlich. Du bist Kagyüpa.› Mir sank das Herz. Tibetische Buddhistin war das Letzte, was ich sein wollte.»

Dieselbe innere Stimme sollte sich im Verlauf von Tenzin Palmos Geschichte immer wieder an strategischen Punkten vernehmen lassen, sollte sie führen, warnen, in die richtige Richtung dirigieren. Sie hörte stets auf sie, ganz gleich, was der Verstand ihr sagte. «Tatsächlich ließ sie sich ziemlich schwer ignorieren – sie machte sich zuweilen sehr vehement bemerkbar», erzählt sie.

Dem Diktat dieser Stimme Folge leistend, nahm Tenzin Palmo Kontakt mit der einzigen ihr in London bekannten Person auf, die über ein bestimmtes Wissen in Bezug auf den tibetischen Buddhismus verfügte. Diese überreichte ihr beim Nachmittagstee die von Evans-Wentz verfasste Biografie Milarepas, des angesehensten tibetischen Dichters und Heiligen, Paradebeispiel für einen in der Abgeschiedenheit einer Höhle Meditierenden und Begründer der Kagyü-Schule. Es war eine fesselnde Geschichte. Milarepa, der um 1100 lebte, war zunächst ein prahlerischer spiritueller Held gewesen, der in seiner spektakulär anrüchigen Jugendzeit schwarze Magie praktizierte und dabei mehrere Leute tötete, um das seiner Familie zugefügte Unrecht zu rächen. Als er schließlich erkannte, dass er den falschen Weg eingeschlagen hatte, suchte er einen Guru auf, den berühmten Marpa, den Übersetzer, der die buddhistischen Texte aus Indien nach Tibet gebracht hatte. Milarepa beschwor ihn, ihm die errettenden Wahrheiten zu übermitteln. Marpa warf einen Blick auf den jungen Taugenichts, der da vor ihm stand, und trug ihm sofort die Herkulesarbeit auf, einen hohen Turm aus Stein zu erbauen. Als das Werk vollendet war, betrachtete Marpa den Bau und wies Milarepa barsch an, den Turm wieder einzureißen und jeden Stein an den Ort zurückzutragen, von dem er ihn weggenommen hatte. Dieser Vorgang wiederholte sich viermal, bis der blutende und fast gebrochene Milarepa seine ruchlosen Taten abgebüßt und seine Entschlossenheit unter Beweis gestellt hatte. Dann ließ ihm Marpa die geheimen Einweihungen zukommen und unterwies ihn in den ersehnten Lehren.

Mit diesen Unterweisungen, einem Stab, einem Umhang, einer Schale und sonst nichts ausgerüstet, verschwand Milarepa in die Bergeinsamkeit, wo sein Körper in der Eiseskälte und mit Brennnesseln als einziger Nahrung bis zum Skelett abmagerte und eine grüne Farbe annahm. Doch seine Meditationen halfen ihm, denn er lernte, die ekstatische mystische Hitze in sich aufsteigen zu lassen, die ihn bei Temperaturen unter dem Gefrierpunkt warm hielt, und Bauern berichteten, sie hätten ihn über die Täler fliegen sehen. Als er schließlich nach Jahren hingebungsvollen Bemühens wieder auftauchte, um zu lehren, fielen Blumen vom Himmel und es erschienen Regenbogen.

Alle weltlichen Bestrebungen enden unvermeidbar und unentrinn-
bar im Leid:
Erwerb endet in Verlust, Aufbau in Zerstörung,
Begegnung in Trennung, Geburt in Tod.
Darum geh daran, getreu den Befehlen eines großen Gurus,
die Wahrheit jenseits von Geburt und Tod zu erfahren.
Dies allein führt zu wirklichem Wissen.

Milarepas Worte wurden von seinem treuen Schüler Rechungpa auf-
gezeichnet, der einmal eine wichtige Rolle in Tenzin Palmos Leben
spielen sollte.

Als Tenzin Palmo das Buch aus der Hand legte, war sie bekehrt.
Den konventionell denkenden Mitgliedern der Buddhistischen Gesellschaft mochte solch esoterisches Zeug ein Gräuel sein, Tenzin
Palmo aber war in ihrem Element. «Was in diesem Buch über die Reinen Länder, die Reiche der Geister, die Himmel und Höllen erzählt
wurde, riss mich vom Hocker. Das waren Existenzebenen, die ich von
den Seancen bei uns zu Hause her kannte. Schließlich war ich mit Ti-
schen, die im Zimmer herumschwebten, aufgewachsen! Und Vorstellungen wie die von einem fliegenden Milarepa waren für mich absolut nachvollziehbar, weil ich als Kind, als ich krank war und meinen
Körper verließ, dasselbe getan hatte. Doch im Theravada und Zen
fehlten diese Elemente völlig. Jene Wege waren mir zu rationalistisch.
Ihnen fehlten diese Dimensionen und Sphären des Geistes. Ich habe
einen ziemlich logisch arbeitenden Verstand und bin nicht leichtgläubig, aber wenn ich auf echte Ausdrucksformen des höheren menschlichen Potenzials stoße, nehme ich sie zur Kenntnis», sagte sie.

Der nächste Schritt bestand im Auffinden eines Lehrers, der sie anleiten konnte, eines «großen Gurus», um mit Milarepa zu sprechen,
so wie dieser Marpa gefunden hatte. «Ich wusste, dass ich nach einem
Lehrer suchen musste, nicht nach irgendeinem Lehrer, sondern nach
dem einen», berichtete sie. «Ich glaube nicht, dass ich je in Zweifel
zog, dass ich ihn finden, dass er ein Kagyüpa sein und sich in Indien
aufhalten würde, da sich alle tibetischen Flüchtlinge dorthin begeben
hatten. Ich beschloss also, mich dort auf die Suche nach ihm zu machen.» Aber das sollte nicht sofort geschehen.

Nicht das ganze damalige Leben Tenzin Palmos bestand in ernsthafter spiritueller Suche. Sie hatte auch noch eine andere Seite. Sie war hübsch, hatte langes, lockiges Haar, und ihre Bekannten attestierten ihr ein «sprudelndes» Naturell. Mit zunehmendem Alter hatte sie sich nicht nur an ihren weiblichen Körper gewöhnt, sondern ihn auch aktiv zu genießen begonnen. Sie hatte die Jungen entdeckt und diese ganz gewiss sie. Das Leben im Herzen Londons machte Spaß. Es waren die frühen 60er Jahre, die Zeit von Elvis Presley, Ricky Nelson, den Beatniks, Radio Luxemburg und Rock 'n' Roll. Der Jugendkult nahm gerade seinen Anfang, und Tenzin Palmo nahm mit allem Enthusiasmus, den sie aufbringen konnte, daran teil.

«Ich trug Schuhe mit hohen, bleistiftdünnen Absätzen und hübsche Kleider, besuchte Jazzclubs und liebte das Tanzen. Ich war ein glühender Elvis-Presley-Fan (er war der große Verzicht, den ich leistete, als ich Buddhistin wurde!). Tatsächlich führte ich ein sehr hektisches gesellschaftliches Leben und hatte eine Menge Boyfriends, vor allem Asiaten. Merkwürdigerweise fühlte ich mich nie von westlichen Männern angezogen. Doch in einem war ich mir immer völlig sicher: Ich wollte nie heiraten. Ich kann mich entsinnen, dass ich sechzehn war und zum dritten Mal Brautjungfer sein sollte. ‹Mach das nicht!›, sagte eine Freundin. ‹Dreimal Brautjungfer, nie eine Braut!› Ich erwiderte: ‹Das ist ein alberner Aberglaube, aber hoffen wir, dass er funktioniert. Besser, ich mach's und geh auf Nummer Sicher.› Ich wollte unabhängig sein. Ich wollte meinen Kopf nicht mit den Gedanken an eine einzige Person voll haben.»

Die beiden Seiten Tenzin Palmos prallten unvermeidlich aufeinander und ließen sie in einen inneren Konflikt geraten, der einige Jahre lang nicht gelöst werden sollte. «Einerseits war ich eine frivole junge Frau, die den Spaß und das Vergnügen liebte, andererseits war ich ernsthaft und ‹spirituell›. Ich pendelte zwischen meinen ausgestellten Röcken und Petticoats und den schwarzen Strümpfen und flachen Schuhen hin und her. Diese beiden Seiten bekriegten einander. Zu jener Zeit hatte ich Angst, dass die frivole Seite den Sieg davontragen würde», berichtete sie. Dieser Zwiespalt brachte auch andere Schwierigkeiten mit sich. «Ich hatte Freunde auf beiden Seiten, die nicht zusammenpassten. Einmal hatte ich Personen aus beiden Kreisen eingeladen. Ich verspätete mich, und als ich dann endlich zur Tür hereinkam, waren alle total verwirrt, weil sie nur eines gemeinsam hatten, nämlich mich, und es schien, als sprächen sie von zwei völlig verschiedenen Menschen. Das gab mir das Gefühl, wirklich in einer Krise zu sein. Wie soll ich das lösen?, fragte ich mich. In diesem Augenblick hörte ich wieder diese innere Stimme, die sagte: ‹Mach dir deswegen keine Sorgen. Wenn die Zeit kommt zu entsagen, wirst du entsagen. Du bist jung, genieße es! Wenn es dann so weit ist, hast du wirklich etwas, das du aufgeben kannst.› Als ich das hörte, entspannte ich mich.»

Sie ging weiterhin mit Jungen aus und zum Tanzen und betrank sich in einem Italienurlaub ordentlich mit Chianti. Doch dieses leichtfertige Leben ließ sie nicht ihr Vorhaben vergessen, einen Guru zu finden. Über die buddhistische Buschtrommel hatte sie von einer Engländerin namens Freda Bedi gehört, die einen Inder geheiratet hatte, Buddhistin geworden war und in Dalhousie in Nordindien ein kleines Nonnenkloster für Kagyüpa-Nonnen sowie eine Schule für junge reinkarnierte Lamas gegründet hatte. Das war ein guter Ausgangsort für den Beginn ihrer Suche. Tenzin Palmo schrieb an Freda Bedi und erklärte, dass auch sie eine Kagyüpa sei und ihr gerne ihre Dienste für was auch immer anbiete, obwohl sie nur eine ausgebildete Bibliothekarin sei und im Grunde nicht wisse, was sie tun könne. Freda Bedi schrieb zurück: «Bitte kommen Sie. Machen Sie sich keine Sorgen, kommen Sie einfach!»

Die Tür war offen, doch sie zu durchschreiten war schwer. Die Reise nach Indien erforderte Geld, mehr Geld, als Tenzin Palmo mit ihrer Arbeit in der Hackney-Bibliothek je würde ansparen können. Sie beschloss, sich nach einem besser bezahlten Job umzusehen. In weltlicher Hinsicht war sie nie ehrgeizig – Karriere, Erfolg, persönliche Auszeichnungen bedeuteten ihr nichts. «Ich fühlte mich nie dazu getrieben, mir in der Richtung etwas zu beweisen», sagte sie. Nachdem sie ihren Entschluss gefasst hatte, spielte ihr das Schicksal oder Karma wieder einmal in die Hände.

«Fast sofort entdeckte ich eine Annonce für eine Arbeitsstelle an der School of Oriental and African Studies in Bloomsbury und begab mich zu einem Vorstellungsgespräch mit dem Bibliothekarsleiter, einem

Mr. Pearson. Er war gerade von einer Reise durch Burma und Indien zurückgekehrt, und ich war derart fasziniert, dass ich ihn mit Fragen überhäufte. Er wollte wissen, ob ich bereit sei, die Bibliothekarsprüfung abzulegen, und ich erwiderte: ‹Nein, denn ich gehe nach Indien, um den tibetischen Flüchtlingen zu helfen.› Ich dachte, damit hätte ich jede Aussicht auf den Job verloren. Mr. Pearson fragte mich dann, wann ich abzureisen gedächte. ‹Sobald ich genug Geld zusammengespart habe, in ein oder zwei Jahren›, war meine Antwort. Als ich sein Büro verließ, sah ich all diese anderen Leute, die Schlange standen, um sich um den Job zu bewerben. Ein paar Tage später erhielt ich einen Telefonanruf. Es war Mr. Pearson. ‹Wir hatten ein so fantastisches Gespräch, dass ich ganz vergaß, solche Dinge wie Ihre Gehaltsvorstellungen und die Arbeitsstunden anzusprechen›, sagte er. ‹Wir würden uns sehr freuen, Sie in unserer Bibliothek willkommen zu heißen.›»

Mr. Pearson betrachtete Tenzin Palmos persönliche Mission offenbar als seine Herzensangelegenheit. Nachdem sie eingearbeitet war, sorgte er dafür, dass sie während der Arbeitszeit und auf Kosten der SOAS bei dem bekannten Tibetologen David Snellgrove Tibetischunterricht nehmen konnte. Snellgrove gehörte zu den ganz wenigen, die in den 1950er Jahren tatsächlich nach Tibet gereist waren. Seine Grundlektionen sollten sich später noch als von unschätzbarem Wert erweisen, dann nämlich, als sich Tenzin Palmo in einer rein tibetischen Gemeinschaft wiederfand, in der es nur tibetische Texte zu lesen gab. Für den Augenblick aber brachte dieser unerwartete Glücksfall auch manch Negatives mit sich. «Snellgrove jagte uns Angst und Schrecken ein. Da stand er also vor uns und machte all diese niederschmetternden Bemerkungen. Ich zitterte buchstäblich, bevor ich den Unterrichtsraum betrat. Positiv war, dass drei Bön-Lamas (Vertreter der vorbuddhistischen Religion in Tibet) bei ihm wohnten. Es waren die ersten tibetischen Lamas, denen ich begegnete.»

Im Verlauf des nächsten Jahres trafen tröpfchenweise weitere tibetische Lamas in England ein, der Beginn der ersten Einwurzelungswelle des tibetischen Buddhismus im Westen. Tenzin Palmo, eine der ersten westlichen Personen, die sich den damals noch unmodernen Glauben zu Eigen machten, hatte das Privileg, Bekanntschaft mit ihnen zu machen. Ihre Mutter, immer an neuen Dingen interessiert und vor allem aufgeschlossen für frisches Gedankengut aus dem Bereich der Spiritualität, lud sie zum Mittag- und Abendessen ein, und die Lamas, die in diesem fremden Land niemanden kannten, schätzten sich glücklich, mit Menschen verkehren zu können, die Interesse am tibetischen Buddhismus zeigten.

Unter ihnen waren Rato Rinpoche (der nun das Tibet House in New York leitet und eine Hauptrolle in Bertoluccis Film *Little Buddha* spielte) sowie der charismatische und später berühmt-berüchtigte Chögyam Trungpa. Letzterer verfasste nicht nur eine Anzahl früher buddhistischer Bestseller, darunter *Spirituellen Materialismus durchschneiden* und *Feuer trinken, Erde atmen,* sondern baute auch das erste britisch-tibetische Retreat- und Meditationszentrum, «Samye Ling», in Schottland auf. Später siedelte er in die USA über, wo er in Boulder, Colorado, das noch immer erfolgreiche Naropa Institute gründete, aus dem einige von Amerikas prominentesten buddhistischen Lehrerinnen und Lehrern hervorgingen. Hoher Lama, vollendeter Meditationsmeister, brillanter Gelehrter und begnadeter Kommunikator, der er war, wurde er später auch durch sein unkonventionelles und skandalöses Verhalten bekannt, das seine Organisation ins Chaos stürzen sollte.

Doch von all dem hatte sich noch nichts ereignet, als die 19jährige Tenzin Palmo dem jungen, unbekannten Chögyam Trungpa begegnete. Wie auch die anderen Lamas zu jener Zeit wanderte er verloren und unbeachtet umher, und niemand hatte auch nur eine Ahnung, welch ein Kaliber von Lehrern da eingetroffen war. Tenzin Palmo stand an diesem Übergangspunkt bereit.

«Kurz nachdem ich ihn kennen gelernt hatte, wandte er sich an mich und sagte: ‹Sie mögen es vielleicht kaum für möglich halten, aber in Tibet war ich ein ziemlich hoher Lama. Bitte, kann ich Sie Meditation lehren? Ich muss wenigstens einen Schüler haben!›»

Damit rannte er bei Tenzin Palmo offene Türen ein. Sie wurde Privatschülerin des talentierten Trungpa. Nun hatte sie statt der wenigen Bücher, aus denen sie Anleitung beziehen konnte, eine lebendige Quelle zur Verfügung. Sie war entzückt. «Ich hatte das Gefühl, dass das endlich das Richtige war, obgleich Trungpa ganz und gar nicht so war, wie meiner Vorstellung nach ein Mönch oder Lama zu sein hatte. Er war äußerlich sehr unattraktiv und besaß nur geringe Englischkenntnisse, aber er hatte etwas», erzählte sie.

In den folgenden Monaten führte Trungpa einige seiner bemerkenswerten Fähigkeiten vor. «Einmal sprach er über die Kräfte der tibetischen Lamas, die ‹Wetter machen› können, und behauptete, es sei leicht, Hagelstürme herbeizubeschwören, aber nicht so leicht, sie abzuwenden, wenn sie einmal unterwegs waren. Wir waren fasziniert», erinnerte sich Tenzin Palmo. «In der nächsten Woche fuhren meine Mutter und ich nach Oxford, wo er wohnte, um ihn zu besuchen. Es war Mitte Juli, ein warmer, sonniger Tag mit einem herrlich tiefblauen Himmel. Als wir aus dem Zug stiegen, kam eine kleine schwarze Wolke angesegelt, und im nächsten Augenblick standen wir mitten in einem Hagelschauer.»

Auf etwas ernsthafterer Ebene stellte sich Trungpa dem Sperrfeuer ihrer Fragen und ließ sich auf hitzige Diskussionen ein, die ihnen beiden Spaß machten. Er erzählte ihr viele Dinge, die sie zu jener Zeit überhaupt nicht verstand, später aber Sinn ergaben. Und er erteilte ihr ihren ersten Meditationsunterricht, lehrte sie, ihren Geist zu beobachten und ihn entspannt und zugleich wach bleiben zu lassen. Tenzin Palmo war in ihrem Element. «Ich fand es wundervoll. Ich hatte schon immer das Gefühl, dass die Meditation die Essenz des Weges sei, und ich hatte großes Vertrauen zu Trungpa.» Damals hätte sie nicht genau formulieren können, warum Meditation so wichtig ist oder was genau sie bewirkt. Doch heute, nach 30 Jahren solider Praxis, kann sie präzise erklären, worum es bei der «Innenschau» geht. «Unser Geist ist so ungezähmt, so außer Kontrolle, ständig erschafft er Erinnerungen, Vorurteile, mentale Kommentare. Bei den meisten Menschen ist er gleichsam immer in Aufruhr. Innere Anarchie! Wir haben keine Wahl bei unserer Denkweise, und die Emotionen verschlingen uns. Die Meditation ist der Ort, an dem du den Sturm zu besänftigen beginnst, dem unaufhörlichen Geschwätz des Geistes ein Ende setzt. Wenn das erst einmal erreicht ist, kannst du zu den jenseits des vordergründigen Lärms existierenden, tieferen Bewusstseinsebenen vordringen. Damit geht eine allmähliche Nichtidentifizierung mit unseren Gedanken und Gefühlen einher. Du erkennst ihre substanzlose Natur und glaubst nicht länger total an sie.

Das schafft eine innere Harmonie, die du dann in dein Alltagsleben einbringen kannst.»

Aber Tenzin Palmo machte auch Erfahrungen aus erster Hand mit einer umstrittenen Seite Trungpas. Weder war sie (im Gegensatz zu seinen späteren Kritikern) dadurch verstört noch wütend darüber, und sie gebärdete sich auch nicht als Moralapostel, ganz im Gegenteil: «Ich kann mich noch an unsere erste Begegnung erinnern. Als ich in den Raum kam, klopfte er auf den Sofasitz neben sich und gab mir zu verstehen, dass ich mich an seiner Seite niederlassen sollte. Wir waren beim Nachmittagstee, aßen Gurkensandwiches und sprachen über tiefgründige buddhistische Themen, als ich plötzlich spürte, wie sich seine Hand unter meinen Rock schob. Ich gab keinen Laut von mir, aber ich trug Schuhe mit hohen, bleistiftdünnen Absätzen, und Trungpa hatte Sandalen an! Auch er sagte keinen Ton, zog aber seine Hand sehr rasch zurück», erzählte sie lachend.

Doch Trungpa ließ sich nicht abschrecken. «Ständig stellte er das Ansinnen an mich, mit ihm zu schlafen. Und ich sagte immer wieder: ‹Auf keinen Fall.› Tatsache war: Er war nicht ehrlich. Mir gegenüber stellte er sich als reiner Mönch dar und behauptete, die Begegnung mit mir habe ihn umgehauen und so weiter, was mir alles ziemlicher Quatsch zu sein schien. Allerdings hielt ich ihn schon für ‹rein›, da ich mir nicht vorzustellen vermochte, wie ein hoher tibetischer Lama die Gelegenheit haben sollte, es nicht zu sein. Ganz gewiss aber hatte ich nicht die Absicht, der Grund dafür zu sein, dass irgendein Mönch gegen seine Gelübde verstieß. Ich wollte nichts tun, was dem Mahayana-Buddhismus Schaden zufügte. Hätte er zur mir, was der Wahrheit entsprochen hätte, gesagt: ‹Schau, meine Liebe, ich habe Frauen gehabt, seit ich dreizehn war, und ich habe einen Sohn, also mach dir keine Sorgen›, so hätte ich sofort eingewilligt, denn was hätte faszinierender sein können als mit Trungpa zu praktizieren? Keiner der Männer, die ich kannte, war auch nur annähernd so wie er», erklärte sie mit erstaunlicher Freimütigkeit und spielte damit darauf an, dass man sich in den höheren Stadien der tibetisch-buddhistischen Tantrapraxis einen Sexualpartner nimmt, um zu gesteigerten spirituellen Einsichten zu gelangen. «So hatte er das Nachsehen, weil er sich mir gegenüber so pathetisch präsentierte!», setzte sie hinzu.

Trotz der sexuellen Scharmützel blieben Tenzin Palmo und Chögyam Trungpa gute Freunde. «Er hatte definitiv etwas. Er war etwas Besonderes, auch wenn er sehr leger war und sich ganz gewiss nie so verhielt, wie ich es von einem Lama erwartete.» Er ermunterte Tenzin Palmo auch, nach Indien zu gehen und ihren Guru zu finden. Im Februar 1964 hatte sie, die nun zwanzig war, die neunzig Pfund zusammengespart, die sie für ihre Schiffspassage nach Indien benötigte. Es war die billigste Reisemöglichkeit, die sie hatte ausfindig machen können, aber da sie nur acht Pfund die Woche verdiente, hatte es lange gedauert. Ihr Schiff, «Le Vietnam», sollte in Marseille auslaufen. Ein Zug brachte sie über den Ärmelkanal, und dann war noch eine weitere Zugfahrt nach Südfrankreich nötig, bevor die eigentliche Reise beginnen konnte. Trungpa war unter den Personen, die zur Victoria Station kamen, um ihr Lebewohl zu sagen und zum Abschied zuzuwinken.

4

DER ERSTE SCHRITT

Als der Zug aus dem Bahnhof rollte und Tenzin Palmo ihre Mutter und ihr Land für eine nicht absehbare Zeit verließ, blieben ihre Augen trocken. Ihre Reisegefährtinnen hingegen, Ruth Tarling und Christine Morris, die sich ebenfalls zu Freda Bedis Schule aufmachten, waren in Tränen aufgelöst. «Mir war das unverständlich. Ich war überglücklich. Endlich war ich unterwegs. Das war der Augenblick, auf den ich jahrelang gewartet hatte», sagte Tenzin Palmo.

Sie hatte zwei große Reisetaschen bei sich, in denen sie eine merkwürdige Ansammlung von Ausrüstungsgegenständen verstaut hatte – sechs Nachthemden, Unmengen Seife und einen großen Pullover, den sie dem in Indien lebenden Bruder eines in London weilenden Lamas überbringen sollte. «Ich schleppte lauter falsche Dinge mit. Warum ich unbedingt sechs Nachthemden brauchte, werde ich nie begreifen, und in Indien wird ausgesprochen gute Seife hergestellt.» Sie lachte.

«Le Vietnam» war ein Bananendampfer, dessen Mannschaft aus Äthiopiern, Vietnamesen, Sudanesen und Algeriern bestand. Dies war keine luxuriöse Kreuzfahrt. Weder gab es Spiele an Deck noch Cocktailpartys, noch einen Swimmingpool, und es war auch nur eine Hand voll Passagiere, die sich auf diesen langen Weg nach Indien und darüber hinaus machte. Die Überfahrt dauerte zwei Wochen mit Zwischenstopps in Barcelona, Port Said, Aden und Bombay, bevor es schließlich in den noch ferneren Osten ging. Tenzin Palmo hatte einer ihr bekannten jungen Frau in Bombay einen Brief geschrieben und sie darum gebeten, ein paar Tage bei ihr wohnen zu dürfen, um sich erst einmal orientieren zu können.

Das gemütliche Reisetempo stand ganz in Einklang mit Tenzin Palmos Gemütsverfassung. «Es war, als befände ich mich in einem Bardo-Zustand, in jener Welt zwischen Tod und Wiedergeburt. Du bist nicht mehr Teil der Vergangenheit, aber auch noch nicht in der Zukunft angelangt. Ich hatte diese begrenzte Zeit, während der ich einfach auf dem Schiff sein konnte, bevor das nächste Kapitel seinen Anfang nahm. Es war eine wunderschöne Art zu reisen.»

Es sollte eine denkwürdige Reise werden. Wie bei allen guten Seereisegeschichten gab es auch eine Romanze an Bord. Tenzin Palmo hatte erst kürzlich einen jungen Japaner kennen gelernt, der sich, wie viele ihrer Verehrer, heftig in die lebhafte und intelligente junge Frau verliebt hatte. Auch sie fühlte sich zu diesem groß gewachsenen Asiaten, der aus einer guten Familie kam und ebenfalls Buddhist war, sehr stark hingezogen. Sie hatten beschlossen, gemeinsam zu reisen, wobei der Japaner vorhatte, mit dem Schiff nach Tokio weiterzufahren. Als sie erst einmal an Bord waren, nahmen die Dinge unvermeidlich ihren Lauf, und er machte ihr eines Nachts unter dem Sternenhimmel einen Heiratsantrag, dies freilich auf sehr ungewöhnliche Weise.

«Er erklärte mir, dass er etwas sagen würde und dass ich am Schluss *hai* sagen müsse. Ich sagte, o. k., und dachte, es handle sich um ein Spiel. Er sprach etwa fünf Minuten lang, dann hielt er inne und sah mich an, und ich sagte *hai*. Dann fragte ich, wozu ich denn meine Zustimmung gegeben hätte, und er erwiderte: ‹Du hast gerade eingewilligt, mich zu heiraten.› Ich brach in Gelächter aus. Ich dachte, er mache einen Witz. Wir kannten uns ja kaum. Ich konnte mir nicht vorstellen, dass er es ernst meinte, aber das tat er.»

Tenzin Palmo war unschlüssig und wieder einmal im Widerstreit der beiden Seiten ihrer Persönlichkeit gefangen. «Die Sache war die, dass er so gut aussah und eine sehr liebenswerte Person war. Er hatte ein so gutes Herz. Meine Freundinnen rieten mir, ihn schleunigst zu heiraten, weil ich so jemanden wie ihn nicht so schnell wieder finden würde. Und es war das erste Mal, dass ich jemandem begegnete, bei dem ich das Gefühl hatte: ‹Mit dem möchte ich zusammen sein.› Doch tief im Innern wollte ich eigentlich nicht heiraten. Meine Vorstellung ging dahin, dass wir eine Weile zusammenleben würden, dass er mich dann irgendwann satt haben würde, weil er ein so großartiger Mensch und ich im Grunde ein Nichts war, und dass ich dann wirklich verstehen würde, dass dieses Leben Leiden bedeutet, so wie Buddha gesagt hatte. Dann würde ich zurückkommen und Nonne werden. So dachte ich mir das in etwa», erzählte sie.

«Das Problem war, dass ich nie wirklich nein sagte», fuhr sie fort. «Als ich vorschlug, dass wir zusammenleben sollten, war er entsetzt und erwiderte, das komme nicht in Frage. Die Familie, die Tradition würden es nicht zulassen. Wir müssten heiraten. In diesem Augenblick schrillten bei mir alle Alarmglocken, und ich hatte schreckliche Angst, in eine Falle zu geraten.»

Hin und her gerissen zwischen ihrem Bedürfnis nach körperlicher und emotionaler Nähe und dem Ruf des Spirituellen, beschloss sie, sich ihre Optionen weiterhin offen zu halten. Sie trafen eine Vereinbarung. Tenzin Palmo würde ein Jahr lang in Indien bleiben und dann nach Japan kommen. Wie sich herausstellte, hätte er beinahe schneller als erwartet seinen Willen bekommen. Als sie in Bombay an Land gingen, war, entgegen der Bitte Tenzin Palmos, niemand da, um sie abzuholen. Der junge Japaner übernahm in dieser Situation die Führung, ließ die Mädels beim Gepäck zurück und erkundete die Umgebung.

«Er kam völlig fassungslos zurück. ‹Das ist ein schrecklicher Ort. Er ist die Hölle. Ich kann euch hier nicht zurücklassen›, erklärte er. Ich wusste nicht, was ich tun sollte. ‹Wenn uns in der nächsten halben Stunde niemand abholen kommt, gehe ich mit dir nach Japan›, sagte ich schließlich. Wir warteten weitere 20 Minuten, und dann kam plötzlich ein Mann, einen Brief in der Hand schwenkend, auf uns zugestürmt. ‹Sie haben meiner Tochter einen Brief geschrieben – aber sie ist nicht zu Hause, deshalb habe ich ihn geöffnet. Er kam erst mit der heutigen Morgenpost. Ich bin sofort hierher geeilt›, erklärte er. Das ist das subtile Timing des Schicksals. Ich entsinne mich, dass ich mich an diesem Abend beim Gedanken an die Trennung von meinem Freund in den Schlaf weinte. Aber als ich am nächsten Morgen aufwachte, war ich schon wieder ganz fröhlich! Ach, was soll's, dachte ich.»

So machten sich Tenzin Palmo und ihre Freundinnen auf den Weg nach Dalhousie in Nordindien zu Freda Bedis Schule für junge Lamas. Es war März, als sie dort ankamen, und Tenzin Palmo war die letzten beiden Stunden in Sandalen durch den Schnee gestapft. Ihre Füße mochten nass sein, aber ihre Lebensgeister waren von überschäumendem Elan. «Ich stieg die Berge hinauf und es kamen mehr und mehr Tibeter zum Vorschein. Als ich schließlich in Dalhousie anlangte, waren da tausende. Überall die verschneiten Berge, der Himmel war strahlend blau – es war wunderschön.

Wir fanden Mrs. Bedi in der Küche», berichtete sie weiter. «Sie stand über einen kleinen Herd gebeugt, aus dem zwar Rauch quoll, der aber keinerlei Hitze abstrahlte. Sie kochte Hafergrütze, vermengt mit etwas tibetischem Käse. Es war eklig. Sie war eine groß gewachsene, mollige Frau, etwa Mitte fünfzig, mit blauen Augen, einer Adlernase und grauem Haar, das sie zu einem Knoten zusammengesteckt hatte. Ich entsinne mich, dass sie einen kastanienbraunen Sari aus dickem Wolltuch trug, der sie gigantisch wirken ließ.»

Freda Bedi, mittlerweile eine Legende in tibetisch-buddhistischen Kreisen, war in der Tat eine faszinierende Persönlichkeit. Sie hatte ein abwechslungsreiches Leben geführt. In die englische Oberschicht hineingeboren und in ihr aufgewachsen, schockierte sie die Gesellschaft, als sie einen Inder heiratete, den sie in Oxford kennen gelernt hatte, um dann mit ihm in seiner Heimat zu leben. In der Folgezeit kämpfte sie in der indischen Unabhängigkeitsbewegung gegen ihr eigenes Land, wofür sie ins Gefängnis gesteckt wurde. Als sie aus der Haft entlassen wurde, nahm ihr Leben eine weitere dramatische Wendung. Sie wurde von der für die Wohlfahrt zuständigen Zentralbehörde entsandt, um mit den tibetischen Flüchtlingen zu arbeiten, die nach der Flucht des Dalai Lama im Jahre 1959 nach Indien strömten. Nachdem sie sich bei ihnen eingelebt hatte, war Freda von ihrer Not und der Kraft ihrer Botschaft derart beeindruckt, dass sie, eine Frau in mittleren Jahren, verheiratet und Mutter von fünf Kindern (eines davon der indische Filmstar Kabir Bedi), dort Nonne wurde, die erste aus dem Westen überhaupt, und den Namen Khechok Palmo annahm.

«Sie war ganz entschieden eine bemerkenswerte Persönlichkeit –

ein seltsames Gemisch indischer und englischer Prägung. Sie hat ihre Wurzeln nie ganz aufgegeben. Jedermann nannte sie Mami. Ich liebte sie sehr», erzählte Tenzin Palmo. «Sie hatte viele gute Ideen und konnte exzellent Geld beschaffen. Zu jener Zeit waren die Tibeter noch nicht organisiert, hatten keine Englischkenntnisse und wussten nichts von Hilfsorganisationen oder wie man um Unterstützung nachsucht. Freda Bedi hingegen war außerordentlich gut organisiert und konnte ihre Sache hervorragend vertreten. Sie bekam eine Menge Geld. Ihr Hauptfehler aber war der, dass sie kein Land kaufte, das damals sehr billig zu haben war, und sich nicht etwas aufbaute, sondern stattdessen die Gelder für Dinge wie Bettzeug, Handtücher und dieses und jenes ausgab. Ein paar Jahre später schossen die Bodenpreise in die Höhe, die Hilfsorganisationen unterstützten andere, und sie hatte das Nachsehen. Immerhin besteht das von ihr gegründete Nonnenkloster noch, und viele der tibetischen Lehrer, die wie Trungpa in den Westen kamen, erwarben ihre englischen Grundkenntnisse in ihrer Schule. So hat sie tatsächlich eine Menge geleistet.»

Dalhousie war ein wunderschöner Ort, der sich über eine Reihe mit stattlichen Kiefern bestandener und von lärmenden Affenhorden bevölkerter Hügel hinweg erstreckte. Lord Dalhousie hatte hier 1854 eine Hill-Station gegründet, und als Tenzin Palmo ankam, standen dort eine Menge verfallende Offiziersclubs, anglikanische Kirchen, englische Backsteinhäuser mit hohen Zimmerdecken, großen Veranden und Gärten voller Rosen und Dahlien – nunmehr Relikte der ehemaligen britischen Kolonialherrschaft. In einer Höhe zwischen 1500 und 2500 Metern gelegen, bietet der Ort nicht nur eine segensreiche Zuflucht vor der sengenden Hitze der Sommersonne, sondern auch atemberaubende Ausblicke auf die indische Tiefebene auf der einen und auf die Himalaya-Ausläufer auf der anderen Seite.

Tenzin Palmo hatte es geschafft, ihre Reise so zu timen, dass sie in einem interessanten historischen Augenblick in Dalhousie anlangte. Zu diesem Zeitpunkt nämlich hatten sich dort an die 5000 Tibeter eingefunden und den Ort zu ihrem Hauptflüchtlingszentrum in Indien gemacht. Später sollten sie dort ihre Zelte wieder abbrechen und sich nach Dharamsala, nach Südindien und zu anderen Niederlassungen begeben, aber 1963 hielten sie sich dort in Massen auf, erbauten tapfer Nachbildungen der großen Klöster ihrer Heimat, Sera und Drepung, und versuchten, zumindest die Überbleibsel ihrer einzigartigen Kultur wieder zum Leben zu erwecken. «Damals war es ein entzückender Ort. Es gab keine Autos, und es herrschte eine ganz besondere Atmosphäre. Morgens und abends waren alle Tibeter draußen zu ihren rituellen Umrundungen der Hügel», erinnerte sich Tenzin Palmo.

Die Tibeter waren Zeugen unaussprechlicher Gräuel gewesen. Sie hatten zusehen müssen, wie ihre mächtigen Klöster geplündert, ihre Mönche und hohen Lamas gefoltert wurden; sie waren von der gefährlichen Flucht aus dem Land traumatisiert; sie waren mittellos, entwurzelt, und in einem erbärmlichen Zustand. «Sie waren verzweifelt arm und lebten unter schrecklichen Bedingungen. Sie hatten sich Zelte aus Mehlsäcken errichtet, und sie versuchten, sich aus Schweineschmalz ihren Buttertee zuzubereiten. Nach der frostigen Kälte Tibets war auch die Hitze in Indien für sie ein großes Problem. Viele wurden krank und starben.»

Tenzin Palmos eigene Situation war nicht viel besser. Erst wurde sie auf der überdachten Veranda des Klosters, das Freda Bedi für die Kagyüpa-Nonnen gegründet hatte, untergebracht, dann bekam sie ein eigenes kleines Zimmer. «Es war kalt, eisig kalt, und wenn es regnete, regnete es draußen und drinnen. Tatsächlich war es dann so nass, dass ich unter dem Bett schlafen musste. Und dann waren da die Ratten. Sie waren überall. Und sie waren riesig und fraßen alles, auch meine Kleider und Gebetsperlen. Nachts hielten sie mich dadurch wach, dass sie auf mich sprangen. Aber sie machten mir weniger aus als die Spinnen. Ich erinnere mich an eine riesige Spinne mit kleinen, glasigen Augen. Das war weitaus schlimmer.»

Jeden Tag wanderte sie vom Nonnenkloster um den Hügel zur «Young Lamas' Home School», wie Freda Bedi ihre Schule für junge Lamas benannt hatte. Sie hatte sie in einem der leer stehenden, herrlichen ehemals englischen Häuser untergebracht. Das Gebäude wies viele Räume auf, thronte direkt am Rand eines Hügelabhangs und war von einem wunderschönen Garten umgeben. (Der erste Herumziehende in Sachen Dharma, der amerikanische Dichter Allen Ginsberg, war kurz vor Tenzin Palmo dort gewesen und hatte an diesem

Ort Anregungen und Inspirationen gesammelt, die dann einen regelrechten Kult auslösen sollten.) Tenzin Palmo wurden zwei Aufgaben zugewiesen, sie fungierte als Freda Bedis Sekretärin und brachte den jungen Lamas Grundkenntnisse in Englisch bei. Ihre Schüler waren jedoch keine gewöhnlichen Lamas, sondern Tulkus, anerkannte Reinkarnationen früherer hoher spiritueller Meister, in deren Händen nun die Zukunft des tibetischen Buddhismus lag. Wie bereits erwähnt, gehörte Chögyam Trungpa zu den vielen künftigen bedeutenden Lehrern im Westen, die hier ihre ersten Englischlektionen erhielten.

Trotz der spartanischen Lebensbedingungen liebte Tenzin Palmo dies alles, wie aus einem Brief an ihre Tante in England hervorgeht.

Liebe Tante Joan,
vielen vielen Dank für deine beiden Briefe. Ich habe mich wirklich sehr über sie gefreut, nachdem ich erst einmal deine Handschrift entziffert hatte – meine tibetischen Schriftkenntnisse waren da sehr hilfreich! . . .
Ich unterrichte jetzt den ganzen Morgen über einige aus der Anfängerklasse. Da ist der jüngste Lama, zwölf Jahre alt, dann ein Lama, der 25 ist, ein so lieber und sehr guter Lama, aber in Englisch ziemlich hoffnungslos. Und da ist auch ein 22-jähriger Lama, der ist wirklich ganz fabelhaft. Er hat, bevor er in die Schule kam, zwei Jahre lang im Straßenbau gearbeitet, und daher ist seine körperliche Konstitution *wow*! Dazu ist er sehr intelligent, und er lernt rasch. Es ist wie in einer Dorfschule, wo eine Menge Klassen im gleichen Raum unterrichtet werden – ziemlich laut, aber es macht großen Spaß.
Wir haben zwei Katzen und einen kleinen tibetischen Hund in der Schule, und da ist noch eine Hündin, die Shu-shu heißt und deren Mutter und Bruder von Leoparden gefressen wurden. Wir lieben sie sehr, aber es mangelt ihr ganz entschieden an Manieren, sie hat großen Appetit auf Kuhfladen und die Schienbeine von vorbeikommenden Indern. Sie schläft auf meinem Bett, und wenn sie schläft, ist sie ein liebreizender Hund. Immerhin, sie ist eine ausgeprägte Persönlichkeit, so sagen wir uns . . .

Im Augenblick halten die Nonnen ihre abendliche Puja ab. Das Unwetter hat unsere elektrischen Leitungen unterbrochen, und deshalb haben sie nur das flackernde Licht der Butterlampen, um etwas zu sehen. Es sieht jetzt wirklich wie in Tibet aus. In meinem kleinen Zimmer kann ich sehr deutlich das Rezitieren und den Klang der Glocken und der Trommel hören. Es ist sehr schön. Wir gehen oft zu den Pujas der Lamas, weil die wirklich sehr gut sind und ihre symbolischen Handbewegungen faszinierend anzusehen sind.

Danke für dein Angebot, mir Sachen zu schicken, aber ich brauche eigentlich nichts, und die Zollgebühren betragen auf alles 100 Prozent. Ich schicke Arthur, Graham, Martin und Kim und natürlich dir meine Liebe, Diane.

Wie ihr Brief erkennen lässt, hatte Tenzin Palmo ihr Augenmerk noch immer stark auf die Reize des anderen Geschlechts gerichtet. Sie war zwanzig, attraktiv, vital, und die Kluft zwischen den beiden Seiten ihrer Persönlichkeit war noch nicht überwunden. Gleichsam wie um ihr Dilemma zu unterstreichen, brachte ihr eine Nonne eines Abends drei Briefe. Einer stammte von einem singalesischen Freund, der ihren Weggang beklagte und sie anflehte, nach England zurückzukehren und ihn zu heiraten. Der zweite war von einem jungen Japaner, der schrieb, dass er nun nicht mehr glaube, dass eine Ehe von Angehörigen verschiedener Rassen nicht funktioniere, und ob sie wohl zu ihm zurückkommen könne. In dem dritten Brief teilte ihr japanischer «Verlobter» ihr mit, dass die Schilderung ihrer Lebensumstände derart schrecklich klinge, dass sie sofort nach Japan fliegen müsse – und er schicke ihr ein Flugticket.

«Ich lachte und lachte. Die Nonne, die mir die Post gebracht hatte, fragte, was los sei. ‹Drei Männer sind der Meinung, dass ich sie heiraten solle›, erwiderte ich. Sie wollte wissen, welchen von ihnen ich akzeptieren würde. Ich hielt einen Moment inne und sagte dann: ‹Ich werde keinen von ihnen heiraten. Ich werde Nonne.› Keinem dieser Männer war klar, dass ich hier die beste Zeit meines Lebens verbrachte. Sie dachten alle, es müsse mir schlecht gehen, weil ich nicht mit ihnen zusammen war. Sie verstanden überhaupt nichts. Und in diesem Augenblick erinnerte ich mich wieder daran, aus welchem Grund ich hergekommen war.»

Tatsache war, dass nun ein paar wirklich bemerkenswerte und interessante Männer in Tenzin Palmos Leben traten. Der englische Autor John Blofeld, wohl bekannt für seine Vermittlung der Lehren von Zen-Meistern und seine Übersetzung des *I Ging*, erklomm den Hügel, um sie zu besuchen. Sie hatte, nachdem sie *Rad des Lebens*, die vorzügliche Schilderung seines eigenen Weges zum Buddhismus, gelesen hatte, an ihn geschrieben und zum Ausdruck gebracht, wie viel ihr das Buch bedeutete, und er hatte ihr zu ihrer großen Überraschung geantwortet. Daraus entwickelte sich ein reger Briefwechsel, in dessen Verlauf Tenzin Palmo ihm von ihren Plänen berichtete und er ihr Führung und Rat anbot. John Blofeld sollte bis zu seinem Tod im Jahr 1987 eine wichtige Rolle in ihrem Leben spielen.

«Er war sehr viel älter als ich, aber wir kamen glänzend miteinander aus. Er war ein reizender Freund und ein wundervoller Mensch – gütig, intelligent. Er war auch eine sehr bescheidene Person, die sich ohne jegliche Arroganz dem Dharma (dem buddhistischen Weg) widmete. Gegen Ende seines Lebens schrieb er mir, dass er sich mehr und mehr mit dem chinesischen Buddhismus befasse, Mandarin wie ein Chinese zu sprechen beginne, sich einen weißen Bart habe wachsen lassen und, wenn er sich im Spiegel sehe, an einen daoistischen Weisen erinnert werde. Ich antwortete ihm, ich hoffte, dass er auch sein Haar habe lang wachsen lassen und es oben auf dem Kopf mit einer Jadespange zu einem Knoten zusammengesteckt habe, denn wenn du etwas machen willst, dann lohnt es sich, es auch ordentlich zu machen», sagte sie, ihr Lebensmotto zitierend. «Mit ihm war alles ganz natürlich – so, als entdecke man eine sehr starke und tiefe Persönlichkeit wieder.

Doch er hatte auch eine starke Verbindung zu den Tibetern, vor allem zu Tara. Allerdings verabscheute er die Kost, die man uns vorsetzte: den einen Tag Klöße, den anderen Reis und Linsen. Ich persönlich hatte nichts dagegen einzuwenden!», fügte sie hinzu.

Da sie zu den ersten Westlern auf diesem Schauplatz gehörte, sah sich Tenzin Palmo in die Lage versetzt, einigen der bedeutendsten Lamas des tibetischen Buddhismus zu begegnen, Persönlichkeiten wie S.H. den Karmapa, Oberhaupt der Kagyü-Linie, dessen Reinkarnationen weiter zurückverfolgt werden können als die des Dalai Lama. Er wurde von allen Tibetern zutiefst verehrt.

«Es war eine wunderbare Zeit. Damals waren alle, wenn du ein am Dharma interessierter Westler warst, erstaunt und erfreut, und sämtliche Türen standen dir offen», berichtete sie. «Ich erinnere mich, dass ich mich sehr fürchtete, als ich zum ersten Mal mit dem Karmapa zusammentraf, weil er so streng blickte wie Napoleon. Ich kam herein und begann mit meinen Niederwerfungen, und dann hörte ich ein Gekicher. Ich blickte auf, und da saß er mit seinen großen Grübchen, kicherte, deutete mit dem Finger auf mich und fragte: ‹Wer ist das, wer ist das?› Anders als heute rollte man damals wirklich den roten Teppich für uns aus.»

Eines Tages im Juni, drei Monate nach ihrer Ankunft in Dalhousie, hatte sie eine Begegnung mit dem Dalai Lama höchstpersönlich. Sie trug traditionelle tibetische Kleidung – ein dunkelblaues, bodenlanges Wickelgewand, Chuba genannt, und darunter eine türkisfarbene Bluse, die einstmals einer Prinzessin gehört hatte. Es war eine warme und elegante Kleidung. «Du siehst wie eine Dame aus Lhasa aus», waren die einleitenden Worte des Dalai Lama. Dann folgte ein einigermaßen rätselhafter Satz: *«Oh, Ani-la, tukdam gong phel?»* («Oh, Nonne, macht deine Praxis gute Fortschritte?»)

Der Übersetzer wandte sich verwirrt an Tenzin Palmo. «Ich weiß nicht, warum er dich Ani-la nannte. Diese Begrüßungsform wird nur verwendet, wenn sich zwei Eremiten begegnen», sagte er. Hatte der Dalai Lama mit seiner legendären Hellsichtigkeit erkannt, was kommen würde, und vielleicht auch, was davor gewesen war?

Tenzin Palmo blickte den Dalai Lama an und hörte sich selbst erwidern: «Nein, ich bin nicht aus Lhasa, ich bin eine Khampa», das heißt, eine Person, die aus Kham, einer Region in Osttibet, stammt. Sie hatte keine Ahnung, warum sie das sagte – und sie verfügte auch über keine besonderen Kenntnisse von Kham oder den Khampas.

«Was für Pläne hast du?», fragte der Dalai Lama als Nächstes.

«Sie sollten wissen, dass die besten Pläne fehlschlagen können», erwiderte sie mit einer Kühnheit, die, zu einem viel späteren Zeitpunkt, wieder zutage treten sollte, als sie mit dem Dalai Lama über ein sehr viel ernsteres Thema sprach.

Eine Woche nach dieser Glück verheißenden Begegnung traf Tenzin Palmo mit dem wichtigsten Mann in ihrem Leben zusammen – mit dem Mann, den sie in Indien zu finden gehofft hatte.

5

DER GURU

Der achte Khamtrul Rinpoche hatte einen weiten Weg zurückgelegt.

Eines Nachts hatte er, als Händler verkleidet, sein Kloster in Kham verlassen und seine waghalsige Flucht angetreten. Der Khampagar, sein Stammsitz, war so groß wie ein Palast, mit leuchtend gelben Mauern. Das vergoldete Dach glitzerte im reinen Licht der Sonne Tibets. Fast dreißig Jahre lang war er seine Welt gewesen, rechnete man nur dieses Leben. Nahm man jedoch all seine Reinkarnationen zusammen, war er seit 450 Jahren, seit 1548, als die erste seiner Reinkarnationen anerkannt wurde, sein Zuhause und der Sitz beträchtlicher Macht gewesen. Zum Zeitpunkt der Geburt des achten Khamtrul Rinpoche, irgendwann in den 1930er Jahren, hatte der Khampagar so sehr an Größe und Einfluss gewonnen, dass er nunmehr 200 Tochterklöster, hunderttausende von Mönchen und ein Elitekorps von in ganz Tibet berühmten Yogis umfasste. Doch das war noch nicht alles. Gleichsam wie eine Enklave der Renaissance des Ostens hatte er es zudem auf allen Gebieten der sakralen Kunst zu höchster Blüte gebracht, die Malerei und den Lama-Tanz eingeschlossen. Die Zerstörungswut der chinesischen Invasoren vor Augen, ließ Khamtrul Rinpoche all das hinter sich – den Pomp, die Privilegien, die Insignien, sein Gefolge und seinen ganzen Lebensstil.

Die Reise war voller Tücken und Gefahren gewesen. Er und seine ihn begleitende kleine Anhängerschar hatten zu Pferde vom Hochwasser angeschwollene Flüsse durchquert, die Nüstern der Tiere ragten gerade noch aus dem eiskalten Wasser hervor, während die armselige Habe der Flüchtlinge auf Flößen hinübertransportiert wurde. Man erzählte sich, dass Khamtrul Rinpoche heiligen Sand auf die Wogen gestreut und sie so geglättet habe. Was auch immer die Gründe sein mochten, es ging kein Leben verloren, und auch ihre Güter kamen sicher auf der anderen Seite an. Danach mussten sie einen breiten Streifen offenen Geländes durchqueren, der von einer von chinesischen Militärkonvois befahrenen Straße aus voll einzusehen war. Wundersamerweise ließ sich, als die Reiter ihren Weg fortsetzten, keiner von ihnen blicken. Das letzte und größte Hindernis aber war der Himalaya, die höchste Gebirgskette der Welt. Khamtrul Rinpoche überquerte sie zu Pferd und ritt hinunter ins sichere Indien.

In den letzten Jahren hatte er sich, so wie die anderen Tibeter, immer wieder in Dalhousie und dessen Umgebung aufgehalten, die wenigen seiner Schüler, denen ebenfalls die Flucht gelungen war, um sich geschart und versucht, die Lebensart des Khampagar auf diesem fremden Boden wieder auferstehen zu lassen. Am 30. Juni 1964 fand er sich in der Young Lamas Home School ein, um Freda Bedi einen Besuch abzustatten.

Tenzin Palmo hatte eine erste Vorahnung, dass ihr Guru in Erscheinung treten würde, als sie eines Abends die Post für die Schule durchsah. Einer der Briefe stammte von einer tibetischen Kunsthandwerkergemeinschaft, die einen Bogen handgeschöpften Papiers zur Ansicht beigelegt hatte in der Hoffnung, Mrs. Bedi könne es vermarkten. Der Brief war von jemandem namens Khamtrul Rinpoche unterzeichnet. Sie hatte keine Ahnung, wer das war, aber, wie sie später sagte: «In dem Augenblick, in dem ich diesen Namen las, stieg in mir ein Gefühl von tiefem Vertrauen auf.»

Sie wandte sich an Mrs. Bedi, erfuhr von ihr die Geschichte Khamtrul Rinpoches und auch, dass er jeden Tag erwartet wurde. «Je mehr ich über ihn hörte, desto aufgeregter wurde ich. Ich hatte das Gefühl, dass er die Person war, bei der ich Zuflucht nehmen wollte», erklärte Tenzin Palmo, sich auf die Zeremonie beziehend, durch die man sich offiziell dem buddhistischen Weg verpflichtet.

Der 30. Juni 1964, der Tag seiner Ankunft, war Tenzin Palmos einundzwanzigster Geburtstag. «Es war Vollmond, und wir trafen Vorbereitungen für einige Langes-Leben-Einweihungen, als das Telefon klingelte. Mrs. Bedi ging an den Apparat. ‹Dein bestes Geburtstagsgeschenk ist gerade an der Bushaltestelle eingetroffen›, sagte sie. Ich war schrecklich aufgeregt und gleichzeitig völlig verängstigt. Ich wusste, mein Lama war gekommen. Ich rannte zurück zum Kloster, um mein tibetisches Gewand anzulegen und einen Kata zu holen (einen weißen Schal aus dünnem Stoff, der traditionellerweise als Geste der Höflichkeit überreicht wird), aber als ich wieder bei der Schule ankam, war Khamtrul Rinpoche bereits eingetroffen und ins Haus gegangen. Nervös folgte ich ihm. Er saß mit zwei jungen Lamas, beide anerkannte Reinkarnationen, auf einer Couch. Ich hatte solche Angst, dass ich ihn nicht einmal ansah. Ich starrte nur auf den Saum seiner Robe und seine braunen Schuhe. Ich hatte keine Ahnung, ob er jung oder alt, dick oder dünn war.»

Mrs. Bedi stellte sie vor und erklärte, dass Tenzin Palmo Mitglied der Buddhistischen Gesellschaft in England und kürzlich nach Indien gekommen sei, um mit ihr zu arbeiten. «Ich weiß noch, dass ich dachte, dass sie vollkommen unwichtiges Zeug redete, war aber gleichzeitig überaus dankbar dafür, dass sie überhaupt etwas sagte.»

Das Geplauder unterbrechend und immer noch nicht wissend, wie Khamtrul eigentlich aussah, platzte sie heraus: «Sagen Sie ihm, dass ich Zuflucht nehmen möchte.»

«O ja. Natürlich», erwiderte Khamtrul Rinpoche. Da blickte sie auf.

Sie sah einen groß gewachsenen, korpulenten Mann, etwa zehn Jahre älter als sie selbst, mit einem runden Gesicht und markanten Zügen, einem fast strengen Gesichtsausdruck und einem seltsamen Haarknoten auf dem Kopf, wie man ihn auf Darstellungen des Buddha findet. «Ich hatte zwei Empfindungen zugleich. Einmal hatte ich das Gefühl, jemanden zu sehen, den man außerordentlich gut kennt und den man lange nicht mehr begegnet ist. Ein Gefühl von ‹Oh, wie schön, dich wieder zu sehen!› Und gleichzeitig war es so, als hätte ein innerster Teil von mir vor mir Gestalt angenommen. Als wäre er schon immer da gewesen, sei nun aber außen.»

So sieht die Begegnung mit einem wahren Guru aus – sie ereignet sich selten.

Tenzin Palmo erklärte, dass sie Nonne werden wolle, und bat ihn, sie zu ordinieren. Und wieder sagte Khamtrul Rinpoche: «Ja, natürlich», als sei das ganz selbstverständlich. Am 24. Juli 1964 wurde sie ordiniert. «Es dauerte so lange, weil Khamtrul Rinpoche sagte, er wolle mich in sein Kloster in Banuri mitnehmen, um dort die Zeremonien durchzuführen», erklärte sie.

Sie war erst drei Monate in Indien, aber was sich von außen gesehen wie ein verwegener, hastiger Entschluss ausnahm, war für sie absolut vernünftig und ganz und gar logisch.

«Ich war auf der Suche nach Vollkommenheit. Ich wusste, dass der tibetische Buddhismus nicht nur die makelloseste Beschreibung dieses Zustands liefert, sondern auch den klarsten Weg dorthin anbietet. Deshalb wurde ich Nonne. Denn wenn man diesem Weg folgen will, braucht man so wenig Ablenkung wie nur irgend möglich», erklärte sie zielbewusst wie immer.

Ihre Mutter Lee in England jedoch war besorgt. «Nimm dir ein bisschen mehr Zeit, um darüber nachzudenken», schrieb sie an ihre Tochter. Als Tenzin Palmo den Brief erhielt, war es bereits zu spät. Sie hatte schon die kastanienbraune und goldfarbene Robe angelegt, sich ihr langes, lockiges Haar abschneiden und den Kopf kahl scheren lassen. Sie schickte ein Foto von sich in ihrem neuen Look an ihre Mutter und schrieb auf die Rückseite: «Siehst du? Ich schaue sehr gesund aus. Ich hätte lachen sollen, damit du weißt, dass ich auch glücklich bin.» Lee schrieb zurück: «Mein armes geschorenes Lämmchen!»

Ihre Mutter war nicht die einzige, die über Tenzin Palmos kahles Haupt bekümmert war. Als am Abend ihrer Ordination die Haarschneidezeremonie stattfinden sollte, baten sie einige junge Lamas, die den Anblick der attraktiven jungen Frau zu schätzen gelernt hatten, es nicht zu tun. «Frag Khamtrul Rinpoche, ob du dich nicht kahl scheren zu lassen brauchst», beschwor sie einer von ihnen. «Ich werde nicht Nonne, um Männer zu erfreuen», erwiderte sie. «Als ich herauskam, glotzten sie mich an – sie waren entsetzt. Aber ich fühlte mich wunderbar, leicht und unbeschwert. Von diesem Tag an musste ich mir überhaupt keine Gedanken mehr über meine Frisur machen. Ich lasse mich immer noch einmal im Monat kahl scheren», erzählte sie.

Der Tag ihrer Ordination blieb ihr unauslöschlich im Gedächtnis:

«Ich war glücklich, außerordentlich glücklich.» Es ging jedoch nicht alles glatt. Den Gepflogenheiten entsprechend, hatte sie in Dalhousie ein paar Dinge gekauft, um sie Khamtrul Rinpoche zu überreichen, aber rätselhafterweise konnte sie sie, als sie sie holen wollte, nicht finden. Sie waren verschwunden, und sie blieben es bis heute. Mit leeren Händen zu ihrer Ordination zu kommen war, wie sie wusste, ein schrecklicher Verstoß gegen die spirituelle Etikette. «Ich fühlte mich entsetzlich. Als es an der Zeit war, meine Geschenke zu überreichen, sagte ich zu Khamtrul Rinpoche: ‹Es tut mir leid, ich habe Ihnen nichts zu geben, aber ich biete meinen Körper, meine Rede und meinen Geist an.› Er lachte und sagte: ‹Das ist es, was ich will.›»

Khamtrul Rinpoche gab ihr den Namen Drubgyu Tenzin Palmo, «Glorreiche Frau, die die Lehre der Praxis-Linie aufrechterhält.» Damit war sie die zweite westliche Frau, die eine tibetisch-buddhistische Nonne wurde – Freda Bedi war die erste gewesen. Sie bildete die Speerspitze einer ganzen Bewegung, denn kurz danach folgten ihr viele Frauen aus Europa, Nordamerika, Australien und Neuseeland, ließen sich ebenfalls die Köpfe kahl scheren, legten die Robe an und halfen mit, den sich neu herausbildenden westlichen Buddhismus zu formulieren.

Nachdem sie nun in Khamtrul Rinpoches Gemeinschaft aufgenommen worden war, begann sich allmählich die wahre Bedeutung der außergewöhnlichen ersten Begegnung mit ihrem Guru zu enthüllen. Tenzin Palmo hatte ebenso vage wie intuitiv «gewusst», wer Khamtrul Rinpoche war, er aber hatte sie mit Sicherheit erkannt. Ebenso die Mönche seines Klosters. Tenzin Palmo wies eine bemerkenswerte Ähnlichkeit mit einer Gestalt, die auf einem Thangka abgebildet war, der im Khampagar in Tibet hing. Diese Gestalt hatte durchdringende blaue Augen und eine auffällig lange Nase. Es handelte sich offensichtlich um eine Persönlichkeit von hohem spirituellen Rang, denn, so bezeugten es später andere, die Mönche begannen Tenzin Palmo sofort mit der einem Tulku, einer anerkannten Reinkarnation, zukommenden Ehrerbietung zu behandeln. Khamtrul Rinpoche selbst hielt sie eng an seiner Seite, ein für ihn ungewöhnliches Verhalten. Denn im Gegensatz zu anderen damaligen Lamas wollte er keine Anhängerschaft ausländischer Schüler und schickte die meisten von diesen wieder weg. Diese besondere Nähe zwischen Khamtrul Rinpoche und Tenzin Palmo hielt bis an sein Lebensende an.

Was es mit diesen früheren Inkarnationen und dem wortlosen Austausch darüber auf sich hatte, konnte niemand, der nur über ein ganz gewöhnliches Wahrnehmungsvermögen verfügte, sagen, schon gar nicht der Durchschnittswestler, für den die Reinkarnation weitgehend ein Rätsel bleibt. Für die Tibeter hingegen war die Wiedergeburt eine Gewissheit. Wir werden alle immer und immer wieder geboren, so sagten sie, in vielen verschiedenen Gestalten, in viele verschiedene Situationen und in Familien hinein, zu denen wir starke karmische Verbindungen haben. Von daher können in den Augen eines Buddhisten unsere Mutter und unser Vater in einem früheren Leben sehr wohl unsere Eltern gewesen sein, vielleicht aber auch unser Sohn, unsere Tochter, unser Onkel, unser Cousin, ein enger Freund oder ein Feind. Die starke Verbindung wurde irgendwann in «anfangsloser Zeit» geschaffen und durch zahllose nachfolgende Beziehungen zementiert. Und so geht es weiter und weiter im Kreislauf des Rads von Leben und Tod, wird das Bewusstsein oder der Geist unwiderruflich durch die Neigungen und Tendenzen, die er in sich entwickelt hat, zu seiner nächsten Existenz hingezogen.

Die Wiedergeburt mochte selbstverständlich und normal sein, die ganz bewusst herbeigeführte Reinkarnierung oder Wiederverkörperung hingegen nicht. Nur jene, die die höchste Ebene spiritueller Entwicklung erreicht hatten, so sagte man, konnten ihren Geist zum Zeitpunkt des Todes dahin bringen, dass er sich bewusst genau am gewünschten Ort und unter den gewünschten Umständen reinkarnierte. Und nur nach diesen Reinkarnationen wurde nach dem, im Laufe von Jahrhunderten entwickelten, ausgeklügelten tibetischen System gesucht, und nur sie wurden anerkannt. Sie waren die Tulkus, die Rinpoches oder «Außerordentlich Kostbaren», die ihren Platz in den Reinen Ländern aufgegeben hatten, um ihr Gelübde zu erfüllen, immer und immer wieder auf die Erde zurückzukehren, um alle fühlenden Wesen von ihrem Leiden zu befreien.

Wer Tenzin Palmo genau war oder gewesen war, ließ sich schwer feststellen, da sie sich zu diesem Thema ausgesprochen vage äußerte.

«Ich denke, dass ich viele Leben lang ein Mönch war und dass meine Beziehung zu Khamtrul Rinpoche vor langer Zeit begann. Deshalb haben wir, als wir uns trafen, nur da weitergemacht, wo wir aufgehört hatten. Ich glaube, ich war sein ihn begleitender und bedienender Mönch oder so etwas. Einmal fragte mich ein Lama etwas überrascht: ‹Weißt du nicht, wer du in deinem letzten Leben warst?› Als ich das verneinte und ihn fragte, ob er es mir sagen könne, erwiderte er: ‹Wenn Khamtrul Rinpoche es dir nicht gesagt hat, dann muss er seine Gründe dafür haben.› Ich habe ihn nie danach gefragt», berichtete sie.

«Es war einfach so, dass wir uns begegneten und einander erkannten, und das war genug», fügte sie hinzu. «Khamtrul Rinpoche sagte, dass wir viele Leben lang sehr eng miteinander verbunden gewesen seien. Und auch, dass es, da ich dieses Mal eine weibliche Gestalt, weit weg von ihm, im Westen, angenommen hätte, für uns schwierig gewesen sei, zusammenzukommen, dass er mich aber trotzdem immer in seinem Herzen getragen habe.»

Später waren etwas spezifischere Informationen über ihre vergangenen Leben zu erhalten. Tenzin Palmo vermutete, dass sie in einem ihrer Leben ein Yogi gewesen sei, der eng mit dem sechsten Khamtrul Rinpoche verbunden war. Dieser hatte den Khampagar verlassen, geheiratet und dann in einer Höhle in den Bergen gegenüber dem Kloster gelebt. Er war ein großer Yogi gewesen, der sich rühmen konnte, unter anderem den berühmten Shakya Shri zum Schüler zu haben. Dieser galt als einer der größten Meditationsmeister des vergangenen Jahrhunderts, und man sagte, dass er, wenn er im Klaren Licht verweilte, von Milarepa selbst Belehrungen erhielt. Vermutlich kannte Tenzin Palmo in jenem früheren Leben beide.

Und hier war vielleicht die Antwort auf viele Fragen ihres Lebens zu finden: Warum sie sich in London immer «fehl am Platz» gefühlt hatte; das seltsame Unvertrautsein mit dem weiblichen Körper während ihrer Kindheit; ihre natürliche Affinität zum tibetischen Buddhismus, speziell zur Kagyüpa-Tradition; ihr spontaner Wunsch, ordiniert zu werden; ihre unwillkürliche Äußerung gegenüber dem Dalai Lama, dass sie aus Kham stamme. Wenn sie viele Leben lang ein Mann, ein Mönch und Meditierender in Osttibet gewesen war, dann ergab das alles einen Sinn.

Warum sie jedoch dieses Mal im Westen und als Frau geboren worden war, blieb der Spekulation überlassen.

Wie sie gesagt hatte, war sie nun bereit, ihre Beziehung zu Khamtrul da wieder aufzunehmen, wo sie geendet hatte, dieses Mal nicht als Mönch oder Lama, sondern als Novizin. Sie verließ Mrs. Bedis Schule und begann als Khamtrul Rinpoches Sekretärin zu arbeiten, eine Stellung, die bedeutete, dass sie regelmäßig in engen Kontakt mit ihm kam. Wieder waren es nur die merkwürdigen Umstände des Zeitgeschehens, die so etwas überhaupt möglich machten. Wäre sie als Frau in Kham zur Welt gekommen, hätte er sie vielleicht erkannt, aber das Protokoll und jahrhundertealte Traditionen hätten verlangt, dass er sie in eines seiner Nonnenklöster schickte. Nun bot ihr die räumliche Nähe die Möglichkeit, ihn wieder kennen zu lernen.

«Er war ein großer, korpulenter Mann, doch wie viele Leute dieser Art überraschend leichtfüßig. Er war ein hervorragender Lama-Tänzer und auch ein sehr begabter Maler. Ziemlich berühmt unter seinen Leuten. Und er war auch ein Dichter und Grammatiker», begann sie ihre Schilderung. «Er hatte eine sehr starke Ausstrahlung, war aber außerordentlich freundlich und sanft und hatte eine weiche, leise Stimme.» Bei der Erinnerung wurde auch ihre eigene Stimme weich. «Ich hatte Angst vor ihm. Es ist interessant, dass man diese Art von Ehrfurcht empfindet. Er wurde als eine der zornvollen Erscheinungsformen Guru Rinpoches betrachtet (der auch als Padmasambhava, der im achten Jahrhundert den Buddhismus aus Indien nach Tibet brachte, bekannt ist), und manchmal sahen ihn die Leute in dieser Gestalt. Ich vermute, dass es das war. Nach außen hin war er sehr lieb und sanft, aber du spürtest die gewaltige Kraft in seinem Innern.

Eines Abends tippte ich gerade etwas, als Khamtrul Rinpoche hereinkam. Er sah sehr müde aus. Er blickte zu mir hinüber, und für einen Augenblick war es, als sei die Maske gefallen und als würde ich vom Blitz getroffen. Ich sprang auf und begann zu zittern. Es war, als habe mein ganzer Körper einen Stromschlag erhalten. Er kam sofort zu mir herüber. ‹Es tut mir so leid – das wollte ich auf keinen Fall. Es tut mir so leid›, sagte er. Er wies einen der Mönche an, mich nach Hause zu bringen, und ich zitterte noch die ganze Nacht über. So war das. Er hatte diese enorme Kraft, die er die ganze Zeit im Innern zu halten versuchte. Aber er war wirklich außerordentlich gütig und auch lustig. Manche Leute fanden ihn unnahbar, zu mir aber war er liebevoll und herzlich. Er hielt meine Hand, streichelte mein Gesicht und war sehr fürsorglich – wie Vater und Mutter in einem.

Es war eine wunderschöne Beziehung», fuhr sie fort. «Sie war sehr einfach, sehr unkompliziert. In mir war nie der Schatten eines Zweifels, wer mein Lama war. Und er zweifelte nie daran, dass ich zu ihm gehörte. Er sagte immer: ‹Du bist meine Nonne.› Als ich dann auch zu anderen Lamas eine starke Verbindung hatte, war diese Art von Beziehung nicht da. Ich saß bei Leuten wie Sakya Trizin (dem Oberhaupt der Sakya-Schule), der mein zweiter Lama wurde, und bekam plötzlich starkes Heimweh nach Khamtrul-Rinpoche. Es ist so ähnlich wie mit deiner Mutter – es mag andere Menschen geben, die du bewunderst und magst, aber dieses spezielle Gefühl, das dich mit deiner Mutter verbindet, kannst du keiner anderen Person gegenüber haben», sagte sie.

«Die Beziehung zu deinem Lama ist so innig und auf einer so tiefen Ebene angesiedelt, dass sie sich mit keiner anderen Beziehung vergleichen lässt. Wie auch? Das ist eine Verbindung, die sich Leben um Leben fortgesetzt hat. Dein wahrer Lama ist dir verpflichtet, ist mit dir verbunden, bis die Erleuchtung erlangt ist. Was könnte persönlicher, intimer sein als das?»

Choegyal Rinpoche, der noch mit Khamtrul Rinpoche in Kham gewesen war und ihn als einen seiner Hauptschüler sehr gut kannte, äußerte sich zu der Persönlichkeit des Gurus.

«Es war erstaunlich. Sein Geist blieb unverändert, ganz gleich, was passierte. Ich stellte fest, dass er als Flüchtling hier in Indien genau derselbe war wie der, der er in Tibet gewesen war, als er so viel Macht und diesen Status besessen hatte. Es machte ihm nichts aus, dass er sich auf den Weg machen und Zement kaufen und das Kloster mit eigenen Händen aufbauen musste. Er legte seinen Arm um die Schultern der indischen Ladenbesitzer, scherzte mit den Ortsansässigen, und die Leute liebten ihn. Er war sehr ökumenisch gesinnt, sehr offen. Er traf sich mit Moslems und Hindus und sprach mit ihnen über ihre Religion», berichtete er.

Tenzin Palmo, nunmehr einundzwanzig, hatte viel aufgegeben –

ihre Familie, ihr Land, ihre Herkunft, ihr Haar und alles Streben nach weltlichem Besitz, aber es gab einen Bereich, in dem noch etwas der Lösung bedurfte. Kurz nach ihrer Ordination erhielt sie einen Brief von John Blofeld, der sie in sein Haus in Thailand einlud, um dort einige Zeit bei ihm und seiner Frau zu verbringen. Tenzin Palmo fand die Idee großartig. Thailand war ein buddhistisches Land, John war ein Gleichgesinnter, und die Umstände in seinem Haus waren einem meditativen Retreat förderlicher als die in Dalhousie. Sie bat Khamtrul Rinpoche um Erlaubnis, und er sagte: «Ja, aber komm schnell zurück.»

Als sie bei John Blofeld ankam, fand sie in seinem Haus auch ihren japanischen Freund vor. Sie hatte ihm geschrieben und ihn darüber informiert, dass sie Nonne geworden und daher ihr Verlöbnis gelöst sei. Er hatte aber von einem beiderseitigen Freund von ihrer Reise nach Thailand erfahren und beschlossen, sein Glück noch einmal zu versuchen. Von ihrem kahlen Haupt und ihrer unförmigen Robe nicht im mindesten abgeschreckt, drängte er sie erneut, ihn zu heiraten. Tenzin Palmo zögerte. Sie war erst Novizin, und Khamtrul Rinpoche hatte sie wohlweislich nur ein Gelübde ablegen lassen, das, «nicht zu töten». Der junge Japaner war so attraktiv wie immer.

«Wir kamen großartig miteinander aus. Alles war völlig zwanglos zwischen uns, so, als hätten wir uns schon immer gekannt. Es war eine heitere, unverkrampfte Beziehung. Einmal erschlug er einen Moskito. ‹Was machst du?›, fragte ich. Und dann hielt ich ihm einen Vortrag darüber, dass Moskitos Gefühle haben und dass so wie uns unser Leben kostbar ist auch für einen Moskito das Leben das Kostbarste ist, was er hat, und dass wir nicht wollen, dass uns jemand zermatscht, und wir daher auch nicht einem anderen Wesen das Leben nehmen sollten, weil wir es ihm nie wieder zurückgeben können. Als ich geendet hatte, war er in Tränen aufgelöst. ‹Warum hat mir das keiner je zuvor gesagt?›, fragte er. Er hatte ein so gütiges Herz. Er sagte nie etwas Böses über irgendjemanden, niemals. Er war wirklich außergewöhnlich. Ich hielt es für unwahrscheinlich, dass ich noch einmal einem Menschen wie ihm begegnen würde. Und so bedeutete der Gedanke, ihn aufzugeben, eine Entsagung.»

Er schlug Tenzin Palmo vor, ein paar Monate nach Hongkong zu gehen, sich dort ihr Haar wachsen zu lassen und dann nach Japan weiterzureisen. Sie war nahe daran, es zu tun. «Ich dachte, ich bin einundzwanzig, und ich werde nie, nie wieder geküsst werden. Ich bin zu jung! Ich wollte die Möglichkeit haben, mich um ihn zu kümmern, ihn zu erfreuen, mit ihm zusammen zu sein. Ich wollte das, nicht für immer, aber für eine gewisse Zeit. Und das wurde dadurch vereitelt, dass ich Nonne war», sagte sie. «Wieder kam mir der Gedanke, dass wir vielleicht für eine Weile zusammenleben könnten, so lange, bis die Beziehung in die Brüche ging. Danach hätte ich meine Existenz als Nonne wieder aufnehmen können.»

Es gab noch andere Verlockungen. Die Lebensbedingungen in Dalhousie waren grässlich. Khamtrul Rinpoches Kloster war noch nicht wieder aufgebaut, und alle lebten in Zelten. Man versank oft knietief im Schlamm, und es gab keine Toiletten und auch kein aus dem Wasserhahn fließendes Trinkwasser. Die Eltern ihres japanischen Freundes hingegen waren gerade in ein neues, im traditionellen japanischen Stil erbautes Haus gezogen und hatten neben ihrem Sohn auch Tenzin Palmo zum Bleiben eingeladen. Der innere Kampf verschärfte sich. Doch allmählich kristallisierte sich ihre Entscheidung heraus.

«Ich fragte mich, was ich in zehn Jahren mehr bereuen würde – die vertane Chance, mit meinem Guru zusammen zu sein und den Dharma zu praktizieren, oder die, ein bisschen samsarisches Glück zu genießen. Die Antwort war so offensichtlich! Da hat man die weltlichen Vergnügungen immer und immer wieder durchlebt, und wo hat es einen hingebracht? Wie konnte sich das mit der Möglichkeit messen, mit dem Lama zusammen zu sein?»

Den letzten Anstoß zu ihrer Entscheidung gab das *I Ging*, das alte chinesische Buch der Weissagung. John Blofeld hatte gerade seine Übersetzung des Werkes beendet, und Tenzin Palmo half ihm beim Korrekturlesen. Im Verlauf dessen hatte er sie gelehrt, wie man einen I-Ging-Schrein errichtet und die Schafgarbenstäbchen wirft, teilt und auszählt, um so zu einem Hexagramm und einer Aussage zu gelangen. Sie entschloss sich, die erste und einzige Frage zu stellen, die sie je an das *I Ging* richten würde: Sollte sie nach Japan oder zurück nach Indien gehen? Die Antwort lautete: «Die weitere Reise nach Osten ist nicht ratsam. Kehre zum Weisen zurück.»

Klarer konnte die Auskunft nicht sein. Tenzin Palmo wusste jetzt, welchen Weg sie einschlagen würde. Doch der irdischen Liebe zu entsagen war nicht so einfach. Als sie in jener Nacht tränenüberströmt im Bett lag und daran dachte, was sie gerade aufgegeben hatte, bat sie ihren Guru, ihr zu helfen. Und er hörte ihren Ruf.

«Als ich betete, fühlte ich, wie sich mein ganzer Körper mit diesem goldenen Licht füllte, das durch meinen Scheitel eintrat und bis zu meinen Füßen hinabströmte, und Khamtrul Rinpoches Stimme sagte: ‹Komm sofort nach Indien zurück!› Danach war ich vollkommen glücklich. Ich war von Seligkeit erfüllt.»

Am nächsten Tag kaufte sie ihre Fahrkarte nach Indien. Sie sah den jungen Japaner nie wieder.

6

ANGST VOR DEM WEIBLICHEN

Die Entscheidung war gefallen, der innere Zwiespalt beendet. Tenzin Palmo kehrte nach Dalhousie zurück, bereit, sich mit ganzem Herzen ihrem Leben als Nonne zu widmen und dem Weg zur Vollkommenheit zu folgen. Es war das Einzige, das sie ihr Leben lang wirklich gewollt hatte. Sie war hingebungsvoll, außerordentlich zielbewusst und von den höchsten Idealen beseelt. Nun hätte eigentlich der Weg einer glorreichen Berufung seinen Anfang nehmen können, aber wie sich herausstellte, trat sie stattdessen in die elendste Phase ihres Lebens ein. Sie dauerte sechs Jahre.

Sie fand sich, als Khamtrul Rinpoches «einzige Nonne», in der bizarren Situation wieder, eine einsame Frau unter hundert Mönchen zu sein. Eine Fügung hatte sie die mächtigen Portale des tibetischen Mönchtums durchschreiten lassen, die für das weibliche Geschlecht jahrhundertelang versperrt gewesen waren.

Was die Pyramiden für Ägypten gewesen waren, waren die Klöster für Tibet. In ihrer großartigsten Ausprägung handelte es sich um riesige Institutionen, die sich wie ganze Städte über die Berghänge hinzogen, erfüllt vom Summen der vitalen Energie tausender von Mönchen, die sich dem Streben nach spiritueller Vollkommenheit hingaben. Schon in der Frühzeit des zweiten Jahrtausends gegründet, gewannen sie ständig an Größe und Format und brachten einige der weltweit hervorragendsten Mystiker und Gelehrten hervor. Die Disziplin in diesen Akademien der Erleuchtung war streng, der Lehrplan beeindruckend. Die Mönche, die im Knabenalter in die Klöster eintraten, studierten an die fünfundzwanzig Jahre (die Zeit, die erforderlich war, um den Grad eines Geshe zu erlangen) und befassten sich mit Logik, Beweisführung, der Identifizierung der verschiedenen Arten des Bewusstseins, den Methoden, mit denen man einspitzige oder einsgerichtete Konzentration und «formlose Versenkung» erzeugt. Sie untersuchten und überprüften die verschiedenen Betrachtungsweisen der psychologischen und philosophischen Aspekte, zum Beispiel die der Leerheit, und wurden, wenn sie weit genug waren, in den esoterischen Bereich des Tantra eingeweiht, jenen geheimen Weg, der als der rascheste und damit auch als der gefährlichste erachtet wurde. Durch all das erlernten und entwickelten sie Bodhicitta, das Streben nach Erleuchtung zum Wohle aller Lebewesen, Voraussetzung dafür, dass alles gedeihen konnte. Kurz gesagt, die Klöster Tibets hatten eine immense Bedeutung, sie waren der Stolz der Nation und ausschließlich Männern vorbehalten.

Tenzin Palmo marschierte mitten in diese Festung des Patriarchats hinein. Wäre sie keine Westlerin gewesen, hätte man sie nicht als der Entourage Khamtrul Rinpoches zugehörig anerkannt und hätte es nicht diese Umsturzsituation bei den Tibetern gegeben, wäre das sicherlich nicht möglich gewesen. Dessen ungeachtet war ihre Situation keineswegs erfreulich. Ob es nun daran lag, dass sie einfach nicht wussten, was sie mit ihr anfangen sollten, oder daran, dass sie von früh an dazu erzogen worden waren, Frauen (vor allem junge, attraktive Frauen) mit argwöhnischen Augen zu betrachten, die gewöhnlich so herzlichen und liebevollen Mönche hielten Tenzin Palmo auf Distanz. Das wirkte sich auf die junge Frau, die sich nach Gesten der Zuneigung sehnte und zudem gerade ihrem Verlobten entsagt hatte, katastrophal aus.

«Es war schrecklich. Da war dieser innere Schmerz, die Leute so sehr zu lieben, aber nicht die Hand ausstrecken und sie berühren zu dürfen», erklärte sie. «Es war so, als gebe es eine gläserne Trennwand – du konntest sehen, aber nicht nahe kommen. Diese Ausgrenzung und Ablehnung tat sehr weh, vor allem in diesem Alter. Und sie nahm und nahm kein Ende. Die einzige Person, die mir je nahe kam, war Khamtrul Rinpoche, der mich manchmal wie ein großer, starker Bär in die Arme schloss. Ich weinte jede Nacht, so unglücklich war ich.»

Das Gefühl, isoliert zu sein und abgelehnt zu werden, verschärfte sich noch durch die Tatsache, dass sie als Frau nicht mit dem Rest der Gemeinschaft leben und an ihren täglichen Aktivitäten teilhaben durfte. Folglich arbeitete sie untertags als Sekretärin Khamtrul Rinpoches im Büro des Klosters und begab sich abends zurück in die Stadt, wo sie für sich allein lebte. Sie mietete ein Kämmerchen im Dachgeschoß eines verfallenen Hauses, in dem gerade mal ein Bett und ein Tisch Platz hatten. Ein Standrohr mit kaltem Wasser war ihr Badezimmer, ihre Toilette bestand aus einem Eimer. Sie aß allein, sie schlief allein, sie gehörte weder der Laien- noch der Mönchsgemeinschaft an.

«Später fragten mich die Leute, ob ich denn in meiner Höhle nicht einsam gewesen sei. Das war ich nie. Im Kloster, da war ich wirklich einsam», sagte sie.

Doch die emotionale Qual half ihr letztlich. «Eines Abends hielt ich Innenschau», berichtete sie, «und sah dieses Ergreifen und Anhaften und erkannte, wie viel Leid es mir verursachte. Und als ich es in diesem Augenblick so nackt und ungeschminkt vor mir sah, fiel alles von mir ab. Von da an hatte dieses Ergreifenwollen ein Ende.»

Tenzin Palmo schien die Lektion des Nicht-Anhaftens gelernt zu haben, ein fundamentales buddhistisches Lehrziel, das als unerlässliche Voraussetzung gilt, wenn man es auf dem Weg zur Vollkommenheit zu irgendetwas bringen will. Denn wie kann man Mitgefühl mit allen Lebewesen haben, so hatte der Buddha dargelegt, wenn man sie im Herzen in «Freunde», «Feinde» und «Fremde» unterteilt? So ideal sich dieses Nicht-Anhaften auch anhört, es lässt sich extrem schwer verwirklichen, denn in der Realität wollen nur wenige Menschen in so viel Gleichmut leben. Später bemerkte Tenzin Palmo hierzu: «Die Leute fragen mich immer, wie sie ihren Ärger und Zorn aufgeben können, aber bisher hat mich noch niemand gefragt, wie man sich vom Begehren lösen kann.»

Bevor es zu diesem Durchbruch kam, entwickelten sich die Dinge in Dalhousie vom Schlechten zum noch Schlimmeren. Von all den Diskriminierungen, unter denen sie zu leiden hatte, war die für sie am schwersten erträgliche die, dass ihr die esoterischen Belehrungen und heiligen Rituale verwehrt wurden – die Essenz des tibetischen

Buddhismus, die die direkt zur Erleuchtung führenden Methoden beinhalten. Der Weg zur Vollkommenheit war in Reichweite und wurde ihr doch verwehrt. Der einzige Grund dafür war wiederum ihre Geschlechtszugehörigkeit. Frauen, so sagte man ihr, hätten nie Zugang zu diesen heiligen Wahrheiten gehabt. Und so saß sie buchstäblich draußen vor der Tür und sah hinein, wenn im Tempel die Zeremonien und rituellen Tänze vonstatten gingen. Als sie darum bat, in den heiligen Texten unterwiesen zu werden, wurde das abgelehnt. Stattdessen erzählte ihr Choegyal Rinpoche, der, wie schon erwähnt, zu den engsten Schülern ihres Gurus gehörte, ein paar nette buddhistische Geschichten. Das war nach allgemeinem Dafürhalten der für eine – westliche – Frau geeignete Beginn.

Sie war zutiefst frustriert. «Es war, als nähme ich an einem riesigen Bankett teil und bekäme nur hier und da ein paar kleine Krümel ab. Es machte mich verrückt. Wäre ich ein Mann gewesen, hätte alles ganz anders ausgesehen. Ich hätte an allem teilnehmen können. Es war, als wäre ich in einen riesigen Männerclub eingetreten. Die Mönche waren mir gegenüber sehr freundlich, aber unter der Oberfläche hegten sie Ressentiments. Eine Frau betrachteten sie als Bedrohung!»

Tenzin Palmo war gegen die gläserne Wand gelaufen – jene Wand, an die alle buddhistischen Nonnen mit spirituellen Bestrebungen prallten. Ihnen war im Verlauf der Jahrhunderte übel mitgespielt worden. Während sich ihre männlichen Kollegen an den klösterlichen Universitäten hervortaten, sich in tiefer Gelehrsamkeit und dialektischen Debatten übten, wurden die tibetischen Nonnen in kleine Nonnenklöster abgeschoben, wo sie sich, des Lesens und Schreibens unkundig, auf einfache Rituale, das Sprechen von Gebeten für die örtliche Gemeinschaft oder, schlimmer noch, die Arbeit in den Klosterküchen und die Bedienung der Mönche beschränken mussten. Das war der Grund dafür, dass es keine weiblichen Dalai Lamas, keine weiblichen Linien-Meister gab. Das Establishment schloss sie aus, ihnen wurden das Lernen und jeder Status verwehrt, sie waren noch nicht einmal zum Start bei den spirituellen Ausleseverfahren zugelassen.

Ihre Schwestern in den südlichen Schulen des Buddhismus waren noch schlechter dran. In Thailand mussten die Nonnen vor jedem

Mönch rückwärts auf den Knien wegrutschen und darauf achten, niemals mit irgendeinem Körperteil mit dessen Meditationsmatte in Berührung zu kommen. Nonnen mit großen Brüsten wurden angewiesen, diese einzubinden, damit sie nicht so weiblich wirkten.

Die Wurzel des Problems reichte in die Zeit des Buddha (oder noch weiter) zurück, als Frauen als Eigentum ohne irgendwelche eigenen Rechte angesehen wurden. Der Überlieferung nach weigerte sich der Buddha, Frauen in seinen neu gegründeten Orden aufzunehmen. Der Grund hierfür, so heißt es, sei wohl gewesen, dass er ein Leben, wie es die Bettelmönche führten, für zu schwierig und gefährlich hielt, als dass es dem «schwächeren» Geschlecht zuzumuten gewesen wäre. Doch es gab auch ganz andere «Argumente». Frauen, so sagte man, waren niedrigere Wesen, die einfach nicht dazu fähig waren, Erleuchtung zu erlangen. Ihre Körper verwehrten es ihnen. Sie waren unrein. Sariputra, einer der Hauptschüler Buddhas, fasste das Denken seiner Zeit zusammen, als er, nachdem er gehört hatte, dass ein achtjähriges Mädchen das vollkommene Erwachen erlangt hatte, ausrief: «So etwas ist schwer zu glauben, denn der Körper einer Frau ist schmutzig und kein Gefäß für das Weltgesetz.»

Damit war die Tonart vorgegeben für die nachfolgende Etablierung von Vorurteilen und Diskriminierungen. In Tibet, wo das Wort für Frau «von niedriger Geburt» bedeutet, wurde geschrieben, dass der Rang der Frau «auf Grund ihres Körpers» geringer sei als des Mannes. Folglich mussten die Nonnen bei jeder religiösen Zeremonie hinter den Mönchen sitzen, und wenn Buttertee gereicht wurde, wurde die ranghöchste Nonne erst nach dem gerade mal am Vortag ordinierten Mönch bedient. Und um alles noch schlimmer zu machen, erhielten die Frauen eine geringer eingestufte Ordination als die Mönche, wodurch ihr Status als spirituelle Bürgerinnen zweiter Klasse bekräftigt wurde.

Das alles hatte, wie Tenzin Palmo nun selbst entdeckte, niederschmetternde Auswirkungen auf die Frauen. Ihr Selbstvertrauen und der Glaube an ihre Fähigkeit, es auf dem spirituellen Weg zu irgendetwas zu bringen, sanken praktisch auf Null. «Das Hauptgebet der tibetischen Frauen ist die Bitte, in einem männlichen Körper wieder geboren zu werden. Sie werden allseits von oben herab betrachtet», erklärte Tenzin Palmo. «Einmal besuchte ich ein Nonnenkloster. Den Nonnen waren gerade die Belehrungen eines hohen Lamas zuteil geworden. Dieser hatte ihnen erzählt, dass Frauen unrein seien und ihr Körper minderwertig. Sie waren äußerst deprimiert. Wie kannst du eine echte spirituelle Praxis aufbauen, wenn dir von allen Seiten erzählt wird, dass du unwürdig und wertlos bist?

Einmal fragte ich einen sehr hohen Lama, ob er glaube, dass Frauen die Buddhaschaft erlangen könnten, und er erwiderte, sie könnten den ganzen Weg bis zur letzten Sekunde gehen, dann aber müssten sie in einen männlichen Körper überwechseln. Ich hielt ihm entgegen: ‹Was macht den Penis für das Erlangen der Erleuchtung so unentbehrlich? Was hat der männliche Körper so Unglaubliches an sich?› Und dann fragte ich ihn, ob die Existenz in einem weiblichen Körper irgendwelche Vorteile habe. Er sagte, er wolle darüber nachdenken. Am nächsten Tag kam er zurück. ‹Ich habe darüber nachgedacht›, sagte er, ‹und die Antwort ist ‹nein›, es gibt überhaupt keine Vorteile.› Und ich dachte bei mir, ein Vorteil ist, dass wir kein männliches Ego haben.»

Von ihrem eigenen Unglück und dieser eklatanten Unfairness angestachelt, begann Tenzin Palmo nach den Gründen für diesen Abscheu vor dem weiblichen Körper zu forschen. «Der Buddha leugnete nie, dass Frauen Erleuchtung erlangen können», erklärte sie. «In den frühen Sutras nannte er zweiunddreißig Körperpunkte, über die man meditieren solle. Den Meditierenden empfahl er, ein Abschälen der Haut zu visualisieren, um zu untersuchen, was sich wirklich darunter befindet – die Gedärme, das Blut, der Eiter, der Kot. Damit verband der Buddha zwei Ziele: die Loslösung von der Besessenheit von unserem Körper und eine Minderung der Anziehungskraft, die die Körper anderer Menschen auf uns ausüben. Dahinter steht der Gedanke, dass wir sehr viel weniger fasziniert sind, wenn wir ein mit Gedärmen, Blut und Fäkalien voll gestopftes Skelett vor uns sehen. Doch später nahmen die Schriften eine andere Wendung. Wenn wir zu Nagarjuna und zu Shantideva kommen, dann ist dort der Gegenstand der Kontemplation ganz speziell der Frauenkörper! Der Meditierende muss nun den Körper der Frau als unrein ansehen.

Der Buddha war wahrhaft erleuchtet und sah die Dinge so, wie sie wirklich sind. Andere jedoch benutzten seine Erkenntnisse für ihre Zwecke. Statt das Augenmerk auf die Identifizierung mit dem Körperlichen und unsere Besessenheit davon zu richten, wurden Buddhas Lehren zur Erweckung von Abscheu vor den Frauen benutzt. In einer monastischen Einrichtung ist es sehr nützlich, wenn Frauen als ‹der Feind› betrachtet werden», fügte sie hinzu.

Die Vorstellung, dass Frauen gefährlich seien und mit ihren Verführungskünsten und ihrer zügellosen Sexualität die Männer vom Pfad der Heiligkeit und Erlösung abbrächten, ist so alt wie die Geschichte von Eva. Tenzin Palmo wandte sich entschieden dagegen: «Also wirklich! Nicht die Frau schafft das Problem, sondern die mentalen Verunreinigungen des Mannes tun dies. Wenn der Mann kein Verlangen hätte, würde ihm nichts, was die Frau tun könnte, auch nur im Geringsten etwas anhaben», sagte sie. «Einmal warf mir ein Lama vor, dass ich auf Verführung aus sei und ihm Schwierigkeiten bereiten würde. Ich war völlig fassungslos. ‹Ich tu Ihnen gar nichts, das ist Ihr eigener Geist›, protestierte ich. Er lachte und gab zu, dass es stimmte.

Frauen sind angeblich lüsterne, verführerische Geschöpfe, aber das ist absurd. Wer hält sich denn die Harems? Haben Frauen Paläste voller Männer, die für die Befriedigung ihrer sexuellen Bedürfnisse bereitstehen? Haben Männer nachts auf der Straße Angst, weil sie befürchten, dass sie von Frauen vergewaltigt werden könnten? Schau dir die Männer in den Gefängnissen und Armeen an, wie sie sich untereinander verhalten! Und wie viele männliche Prostituierte gibt es? Und selbst die, die es gibt, sind dazu da, um andere Männer zu befriedigen», sagte sie, sich für das Thema erwärmend. «Es ist alles eine unglaubliche Projektion. Die Männer haben ein riesiges Problem und lasten alles den Frauen an, weil deren Körper sie sexuell erregen. Frauen müssen sich nicht einmal verführerisch kleiden, um Männer anzutörnen. Als ich jung war und die Phase durchmachte, in der ich mir das Haar zurückband und große unförmige Pullover und kein Make-up trug, hatte ich genauso viele Verehrer wie zu der Zeit, als ich mich hübsch kleidete und zurechtmachte.»

Zu dem allgemeinen Elend kam noch ihre schwierige Beziehung zu Choegyal Rinpoche hinzu, dem Mönch, der beauftragt war, sie im

Buddhismus zu unterrichten. Ein paar Jahre jünger als sie, war er mit allen Khamtrul Rinpoches (und dadurch auch mit Tenzin Palmo) eng verbunden gewesen. Choegyal Rinpoche war nicht nur ein anerkannter Linienhalter, ebenfalls in seiner achten Reinkarnation, sondern auch ein hochgelobter Künstler. Mit dreizehn floh er aus Tibet, eine ganz besonders traumatische Angelegenheit, da er von einer tibetischen «Roten Garde», die ihn trotz seiner Verkleidung erkannt hatte, gefangen genommen und dann wieder freigelassen worden war. Dies und die Tatsache, die Zerstörung seines Klosters mitsamt seinen Kunstwerken miterleben zu müssen, machten ihn zu einem sehr angespannten Menschen und den Umgang mit ihm für Tenzin Palmo schwer.

«Unsere Beziehung war ebenso eng wie belastet. Ich sah ihn als daoistischen Mönch, der auf einem Berg lebte und den Mond malte», erzählte sie. «Er war reizbar, ziemlich sprunghaft und neurotisch. Ich wusste nie, wie ich mit ihm dran war. Ehrlich gesagt, war es eine der schwierigsten Beziehungen, die ich je hatte. Ich hatte das Gefühl, dass es etwas Karmisches war, etwas, das in diesem Leben gelöst werden musste.» Sie bat Khamtrul Rinpoche, sie von jemand anderem unterweisen zu lassen, aber er lehnte ab. «Nein, Choegyal Rinpoche ist dein Lehrer», beharrte er.

Ihre Ausgrenzung wurde noch dadurch verstärkt, dass sie weder die Sprache gut sprechen noch die Texte lesen konnte. Snellgroves Lektionen in London hatten dafür nicht ausgereicht. «Ich musste jedes Wort nachschlagen. Es dauerte ewig. Und niemand sprach Englisch. Choegyal und ich verständigten uns auf ‹Tiblisch›. Khamtrul Rinpoche war kein moderner Lama, der auf eine große Anhängerschar von Westlern aus war. Wenn du bei ihm sein wolltest, musstest du Tibetisch lernen und es auf seine Art machen.»

Später war sie imstande, längere Gespräche auf Tibetisch zu führen und die Originaltexte fließend zu lesen, die sie den Übersetzungen vorzog, weil durch diese fast das ganze poetische und zutiefst inspirierende Moment der Originale verloren ging, wie sie sagte. Aber für den Augenblick war es ganz entschieden eine Tortur, aus dem unvertrauten Schriftbild irgendeine Bedeutung herauszufiltern.

Tenzin Palmo machte das alles – die Diskriminierungen, die Konfrontation mit den Vorurteilen, die Demütigungen – eine lange Zeit mit. Es gab niemanden, der sie in dieser Hinsicht hätte beraten können. Sie hatte nie etwas von der Frauenbewegung gehört, nie gesehen, wie Büstenhalter verbrannt wurden, nie den revolutionären Satz aus Germaine Greers *Der weibliche Eunuch* gelesen: «Die Frauen ahnen gar nicht, wie sehr die Männer sie hassen.» Sie hatte England verlassen, lange bevor das alles geschah. Und was speziell ihre Lage anging, so gab es keine weiblichen Gurus, die sie um Hilfe hätte bitten können.

«Nur ganz allmählich kam mir der Gedanke, ‹nein, das ist nicht richtig›, und ich wurde sehr traurig», berichtete sie. Schließlich war der Punkt erreicht, an dem Tenzin Palmo das Gelübde tat, das Frauen in der ganzen Welt inspirieren sollte. Das Gelübde, als Frau Erleuchtung zu erlangen.

«Es war in einem Augenblick schierer Frustration, nachdem ich wieder einmal, weil ich eine Frau war, zurückgewiesen worden war. Ich gab aus tiefstem Herzen das Versprechen ab: Ich werde weiterhin eine weibliche Gestalt annehmen und Erleuchtung erlangen!», sagte sie und schnaubte vor Empörung. «Dieser schreckliche männliche Chauvinismus, der mich allerorts umgab, machte mich so wütend und verzweifelt. Ich dachte: ‹Vergiss es! Unter diesen Umständen möchte ich nicht in einem männlichen Körper wieder geboren werden.› Und daher sprach ich das Gebet: Möge, selbst wenn ich in diesem Leben nicht so sehr viel tun kann, dieser Bewusstseinsstrom künftig weiterfließen und die vergängliche Form einer Frau statt der eines Mannes annehmen.»

Sie war in dieser Hinsicht gar nicht besonders militant. Es ging einfach nur darum, dass die Machtverhältnisse an der spirituellen Front verändert werden mussten. «Männlich oder weiblich – das ist natürlich nur relativ, aber im Moment leben wir auf einer relativen Ebene und der Punkt ist, dass es einen großen Mangel an weiblichen spirituellen Lehrern gibt. Deshalb ist es gegenwärtig hilfreicher, eine Frau zu sein», sagte sie.

Die Düsternis wurde ab und zu von kleinen Lichtblicken erhellt. Nachdem Tenzin Palmo ein Jahr in Dalhousie gelebt hatte, machte sich die unverwüstliche Lee auf, ihre Tochter zu besuchen. «Ich wollte, ich könnte etwas Sinnvolles mit meinem Leben anfangen», hatte sie ihr geschrieben. «Na gut, warum verkaufst du dann nicht dein Haus und kommst her und triffst die Lamas?», hatte Tenzin Palmo geantwortet. Genau das tat Lee und reiste nach Dalhousie, Bob-Dylan-Kassetten im Gepäck, um ihre Tochter auf den neuesten Stand westlicher Kultur zu bringen. Sie liebte alles in Indien, die Lebensart, die Tibeter, die buddhistische Lehre, und sie beschloß, bei Khamtrul Rinpoche Zuflucht zu nehmen, wodurch sie sich offiziell dem buddhistischen Weg verpflichtete, so wie ihre Tochter es getan hatte. An dem Morgen, an dem die Zeremonie stattfinden sollte – sie lag noch im Bett –, hatte sie eine Vision von Tara, dem weiblichen Buddha des mitfühlenden Handelns, die sie glückselig anlächelte und ihr eine Blume überreichte.

«Sie hatte eine wunderbare Zeit und wollte auf Dauer in Indien bleiben, aber das Essen, das Klima und der mangelnde Komfort machten ihr zu schaffen, deshalb kehrte sie nach zehn Monaten wieder nach England zurück», erzählte Tenzin Palmo.

Das Leben ging weiter. Da waren der Ausflug am Samstagabend zu dem bengalischen Süßwarenladen mit seinen klebrigen *gulab jamuns* und das gelegentliche Picknick, das nach typisch tibetischer Art manchmal tagelang dauerte. Das Essen war sehr armselig, aber die Fähigkeit der Tibeter, Spaß zu haben, noch immer ungebrochen.

Als sie 1967 eines Tages unverhofft 400 Rupien erhielt, reiste Tenzin Palmo nach Sikkim, um dort ihre volle Ordination von Karmapa, dem Oberhaupt der Kagyüpa-Linie und einem engen Freund Khamtrul Rinpoches, zu erhalten. Es war die formelle Aufnahme in die monastische Gemeinschaft, die poetisch als «in die Hauslosigkeit gehen» beschrieben wird und die in Tenzin Palmos Fall ja schon stattgefunden hatte. Sie hätte gerne gehabt, dass Khamtrul Rinpoche das Ritual durchführte, aber dieser war wegen der dafür erforderlichen zehn Jahre selbst noch nicht formell dazu ermächtigt, und sie wollte nicht länger warten.

Es wurde eine denkwürdige Zeremonie. Der Karmapa beugte sich während der Prozedur zu ihr hinunter und flüsterte ihr ins Ohr: «Du bist die erste westliche Nonne, die ich ordiniert habe. Du warst nie verheiratet, du hattest nie Kinder, deshalb bist du zusätzlichen Versuchungen ausgesetzt. Du musst sehr stark und sehr achtsam sein. Wir Tibeter glauben, dass der Gründungsakt jeder Bewegung oder Institution für die Zukunft von großer Wichtigkeit ist. In den kommenden Jahren wird es sehr viele geben, die sich ordinieren lassen. Was immer geschieht, du darfst deine Ordination nie aufgeben.» Dieser Appell an ihr Verantwortungsbewusstsein verfehlte seine Wirkung nicht.

Als alles vorbei war, kehrte Tenzin Palmo in ihr Zimmer zurück und ließ sich auf ihr Bett sinken. Die Zeremonie hatte fast drei Stunden gedauert und war ausschließlich in Tibetisch durchgeführt worden. Sie schlief sofort ein, nur um von einem lauten Hämmern an ihre Tür und einer Stimme geweckt zu werden, die rief: «Usha kommt, Usha kommt.»

«Ich sprang aus dem Bett und stürzte ins Kloster zurück in der Annahme, es träfe eine wichtige Persönlichkeit ein. Ich fand Karmapa in einem Nebenzimmer, auf einem hohen Thron sitzend, vor sich eine Hutschachtel. In diesem Augenblick wurde mir klar, dass mit ‹Usha› die ‹schwarze Krone› gemeint war und dass der Karmapa die Zeremonie der schwarzen Krone durchführen würde.»

Tenzin Palmo sollte an einem der geheimnisvollsten und machtvollsten Rituale des tibetischen Buddhismus teilhaben. Man sagt, die mystische schwarze Vajra-Krone, von der eine Ehrfurcht gebietende Kraft ausgeht, sei aus den Haaren von hunderttausend Dakinis geflochten und schwebe von allein über dem Haupt eines jeden Karmapa. Sie ist sichtbar für jene, deren Blick rein genug ist, sie zu sehen, und wer sie sieht, soll innerhalb einer einzigen Lebensspanne die Befreiung erlangen können.

Nun nahm der Karmapa die irdische Nachbildung aus ihrem Behältnis, hielt sie hoch und setzte sie auf sein Haupt. Gleichzeitig baute er im Geist die wahre schwarze Krone auf, während er das Mantra von Chenrezig, dem Buddha des Mitgefühls, rezitierte: «Om Mani Peme Hung.» Tenzin Palmo, die dem Karmapa zu Füßen saß, wurde plötzlich von ihren Gefühlen überwältigt. «Ich war ohnehin schon emotional aufgewühlt, und nun strömten mir Tränen absoluter Hingabe über das Gesicht. Als die Zeremonie vorbei war, standen alle auf, um den Segen zu erhalten, aber ich konnte mich nicht bewegen. Ich war leer. Die Leute gingen davon, und ich saß immer noch da. Der Karmapa streckte mir die Hände entgegen, ich stand auf und ging zu ihm. Er legte beide Hände auf meinen Kopf und gab mir seinen Segen.»

Am nächsten Tag sah sie sich das alte Kloster in Rumtek an, das einst dem Karmapa gehört hatte und nun leer stand. In einem der Räume war ein Loch in der Mauer, und aus irgendeinem Grund verspürte Tenzin Palmo den Drang, ihre Hand hineinzustecken. Sie zog ein aus Knochen gefertigtes Artefakt heraus, das aus wunderschön geschnitzten, netzartig miteinander verknüpften Einzelteilen bestand. Es glich in allem dem Gewand der machtvollen weiblichen Gottheit Vajrayogini. Da sie aber das Gelübde abgelegt hatte, «nichts zu nehmen, was ihr nicht freiwillig gegeben wurde», legte es Tenzin Palmo pflichtschuldigst wieder zurück. Später berichtete sie Khamtrul Rinpoche davon, der sagte, dass sie es hätte behalten sollen. «Es war für dich», erklärte er.

Der größte Glanzpunkt in all diesen dunklen Tagen in Dalhousie war jedoch zweifellos die Begegnung mit den faszinierenden Togdens. Mit ihren Rastafrisuren und schmuddeligen weißen Röcken sahen sie aus wie orientalische Rastafaris. In Wirklichkeit handelte es sich um ordinierte Mönche, die Eliteyogis der Gemeinde Khamtrul Rinpoches. Herkömmlicherweise waren es immer dreizehn, aber in Dalhousie waren sie nur zu siebt. Aufgrund der Reinheit ihrer Absicht in ihrer Kindheit ausgewählt, wurden sie vom Rest der Mönche abgesondert, um sich einer überaus harten, strengen und geheimen Ausbildung zu unterziehen. Ihre Fähigkeiten waren Legende. Einer ihrer Ahnen, Amkha Dechen Dorje, der verheiratet gewesen war und Kinder gehabt hatte, konnte nicht nur sich selbst, sondern auch seine ganze Familie, seine Yaks, Schafe, Ziegen und Hunde – insgesamt 62 Individuen – dematerialisieren. Wie berichtet wurde, ging zuerst Amkha, sein Damaru spielend, ins Reine Land ein, dann folgten ihm seine Frau, seine Kinder und schließlich seine Tiere nach.

Auch in der gegenwärtigen Gemeinschaft gab es einige bemerkenswerte Männer. Einer von ihnen, Atrin, hatte in Tibet am Rande eines Abgrunds meditiert, um sich vom Schlafen abzuhalten. Er hatte jahrelang nur von Wasser und Tsampa gelebt, und als dieser zur Neige gegangen war, sich geholt, was ein Leopard von seiner Beute übrig ließ. Eines Tages erwischte ihn der Leopard und setzte ihm nach. Atrin erkannte, wie sehr er immer noch am Essen hing, ließ das Fleisch fallen und kehrte in seine Höhle zurück, um mit leerem Magen zu meditieren.

Tenzin Palmo lebte ein Jahr lang bei diesen Männern. Sie hatte in einem der Häuser auf ihrem Gelände ihr eigenes Zimmer. Abends saßen sie draußen in der kalten, feuchten Luft, die Körper in nasse Laken eingewickelt, und lernten sie durch Tumo, das Erzeugen der mystischen inneren Hitze, zu trocknen. Tenzin Palmo hörte sie im Lotossitz Luftsprünge vollführen und dann wieder auf dem Boden landen, hörte sie singen und rezitieren. Die Togdens waren die einzigen Mönche, die Tenzin Palmo wie eine der ihren behandelten.

«Einmal suchte ich nach ihnen und fand sie alle völlig nackt in einem Raum sitzen und sich auf irgendein Ritual vorbereiten. ‹Komm herein! Komm herein, Ani-la›, riefen sie völlig unerschrocken. Ich zog mich rasch zurück und schloss die Tür. Ein andermal wurde ich, was selten genug vorkam, zur Teilnahme an einer Einweihung eingeladen. Ich war auf dem Weg zum hinteren Teil des Tempels, als einer der Togdens mich nach vorne in die erste Reihe rief und mir bedeutete, neben ihm auf seinem Tigerfell Platz zu nehmen. Ich saß stundenlang regungslos da und versuchte, es den Togdens gleichzutun, aber mir wurde sehr kalt. Plötzlich spürte ich eine Wärme – der Togden neben mir hatte seine langen Rastalocken wie eine Decke über meinen Schoß gebreitet.

Ich hatte mir immer Sorgen wegen ihrer Haare gemacht, ich dachte, sie müssten voller Läuse sein. Als ich einmal einen von ihnen darauf ansprach, bückte er sich und ließ mich das Haar ansehen – es war völlig sauber! Wenn sie im Fluß schwimmen gingen, fielen ihre Haare wie Seile bis zum Boden herab, und die jungen Mönche hielten sich daran fest, schwangen wie an Maibäumen daran herum und spielten damit.

Sie erzählten mir, dass sie, nachdem sie auserwählt worden waren, Togdens zu sein, und man sie zu den Höhlen hinaufgebracht hatte, sehr aufgeregt gewesen waren, weil sie glaubten, dass sie nun Yogis werden würden. Doch in den ersten drei Jahren wurden sie gelehrt, nichts weiter zu tun, als ihren Geist zu beobachten und Bodhicitta zu üben. Drei Jahre lang machten sie nichts anderes als das! Sie erzählten, dass sich in dieser Zeit ihr Geist transformiert hatte. All die vielen Praktiken, in denen sie sich danach übten, bauten auf dieser Grundlage auf. Einmal sagte einer von ihnen zu mir: ‹Du denkst, wir Yogis würden fantastische, esoterische Praktiken betreiben und dass du, wenn du nur die entsprechenden Belehrungen erhalten würdest, auch wirklich abheben könntest! Lass mich dir sagen, dass ich nichts tue, das du nicht gelehrt worden wärst. Der einzige Unterschied ist der, dass ich es tue und du nicht»», erzählte Tenzin Palmo.

«Das Erstaunliche an diesen Yogis ist, dass sie so normal sind», fuhr sie fort. «Da ist kein Ego. Sie sind völlig vorurteilslos, ganz und gar anspruchslos, absolut uneigennützig und im Umgang die problemlosesten Menschen der Welt. Ihr Geist ist von ungeheurer Weite. Einmal hatte mir jemand eine Tonbandkassette mit gregorianischen Gesängen geschickt, und ich spielte sie sehr leise ab, um sie nicht zu stören. Nach zehn Minuten hörte ich ein Klopfen an der Tür. Es war einer der Togdens. ‹Könntest du es lauter stellen, ich kann nichts hören›, sagte er. Und nachdem er eine Weile zugehört hatte, fragte er: ‹Ist das eine christliche Puja?› Als ich das bejahte, bemerkte er ein bisschen wehmütig: ‹Wir klingen nicht so, oder?› Danach kam er öfter in mein Zimmer und hörte sich die Kassette allein an.»

Das Leben in solch intimer Nähe ließ das lange unterdrückte Bedürfnis, sich um einen Mann kümmern zu wollen, wieder aufleben. «Ich sammelte ihre Gewänder ein, wusch sie und versuchte, sie zu flicken. Ich wollte so gerne dienen, und ihre Kleidung war in einem erbärmlichen Zustand. Aber sie wollten es nicht zulassen. Als sie merkten, was für einen Zeitaufwand das bedeutete, waren sie entsetzt und ließen mich nicht weitermachen.»

Den stärksten Eindruck hinterließ bei ihr die erste Lektion, die die Togdens sie lehrten. «Wenn dich jemand fragt, welche Erkenntnisse du gewonnen hast, dann antwortest du ‹keine›, denn im Vergleich zu denen des Buddha sind sie nichts. Und überhaupt ist es so, dass du, je mehr du erkennst, desto mehr erkennst, dass es nichts zu erkennen gibt», erklärten sie ihr. Es war ein Rat, den sie immer im Gedächtnis behalten sollte.

Eines Tages hörte sie von den Togdenmas, der weiblichen Entsprechung der Togdens, und ihr Herz hüpfte. Sie erfuhr, dass es eine mit den Khamtrul Rinpoches in Kham verbundene Gemeinschaft von Togdenmas gegeben hatte, die an geheimen Orten lebte und sich mit überragendem Erfolg in ihren spirituellen Fähigkeiten übte. Man erzählte, dass sie auch, wenn sie alt waren, wie Frauen Anfang dreißig aussahen, ein Zeichen für ihre spirituellen Kräfte. Doch sie waren während des Wütens der Kulturrevolution verschwunden, so wie die meisten Schätze Tibets, und niemand wusste, was aus ihnen geworden war. Aber was Tenzin Palmo über sie in Erfahrung bringen konnte, versetzte sie in helle Aufregung.

«Ich hörte, dass sie langes Haar hatten, das sie, wenn sie sich zu ihren Pujas versammelten, über Seile hängten. Männer durften sich ihnen nicht anschließen und ihnen nur von einer oberen Galerie aus zusehen. Sie waren außerordentlich machtvoll. Die Togdens sagten, ich würde sie keines Blickes mehr würdigen, wenn ich die Togdenmas gesehen hätte. Ich wusste, das wollte ich sein. Ich eilte zu Khamtrul Rinpoche, um ihn danach zu fragen. Er war entzückt. ‹In Tibet hatte ich viele Togdenmas›, erzählte er, ‹aber jetzt habe ich nicht einmal eine. Ich bete darum, dass du ein Instrument zur Wiederherstellung der Togdenma-Linie wirst.›»

Wie allen Wünschen Tenzin Palmos, die sich auf ihr spirituelles Vorankommen bezogen, stand auch diesem die Haltung der Mönchsgemeinschaft entgegen. Sie erhielt weiterhin nur die elementarsten Belehrungen. Eines Tages packte sie ihre Sachen und machte sich bereit, Khamtrul Rinpoche Lebewohl zu sagen, dem Mann, der sie hunderte von Jahren angeleitet und geführt hatte und dem in diesem Leben zu begegnen so schwierig gewesen war.

«Weggehen? Du gehst nicht! Wo willst du denn hin?», rief Khamtrul Rinpoche aus.

«In meinem Herzen wirst du immer mein Lama sein, aber es scheint, dass ich anderswo hingehen muss, um die Belehrungen zu bekommen – sonst könnte es sein, dass ich sterbe und immer noch keinerlei Dharma erhalten habe», erwiderte sie.

«Eines kann ich dir versichern: Du wirst nicht sterben, bevor du alle Belehrungen erhalten hast, die du brauchst», versprach er und sorgte dafür, dass sie nun von einem der Togdens unterrichtet wurde. Das half, war aber nicht genug. Ihrer Ansicht nach war die Situation noch immer weit davon entfernt, zufriedenstellend zu sein. Eines Tages wandte sich Khamtrul Rinpoche an sie und verkündete: «Jetzt ist es an der Zeit, dass du weggehst und praktizierst.»

Die Zeit ihrer Prüfung war vorüber. Sie sah ihren Guru an und schlug Nepal vor. Khamtrul Rinpoche schüttelte den Kopf. «Du gehst nach Lahoul», sagte er und bezog sich damit auf die abgelegene Bergregion im nördlichsten Teil von Himachal Pradesh an der Grenze zu Tibet. Diese war bekannt für ihre Meditationsmeister und buddhistischen Klöster, vor allem jene, die von einem Schüler des sechsten Khamtrul Rinpoche begründet worden waren, jenem Yogi, dem Tenzin Palmo in einem früheren Leben nahe gestanden hatte.

Tenzin Palmo, für diesmal glücklich, den Wünschen ihres Gurus zu entsprechen, packte ihre wenigen Habseligkeiten zusammen und machte sich auf den Weg. Eine Gompa, eine monastische Gemeinschaft, die sie beherbergen sollte, war gefunden worden. Es war das Jahr 1970, sie war siebenundzwanzig Jahre alt, und es wartete eine völlig neue Lebensweise auf sie.

7

LAHOUL

Wie es so oft bei Reisen der Fall ist, die mit einem spirituellen Ziel vor Augen unternommen werden, war auch der Weg nach Lahoul mit Schwierigkeiten und Gefahren verbunden, so, als hätten die himmlischen Mächte die Hindernisse mit Absicht aufgebaut, um die Entschlossenheit der spirituell Suchenden auf die Probe zu stellen. Zum einen war das abgelegene Tal im Himalaya acht Monate im Jahr durch eine unüberwindliche Barriere aus Eis und Schnee vom Rest der Welt völlig abgeschnitten. Tenzin Palmo konnte nur in den wenigen kurzen Sommerwochen dorthin durchdringen und musste sich an einen genauen Zeitplan halten. Zum anderen wurde dieses geheimnisvolle Land von dem tückischen Rohtang-Pass bewacht. 3978 Meter hoch, hatte er schon viele Leben gefordert und sich zu Recht den Beinamen «Ebene der Leichname» erworben. Als wäre das nicht genug gewesen, musste Tenzin Palmo ihren Weg auch noch zu Fuß zurücklegen, denn als sie sich zum ersten Mal dorthin aufmachte, waren Lahoul und das angrenzende, noch unzugänglichere Spiti noch nicht von den Touristen entdeckt worden. Es gab, anders als heute, keine ausgebauten Straßen, auf denen ganze Busladungen von Abenteurern dorthin gekarrt werden, keine jungen Männer, die romantische Motorradfahrten in diese Region unternehmen.

Sie begann noch vor der Morgendämmerung mit dem Aufstieg, denn sie musste den Pass unbedingt vor Mittag überqueren. Danach kamen die berüchtigten Winde auf, die den Schnee aufwirbelten, der auch im Hochsommer dort oben lag und der dann unbedachte Reisende blendete, sie die Orientierung verlieren und vom Weg abkommen ließ. Eine schutzlos in der Eiseskälte dort oben verbrachte Nacht bedeutete unvermeidlich den Tod. Die Behörden bestanden daher darauf, dass Tenzin Palmo sie schriftlich von aller Verantwortung entband. Sie kam diesem Ansinnen gerne nach.

Während sie immer höher stieg, ließ sie das üppige, weiche Grün von Manali hinter sich, seine mit Früchten schwer behangenen Obstgärten und seine chaotischen Basare mit ihrer Fülle gewebter Schals. Auf ihrem Weg von Tashi Jong aus war diese malerische Stadt im Kulu-Tal ihr letzter Zwischenstopp gewesen, und sie hatte die Gelegenheit wahrgenommen, einem bedeutenden Lama, Apho Rinpoche (Nachfahre des berühmten Sakya Shri aus ihrer eigenen Drukpa-Kagyü-Traditionslinie), einen Besuch in seinem kleinen, von Rosen und Dahlien umstandenen Kloster abzustatten. Er hatte sie willkommen geheißen und war von der spirituellen Inbrunst dieser westlichen Nonne beeindruckt, eine Empfindung, die sich noch verstärken sollte, als er und seine Familie sie besser kennen lernten.

Tenzin Palmo passierte die Baumgrenze, und die Landschaft wurde mit jedem Schritt schroffer und unwirtlicher. Hier und da sah sie einen zottelhaarigen Yak, gelegentlich kleine Herden gedrungener Wildpferde und in der Ferne einen vereinzelten riesigen Geier, der majestätisch auf einem Felsen hockte. Die vordem einladend wirkenden, kiefernbestandenen Hänge waren nun einer rauhen, zerklüfteten, kahlen Berglandschaft gewichen, in der das schwere Gewicht des fast ganzjährigen Schnees und die Wasser der Schneeschmelze tiefe Kerben hinterlassen hatten. Sich langsam voranschiebende Gletscher und «Sturzbäche» lockeren Gerölls, Überbleibsel von kürzlich niedergegangenen Erdrutschen, kreuzten ihren Weg. Und es wehte, selbst jetzt, mitten im Sommer, ein eisiger Wind. Unbeirrt setzte sie ihren Aufstieg fort, bis sie den Gipfel erreichte. Dann bot sich ihr, gleichsam als Lohn für ihre Anstrengungen, ein denkwürdiger Anblick.

«Oben auf der Passhöhe war eine ebene Fläche, etwa eineinhalb Kilometer lang, umgeben von schneebedeckten Bergen. Es war unglaublich. Der Himmel war tiefblau, makellos. Ich traf dort oben einen Lama mit seiner Handtrommel und einer aus einem menschlichen Schenkelknochen hergestellten rituellen Trompete, die ihn an den Tod erinnern sollte. Ich schloss mich ihm an, und gemeinsam überquerten wir den Pass, um dann praktisch den ganzen Weg hinunterzuschlittern», erzählte sie.

Als sie unten angelangt war, fand sie sich in einer anderen Welt wieder. «Es war wie eine Ankunft in Shangri-La. Ich war aus einer indischen in die tibetische Kultur gekommen. Alle Häuser hatten flache Dächer, die Berghänge waren übersät mit buddhistischen Klöstern, überall waren Gebetsmühlen und Stupas zu sehen, und die Menschen hatten hohe Wangenknochen, mandelförmige Augen und sprachen Tibetisch.»

Tenzin Palmo war auf eine der ältesten und mächtigsten buddhistischen Bastionen der Welt gestoßen. Sie existierte seit Jahrhunderten – erst genährt durch eine Welle von Flüchtlingen, die den (die damaligen großen monastischen Universitäten Indiens plündernden) islamischen Invasoren zu entrinnen suchten, und dann gespeist von einem ständigen Zustrom von Yogis aus dem angrenzenden Ladakh und Tibet. Der Buddhismus florierte in der Abgeschiedenheit dieser gewaltigen Bergregion mit ihren engen Tälern, angetrieben von den Bemühungen der vielen Eremiten, die sich in den Höhlen dieser Gegend niederließen, um in der Einsamkeit zu praktizieren. Mit den Jahren hatte ihr spirituelles Können legendäre Ausmaße angenommen, so dass, wie man sagte, selbst die Luft von Lahoul von Spiritualität gesättigt war. Und allein schon die Tatsache, dass man den Fuß auf diesen Boden setzte, garantierte, dass jeder ernsthaft bemühte spirituelle Aspirant in eine höhere Gangart überwechselte.

Als Tenzin Palmo 1970 dort anlangte, hatten die Lahoulis noch wenig von der Außenwelt gesehen. Sie waren gut aussehende, einfache, tief in ihrem Glauben verwurzelte Menschen, die ihr Leben mit dem Anbau von Kartoffeln und Gerste sowie der Betreuung ihrer Tiere verbrachten. Erfindungen des 20. Jahrhunderts wie Elektrizität und Fernsehen hatten noch nicht Einzug gehalten, und sie hatten auch noch nicht viele Gesichter von Weißen gesehen. Tenzin Palmos Ankunft, noch dazu in ihrer buddhistischen kastanienbraunen und goldfarbenen Robe, verursachte Aufregung und Mißtrauen. Was machte eine so seltsam aussehende Person hier? Wie konnte eine westliche Frau eine buddhistische Nonne sein? Schnell machte das Gerücht die

Runde, dass sie eine von der Regierung beauftragte Spionin sei. Erst als die Leute Zeugen ihres aufrichtig spirituellen Lebens und ihrer völligen Hingabe wurden, entspannten sie sich und akzeptierten sie als eine der ihren. Sie wurde als «Saab Chomo» (europäische Nonne) bekannt und nach ihrem langen Retreat als eine Heilige begrüßt.

Ihr Ziel war Tayul Gompa, was im Tibetischen «auserwählter Ort» bedeutet. Dieses zwischen Bäumen gelegene, etwa 300 Jahre alte Kloster war ein beeindruckendes Gebäude, ein paar Kilometer von der Hauptstadt Kyelang entfernt. Es verfügte über eine exzellente Bibliothek, eine schöne Sammlung von Thangkas und eine große Statue Padmasambhavas, des mächtigen Heiligen, der den Buddhismus nach Tibet gebracht hatte und der in den Augen vieler Buddhisten ebenfalls ein Buddha ist. Nun verbesserten sich Tenzin Palmos Lebensumstände. Nachdem sie jahrelang von einem gemieteten Zimmer ins nächste umgezogen war, bekam sie jetzt endlich ihr eigenes Heim, eines der aus Stein und Lehm erbauten Häuschen auf dem Hügel hinter dem Tempel, wo alle allein lebenden Mönche und Nonnen wohnten. Sie mochte die Menschen des Distrikts ungemein und schloss im Lauf der Jahre mit vielen von ihnen Freundschaft, insbesondere mit Tshering Dorje, den sie «meinen Lahouli-Bruder» nannte. Er war ein großer, knorriger Mann adliger Abstammung, Spross einer der ältesten und berühmtesten Familien Lahouls. Er hatte sich als Gelehrter einen Namen gemacht, legte sich eine bemerkenswerte Sammlung von Büchern aus aller Welt zu und wurde später Wegführer und Freund verschiedener Trekkinggrößen, darunter der Verleger Rayner Unwin.

Tshering Dorje äußerte sich über Saab Chomo wie folgt: «Sie kam gewöhnlich im Sommer, wenn sie sich nicht im strikten Retreat befand, für ein paar Tage in mein Haus und nahm an den Familienaktivitäten teil. Ich erinnere mich, dass sie immer lachte und sehr gutherzig war. Sie wollte stets alles weggeben, aber natürlich hatte sie sehr wenig. Sie wollte nur über den Buddhismus reden, sonst nichts. In Dharma-Angelegenheiten war sie sehr streng. Ich betrachte sie nicht als Heilige, aber wegen ihrer Praxis und ihres Karmas als verehrungswürdig. Ich glaube, dass ihr vergangenes Leben ihr gegenwärtiges Leben außerordentlich stark beeinflusst hat. Manchmal verglich ich sie mit Alexandra David-Néel», sagte er, sich auf die bekannte Französin beziehend, die sich im frühen 20. Jahrhundert als Mann verkleidet in Tibet eingeschmuggelt hatte, das Außenstehende damals nicht betreten durften. Sie schrieb viel über die Magie und das Rätselhafte dieses «verbotenen Landes» und weckte den Appetit der Öffentlichkeit auf die uralte esoterische Weisheit, die in Tibet zu finden war. Sie legte sich sogar den «Lama»-Titel zu.

«Ich ging auf der Suche nach Gemeinsamkeiten alle Bücher David-Néels durch», fuhr Tshering Dorje fort. «Beide waren mutige Frauen, Abenteurerinnen und vom tibetischen Buddhismus angezogen. Aber Tenzin Palmo ließ sich viel mehr auf den spirituellen Weg ein als Alexandra David-Néel. Als sie ging, um in der Höhle zu leben, machte ich mir große Sorgen um sie. Körperlich gesehen ist sie keine robuste Frau, obgleich ihre Willenskraft stärker ist als die irgendeines Mannes.»

Tenzin Palmo trat nun in eine außerordentlich erfreuliche Phase ihres Lebens ein. Endlich konnte sie allein und ungehindert praktizieren. Die langen Wintermonate, in denen hoher Schnee lag, boten die perfekte Gelegenheit zu einem langen Retreat – eine absolut notwendige Vorbedingung für das spirituelle Weiterkommen. Und genau das hatte sie vor. Doch der Rest der Gemeinschaft war nicht von dieser Hingabe beseelt.

«Du wirst 18 Becher und Teller brauchen», klärte sie eine Nonne auf, die sie bei ihrer Ankunft begrüßte.

«Wozu?», fragte Tenzin Palmo verblüfft.

«Schau, meine Liebe, im Winter kommen wir immer alle zu Dinnerpartys zusammen. Und da wir 18 sind, wirst du, wenn wir bei dir sind, 18 Becher und Teller brauchen», erklärte die Nonne.

«Nun, zum einen können die Leute, wenn sie zu mir kommen, ihre Essutensilien selber mitbringen, und zum anderen habe ich vor, den Winter mit Meditieren zu verbringen», erwiderte sie, geradeheraus wie immer. Und so verfuhr sie auch. Sie widmete sich den vorgeschriebenen Meditationspraktiken, die ihr Khamtrul Rinpoche angeraten hatte und die die wesentliche Grundlage für die langen Retreats bildeten, die später in der Höhle folgen sollten. Ein Großteil von ihnen bestand aus den «Praktiken zur Vorbereitung» – einer Reihe von rituellen Akten wie etwa Niederwerfungen und Mandala-Opferungen, die buchstäblich hunderttausend Mal vollzogen werden mussten. Diese Wiederholungen waren notwendig, um den Geist für nachfolgende komplexere und esoterischere Meditationen geschmeidig und empfänglich zu machen. Sie führte sie gewissenhaft durch und studierte zudem heilige Texte zur Verfeinerung ihrer Kenntnisse des buddhistischen Kanons. Hier in Lahoul, wo kein Mensch Englisch sprach, verbesserte sich ihr Tibetisch geradezu schlagartig.

In den Sommer- und Herbstmonaten ruhte sie sich aus und traf Vorbereitungen für den Winter – sammelte Brennholz und Vorräte, um durch die nachfolgenden langen, kalten Monate zu kommen. Jetzt gestattete sie sich auch Spaß und Geselligkeit und ein gewisses Maß an «Völlerei». «Es gab im Herbst nach der Ernte eine Zeit, in der wir in den umliegenden Dörfern unsere Almosenrunden machten», erzählte sie. «Du gingst zu jedem Haus und sprachst ein Segensgebet. Dann schaute jemand heraus und bat dich herein. Sie holten ihren besten Teppich und ihr bestes Porzellan und Silber hervor und platzierten es auf diesen tibetischen Tischchen. Du gingst hinein, setztest dich hin und rezitiertest die beliebtesten Gebete wie zum Beispiel die Einundzwanzig Huldigungen an Tara – um Segen und Schutz auf sie herabzubeschwören. Danach gaben sie dir salzigen Tee, süßen Tee und ihren aus Bohnen selbst gebrauten Chang zu trinken. Wenn irgendwelches Essen da war, gaben sie dir das auch. Dann erzählten sie dir allen lokalen Klatsch. Zum Schluss steckten sie Gerstenkörner und Gemüse in deinen mitgebrachten Sack.

Anschließend gingst du zum nächsten Haus und dann wieder zum nächsten. Am Anfang der Runde war es großartig. Du brachst noch vor dem Morgengrauen auf, gingst ein oder zwei Stunden und warst, wenn du beim ersten Haus ankamst, vor Kälte völlig taub und starr. Der heiße Tee, den sie dir anboten, war wundervoll. Am Ende des Tages wurden dann dein Sack und dein Magen immer voller und voller, dir war schon ganz übel, und du flehtest sie an, dir nichts mehr zu geben. Aber die Dörfler liebten das Ganze. Am Ende hattest du viele Kilo Gerste beisammen. Für mich war das mehr als genug.» Doch damit war die Sache noch nicht zu Ende. Tenzin Palmo musste die Gerste rösten lassen, bevor sie sie zur örtlichen Mühle bringen konnte, um sie dort zu Mehl mahlen zu lassen. Das konnte dann mit Tee vermischt und zu Bällchen gerollt werden, woraus der allgegenwärtige Tsampa entstand, ein Grundnahrungsmittel der Tibeter. Tenzin Palmo fand echten Geschmack daran.

Sechs Jahre lang verlief das Leben auf diese Weise. Gelegentlich verließ sie ihr Tal. Jedes Jahr im Sommer begab sie sich nach Tashi Jong, um Khamtrul Rinpoche aufzusuchen, ihm über ihre spirituellen Fortschritte Bericht zu erstatten und weitere Instruktionen zu erhalten. Das war unumgänglich. Der Guru war ihr Lehrer und Wegweiser, der mit dem Geist seiner Schülerin vertrauter war als irgendjemand sonst auf Erden und sie daher so anleiten konnte, dass ein Maximum an Fortschritt bis hin zur Erleuchtung noch in diesem Leben gewährleistet war.

1973 fuhr sie nach England, um ihre Mutter zu besuchen. Nach zehn Jahren kehrte sie zum ersten Mal in ihr Heimatland zurück, und dieser Aufenthalt sollte ihr in gewisser Hinsicht die Augen öffnen. Lee war von Bethnal Green in das vornehme Knightsbridge im Herzen des Londoner West End umgezogen. Sie hatte bei einer reichen kanadischen Familie, die dort eine üppig ausgestattete Wohnung hatte, eine Stellung als Haushälterin angenommen. Tenzin Palmo, die in ihrem bescheidenen Häuschen ohne fließendes Wasser auskommen musste, fand sich nun allseits von Luxus umgeben. Das exklusive Kaufhaus Harrods und der Hyde-Park mit seiner gepflegten Pracht waren nur ein paar Schritte entfernt. Sie konnte in einem weichen Bett schlafen, die Böden waren mit Teppichen ausgelegt, es gab Zentralheizung, zwei Farbfernseher und jede erdenkliche Annehmlichkeit, die die westliche Zivilisation zu bieten hatte. Doch sie hasste diesen Komfort.

«Ich war so gelangweilt. Und das Londoner Wasser war ungenießbar. Ich musste immer Obstsäfte zu mir nehmen, ich konnte nicht einmal den Tee trinken. Er machte mich krank. Das Essen war so reichhaltig, dass ich das Gefühl hatte, mein Kopf sei mit schwarzer Watte ausgestopft. Alles, was ich berührte, versetzte mir einen elektrischen Schlag, und ich war die ganze Zeit müde. Ich sagte mir: ‹Wenn du je denken solltest, dass das Glück von äußeren Faktoren abhängt, dann erinnere dich an das hier.›»

Da sie absolut nichts Anziehendes an ihrem früheren Leben finden konnte, wollte sie so schnell wie möglich in ihr kleines Häuschen in Lahoul zurückkehren. Doch da gab es ein Problem. Sie hatte kein Geld für das Flugticket. Wie so oft war sie völlig pleite. Im Lauf der Jahre hatte Tenzin Palmo eine recht ungewöhnliche Beziehung zum Geld entwickelt. Wie alle Ordensangehörigen der tibetisch-buddhistischen Tradition bekam sie keine Fördermittel aus irgendeinem Fonds oder von staatlicher Seite, sondern musste selbst zusehen, wie sie zu ihrem Lebensunterhalt kam. Somit war sie auf das angewiesen, was ihr die Menschen zukommen ließen. Und da sie nie um etwas bat, ergab sich daraus eine oftmals ungesicherte und sehr schmale Existenzgrundlage. Doch sie lernte mit bemerkenswertem Gleichmut loszulassen – und schaffte es irgendwie zu überleben.

«Ab und zu gaben die Leute etwas, gewöhnlich handelte es sich um kleine Beträge», erklärte sie. «Meine Mutter schickte mir in den ersten Jahren, als ich Nonne in Dalhousie war, monatlich fünf Pfund. Manchmal reichte das sogar für zwei. Für ein paar Rupien bekam man einen Teller mit Reis und Dhal (Linsen), und davon lebte ich. Am teuersten war das Milchpulver für den Tee. Man konnte alles je nach Bedarf in kleinen Mengen kaufen. Bei meinem Aufenthalt in London warf es mich fast um, als ich Butter kaufen wollte und man mich fragte, ob ich Butter aus Devon oder neuseeländische, australische, dänische, gesalzene oder ungesalzene Butter wünschte. Die Auswahl und die Mengen waren riesig!»

Als ihre Mutter sich die finanziellen Zuwendungen nicht länger leisten konnte, schrieb ihr plötzlich John Blofeld und teilte ihr mit, dass er und eine Freundin von ihm, eine thailändische Prinzessin namens Mom Smoe, sich entschlossen hätten, sie gemeinsam zu unterstützen.

«Ich schrieb zurück und erklärte, dass ich von der Hälfte des von ihm vorgeschlagenen Geldbetrags leben könne. Er erwiderte, dass, wenn er einen thailändischen Bauern zu einem 10-Baht-Essen einlade, dies für den Bauern wie eine riesige Summe aussehe, es für ihn selbst aber sehr wenig sei, und dass ich sein Angebot annehmen solle. Als Mom Smoe starb, übernahm John ihren Anteil bis zu seinem Tod. Er überwies das Geld, an die 50 englische Pfund im Jahr, auf ein

Bankkonto, und ich hob es ab, wenn ich es brauchte. Seine Spenden waren außerordentlich hilfreich, als ich in der Tayul Gompa lebte, die ich ja nicht verließ, um Leute zu treffen, die mir etwas spendeten», erzählte sie.

Dennoch sind fünf englische Pfund oder weniger im Monat selbst in Indien ein knappes Budget, um davon zu leben. Und manchmal hatte sie nicht einmal das. Das lehrte sie auf die harte Tour das fundamentale Prinzip des Nicht-Anhaftens am Materiellen und, rare Lektion, Vertrauen zu haben. «Es gab Zeiten, in denen ich absolut kein Geld hatte, nicht einmal für eine Tasse Tee. Einmal, in Dalhousie, hatte ich keine Bleibe und nicht eine Rupie, um Essen zu kaufen. Ich stand oben auf einem Hügel und wurde von einem ungeheuren Gefühl der Einsamkeit überschwemmt. Dann dachte ich, wenn du wirklich Zuflucht beim Buddha, bei Dharma und beim Sangha (der monastischen Gemeinschaft) nimmst, wie wir das alle bei unserer Ordination geloben, und wenn du aufrichtig und lauter praktizierst, dann sollte dir das im Grunde nichts ausmachen. Von da an hörte ich auf, mir Sorgen zu machen», sagte sie lässig.

«Ich habe gelernt, keine Angst zu haben. Das Geld taucht von irgendwoher auf, meist genau der benötigte Betrag. Einmal war ich unterwegs, um Freunde zu besuchen. Ich machte Station bei einer Frau und hatte noch zehn Pfund in meiner Geldbörse. Für die Weiterfahrt mit dem Zug brauchte ich 80 Pfund. Am Tag des Abschieds überreichte mir die Frau einen Umschlag mit einer Spende von genau 80 Pfund. Ich bedankte mich bei ihr und lachte. Es war ein sehr seltsamer Betrag, aber genau der, den ich brauchte. So läuft das.

Tatsächlich sollten wir uns als ordinierte Buddhisten nicht um Geld bekümmern – gleichgültig, ob es um kleine oder große Beträge geht. In Asien reise ich immer dritter Klasse und schlafe in Rasthäusern für Pilger auf dem Boden, aber ich habe nichts gegen Reisen in der ersten Klasse und Aufenthalte an schönen Orten, wenn sie mir angeboten werden. Wir müssen auch lernen, nicht an der Einfachheit und Armut zu haften. Man sollte sich immer da zu Hause und wohl fühlen, wo man ist, sei es nun ein alter Teeladen oder ein Fünf-Sterne-Hotel. Der Buddha wurde von Königen und Leprakranken eingeladen. Für ihn war es alles ein und dasselbe. Und Milarepa sagte: ‹Ich lebe für die künftig Praktizierenden in Höhlen. Für mich selbst ist das, in diesem Stadium, ohne Belang.›»

Aber die Engländerin, die aus London zurück nach Lahoul wollte, brauchte nun definitiv Geld. Ihr treuer Freund und Sponsor John Blofeld bot ihr ein Flugticket an, doch dieses Mal lehnte Tenzin Palmo ab. Ihre Prinzipien ließen es nicht zu. «Ich erklärte ihm, ich könne unmöglich Spenden annehmen, da ich mich im Westen keinen Dharma-Aktivitäten gewidmet hatte, um sie mir zu verdienen», sagte sie in entschiedenem Ton.

Ihr blieb nichts anderes übrig, als einen Job anzunehmen. Und so begab sie sich im Nonnengewand und mit kahl geschorenem Kopf zum Arbeitsamt. Dort hörte man sich, von ihrem unorthodoxen Erscheinungsbild unbeeindruckt oder vielleicht auch fasziniert, an, was sie an beruflichen Fähigkeiten vorzuweisen hatte (Erfahrungen mit dem Bibliothekswesen, der Büroarbeit und im Unterrichten) und stellte sie kurz entschlossen selbst ein. Sie war genau die Person, nach der man für ein Projekt gesucht hatte, die Bildung eines Gremiums aus Vertretern verschiedener Berufssparten, das die Antragsteller für berufliche Weiterbildung überprüfen sollte. Obwohl sie seit zehn Jahren nicht mehr im Erwerbsleben gestanden hatte, machte sie ihre Arbeit so gut, dass man sie bat, zu bleiben und das ganze Projekt zu koordinieren.

Sie lehnte höflich, aber bestimmt ab. Wenn sie je irgendwelche Zweifel an ihrer Berufung gehabt hatte, so hatten die zweieinhalb Monate im Arbeitsamt sie rasch davon befreit. «Es machte mich sehr traurig. Da waren all diese Leute mittleren Alters, die fragten: ‹Was habe ich mit meinem Leben angefangen?› Und mit Hypotheken belastete junge Ehepaare, die bereits in der Falle saßen. Sie konnten über nichts anderes reden als über das Fernsehprogramm. Ich hatte meine Robe an, und deshalb öffneten sie sich mir gegenüber. Sie erzählten mir von ihrem Leben und stellten alle möglichen Fragen. Sie waren sehr an meiner Lebensweise interessiert und wollten wissen, was es damit auf sich hatte.»

Tatsächlich zog ihre Erscheinung, die in den frühen 70er Jahren noch immer sehr ungewöhnlich war, die Leute allerorts magisch an. Sie waren von dem Phänomen einer englischen buddhistischen

Nonne fasziniert und dürsteten nach den Werten, die sie sich zu Eigen gemacht hatte. Mehr als einmal kam man bei gesellschaftlichen Zusammenkünften auf sie zu und sagte, sie sehe aus wie der heilige Franz von Assisi. Ein gut gekleideter Herr sprach sie im Hyde Park an und meinte, sie müsse, so schick wie sie ausschaue, eine Französin sein. Einmal unternahm sie eine Zugfahrt nach Wales, um ihren dort lebenden Bruder zu besuchen, und zwei Polizeibeamte, ein Kriminalinspektor und ein Sergeant, gesellten sich zu ihr. Sie kamen miteinander ins Gespräch und die Polizeibeamten erklärten, dass sie zu einem walisischen Dorf unterwegs seien, um dort einen des Mordes verdächtigen Mann zu verhaften.

«Können Sie mir irgendetwas sagen, das mir hilft, in meinem Leben einen Sinn zu sehen?», fragte der ob seiner Mission sichtlich deprimierte Inspektor.

Tenzin Palmo beantwortete seine Frage mit Erläuterungen zum Karma, dem Gesetz, wonach jede von einer Absicht geleitete Handlung von Körper, Rede und Geist eine entsprechende Reaktion hervorruft. Kurz gesagt, so erklärte sie, sind wir alle letztlich für unser Leben verantwortlich und können somit unsere Zukunft auf aktive Weise beeinflussen. Es war ein langer, erhellender Vortrag, und die Polizeibeamten hörten aufmerksam zu. Als sie geendet hatte, beugte sich der Inspektor zu ihr hinüber und sagte anerkennend: «Ich glaube, es ist üblich, buddhistischen Mönchen und Nonnen eine Spende zukommen zu lassen.» Er überreichte ihr eine Fünfpfundnote. Der Sergeant schloss sich ihm an. Dankbar stockte sie damit ihren Fluchtfonds auf.

Schließlich hatte sie genug Geld zusammen und machte sich auf den Weg zurück in ihr geliebtes Indien. Unterwegs legte sie einen Zwischenstopp in Thailand ein, um John Blofeld einen Besuch abzustatten, der erneut den Versuch unternahm, sie mit etwas Geld zu unterstützen. «Da du zu stolz bist, etwas für säkulare Zwecke anzunehmen, ist hier etwas Geld, damit du nach Hongkong reisen und dich dort zur Bhikshuni ordinieren lassen kannst», sagte er.

Das war ein Angebot, das sie nicht ablehnen konnte. Die Bhikshuni-Ordination bedeutete nicht weniger als die offizielle Aufnahme in den buddhistischen Nonnenorden als voll ordiniertes Mitglied mit all der Autorität und dem Prestige, die sich damit verbanden. Sie war eine Perle, nach der sich alle buddhistischen Nonnen sehnten und die nur wenige je erhielten. Aus sehr komplizierten Gründen, die in der Tradition und in den pratriarchalen Strukturen zu suchen sind, gewährte mit Ausnahme von China kein buddhistisches Land seinen Nonnen die volle Ordination und die Ehre und den Respekt, die damit einhergingen, und verwies sie somit auf eine untergeordnete Stellung innerhalb der Gemeinschaft. Und da nur wenige Nonnen über die Mittel verfügten, nach Taiwan oder Hongkong zu reisen (wo allein diese Ordination möglich war), blieb es für sie bei diesem niedrigen Status.

In Hongkong angekommen, legte Tenzin Palmo die schwarze und braune Robe einer chinesischen buddhistischen Nonne an und stand mit gebeugtem Haupt und gefalteten Händen die langen Zeremonien durch, die sie offiziell zum voll ordinierten Mitglied der buddhistischen monastischen Gemeinschaft machten. Das Ganze wurde von den Blitzlichtern von Kameras und eifrig kritzelnden Reportern begleitet – Tenzin Palmo machte Schlagzeilen. Sie war die erste westliche Frau, die einen solchen Schritt unternahm, und die chinesischen Bewohner der damaligen britischen Kronkolonie waren hingerissen. Was die Fotografen allerdings nicht im Bild einfingen, waren die kleinen Räucherwerkkegel, die als Bestandteil des Rituals den Nonnen auf den Kopf gelegt wurden und dann auf ihren eben kahl geschorenen Häuptern niederbrannten, wo sie kleine Narben hinterließen, die sie für immer an ihre Verpflichtung erinnern sollten. Tenzin Palmo weinte, aber nicht vor Schmerz.

«Ich war vollkommen selig», berichtete sie. Als sie später S. H. Sakya Trizin, ihrem zweiten Guru, ein Foto von diesem Ereignis zeigte, warf er einen Blick auf ihr sich gegen den schwarzen Stoff abhebendes weißes, glückseliges Gesicht und sagte: «Du siehst aus wie eine kahlköpfige Jungfrau Maria.»

Nach all diesen Verzögerungen und Umwegen kam sie schließlich wieder in Lahoul an und nahm mit erneuerter Entschlusskraft ihre alte Lebensweise wieder auf: Vorräte sammeln in den Sommerwochen, strenge Meditationspraxis im Winter. Geist und Herz waren immer noch auf die Erleuchtung ausgerichtet. Aber bei allem Enthusiasmus und aller Willensstärke waren die Bedingungen in der Tayul Gompa für die Art von spirituellem Fortschritt, die sie anstrebte, noch immer weit davon entfernt, zufriedenstellend zu sein.

«Es war ein Problem, an Wasser zu kommen. Wenn man im Retreat ist, sollte man von niemandem gesehen werden, was bedeutete, dass ich in der Nacht Wasser holen musste. Der Weg war mit Schnee und Eis bedeckt und sehr glatt. Da ich keine Stiefel hatte, umwickelte ich meine Strohsandalen mit Plastiktüten, was mich noch mehr ins Rutschen brachte. Ich ging meist einmal in der Woche nach Einbruch der Dunkelheit mit einer Sturmlampe, einer großen Kanne auf dem Rücken und einem Eimer hinaus und schleppte dann 30 Liter Wasser zurück. Das war sehr schwierig. Ich lernte, mit Wasser sehr sparsam umzugehen.»

Und dann war da der Lärm. Wie die ältere Nonne, die Tenzin Palmo bei ihrer Ankunft begrüßt hatte, schon angedeutet hatte, waren die Wintermonate für die Mehrheit der Gemeinschaft dem reichlichen Feiern von Partys vorbehalten. «Während ich versuchte, im Retreat zu sein, fegten die anderen den Schnee von ihren Flachdächern, breiteten ihre Matten da oben in der Sonne aus und führten dann lautstarke Unterhaltungen über die Dächer hinweg. Am Abend feierten sie ihre Dinnerpartys mit den 18 Tellern und Bechern. Es war ein äußerst geselliges Leben! Und es war auch äußerst schwierig, zu meditieren.» Eigentlich kamen sie zusammen, um Schafwolle für ihre Familien auszukämmen und zu spinnen. Eine Person sorgte für das Essen und die Getränke, und die anderen Gäste spannen dann die Wolle für sie. Sie wechselten sich der Reihe nach ab und erledigten so die Arbeit einer jeden im Team.

Nach sechs Jahren hatte Tenzin Palmo genug: «Ich war nach Lahoul gekommen, um zu meditieren, nicht um ein ausschweifend geselliges Leben zu führen! Ich beschloss, auszuziehen und mir etwas Ruhigeres zu suchen. Ich stieg den Berg hinauf, um nach einer Stelle zu suchen, wo ich mir eine kleine Hütte bauen konnte.» Oben rief sie die Dakinis um Hilfe an, jene ätherischen weiblichen buddhistischen Geistwesen, die für ihre Wildheit, ihre Macht und ihre Bereitschaft, spirituell Praktizierenden beizustehen, bekannt sind. Zu ihnen hatte sie schon immer eine besonders innige Beziehung. Nun wandte sie sich auf ihre eigene, unnachahmliche Art an sie: «Schaut – wenn ihr für mich einen geeigneten Ort für ein Retreat findet, verspreche ich euch, dass ich versuchen werde zu praktizieren», erklärte sie. «Ich hatte ein sehr positives Gefühl dabei, war sehr glücklich. Ich war sicher, dass irgendetwas passieren würde.»

Sie stieg wieder hinunter und suchte am nächsten Tag eine der Nonnen auf. «Ich trage mich mit dem Gedanken, mir oberhalb des Klosters eine Hütte zu bauen», sagte sie zu ihr.

«Wie denn? Du brauchst Geld für das Baumaterial und die Arbeitskräfte, und du hast keins. Warum lebst du nicht in einer Höhle?», fragte die Nonne.

«Eine Höhle kommt nicht in Frage. Erstens gibt es nur sehr wenige Höhlen in Lahoul, und dann ist da, wo Höhlen sind, kein Wasser, und da, wo Wasser ist, sind Menschen», entgegnete Tenzin Palmo.

«Das stimmt», sagte die andere, «aber letzte Nacht erinnerte ich mich plötzlich an eine alte Nonne, die mir von einer Höhle hoch oben im Berg erzählte, in deren Nähe es Wasser und auch Bäume gibt und eine Wiese davor. Warum gehen wir nicht hinauf und suchen nach ihr?»

Als sie diese Worte vernommen hatte, war für Tenzin Palmo alles klar.

«Das ist es!», sagte sie.

Am nächsten Tag versammelte sie eine Gruppe von Leuten um sich, darunter auch den ranghöchsten Lama des Klosters, und gemeinsam stiegen sie den Berg hinauf, um die Höhle zu suchen, von der die Nonne gehört hatte.

8

Die Höhle

Tenzin Palmo und ihre kleine Begleiterschar machten sich daran, den Berg, der sich hinter der Tayul Gompa erhob, zu erklimmen. Sie wandten sich in die Richtung, in der die Höhle zu finden sein sollte, und stapften immer weiter und weiter steil bergauf, die menschlichen Behausungen weit hinter sich lassend. Höher und höher ging es über grüne Berghänge, deren Gräser im Vorbeistreifen einen süßen, aromatischen Duft verströmten. Schließlich lag die Gompa an die 300 Meter unter ihnen, und die Anstrengung und die Höhe wollten ihre Brust schier bersten lassen. Das hier war keine Bergwanderung für Hasenfüße oder Kurzatmige. Der Weg hinauf war steil und auch tückisch. Es gab keinen vorgegebenen Pfad, dem man einfach folgen konnte, und neben einem ging es jäh in die Tiefe. Ab und zu machten breite Sturzbäche lockeren Gerölls den Aufstieg noch gefährlicher – Felsbrocken und Steine, die der über ihnen aufragende Berg regelmäßig abschüttelte, so, als seien sie ihm lästig. Sie mussten überquert werden, wenn sie die Höhle finden wollten, doch schon ein einziger falscher Tritt auf diesen schlüpfrigen Steinen konnte den Tod bedeuten.

Unerschrocken setzten sie ihren Aufstieg fort. Nach zwei Stunden Klettern hatten sie es geschafft. Was sie gesucht hatten, schmiegte sich so «getarnt» in den Berg hinein, dass sie es erst entdeckten, als sie schon praktisch davor standen. Es war ganz bestimmt nicht die archetypische Höhle, die man sich in der Fantasie ausmalte oder aus Hollywoodfilmen kannte. Da gab es keinen sich tief in den Berg hinein erstreckenden Raum mit einem ordentlich gerundeten Eingang und ebenem Boden, der eine gemütliche und geborgene, wenngleich primitive Behausung bot. Sie wahr sehr, sehr viel weniger als das. Diese «Höhle» bestand aus nichts weiter als einem Felsüberhang über einem natürlichen Felsgesims, war nach drei Seiten hin offen und den Elementen preisgegeben. Der Felsüberhang bildete das Dach, unter dem man nur gebückt stehen konnte. Die rückwärtige Wand bestand aus zerklüftetem, schräg abfallendem Gestein, und vor dem Felsgesims erstreckte sich ein steiler Abhang tief hinunter ins V-förmige Lahouli-Tal. Bestenfalls handelte es sich um einen nur dürftigen Schutz bietenden Unterstand, schlimmstensfalls um eine bloße Einbuchtung in einer Felswand. Zudem war das Ganze unvorstellbar klein: maximal drei Meter breit und zwei Meter tief. Eine Einzelhaftzelle.

Tenzin Palmo stand auf dem schmalen Felssims und ließ den Blick über die Szenerie schweifen. Der Ausblick war sensationell. Wie konnte es auch anders sein! Vor ihr dehnte sich in weitem Bogen die gewaltige Bergkette aus, und sie befand sich beinahe Auge in Auge mit den Gipfeln. Jetzt, im Sommer, waren nur die Bergspitzen mit Schnee bedeckt, aber in den langen acht Monaten des Winters würde das Bergrund zu einem durchgängig weißen Massiv verschmelzen, das in den reinen, unbefleckten, azurblauen Himmel aufragte. Das Licht war kristallen und durchflutete alles mit schimmernder Leuchtkraft, die Luft funkelte und war frisch. Es herrschte tiefe Stille, die nur von dem Geräusch des graugrünen, rasch dahinfließenden Gewässers des Bhaga-Flusses unten, dem Pfeifen des Windes und dem gelegentlichen Flügelschlag eines Vogels durchbrochen wurde. Rechts von ihr befand sich ein kleines Wacholderwäldchen, das ihr Brennholz liefern konnte. Links, etwa 400 Meter entfernt, sprudelte eine Quelle zwischen den Felsen hervor – frisches, sauberes Wasser. Und hinter ihr der Berg, der wie ein Wächter aufragte. Trotz aller Ehrfurcht gebietenden Gewaltigkeit dieser Landschaft und der extremen Abgeschiedenheit strahlten die Höhle und ihre unmittelbare Umgebung etwas Friedliches und Wohltuendes aus, so, als böten die mächtigen Berge allein durch ihre Größe und Masse Schutz. Doch das war natürlich eine Illusion – die Berge waren so vergänglich wie alles andere «durch wechselseitige Bedingtheit Zustandegekommene».

Sie befand sich in etwas mehr als 4000 Metern Höhe. Das war so, als gedächte man, nicht weit unterhalb des Gipfels des Montblanc zu leben. Hier oben wurde der Blick, den Geist automatisch mit sich ziehend, hinauf und in die Ferne gezwungen, und beide, Blick und Geist, konnten gar nicht anders, als sich über die engen Grenzen der erdgebundenen Sterblichen da unten zu erheben. Kein Wunder, dass die höchsten Gipfel schon immer die bevorzugten Aufenthaltsorte der in der Einsamkeit Meditierenden waren.

Tenzin Palmo nahm das alles in sich auf und war trotz des winzigen Raums und der Tatsache, dass es sich nur um einen Felsüberhang handelte, begeistert. «Ich wusste sofort: Das war es», sagte sie. Es war alles da, was sie brauchte. Hier oben, wie ein Adler auf dem Gipfel der Welt thronend, würde sie ganz bestimmt nicht vom Lärm und Wirrwarr menschlichen Treibens behelligt werden. Sie würde in der vollkommenen Stille leben, nach der sie sich so sehr sehnte. In der Stille, die für ihre innere Suche unabdingbar war, denn nur in der Tiefe der Stille und des Schweigens ließ sich die Stimme des Absoluten vernehmen. Hier konnte sie sich im engen Raum ihrer Höhle vergraben, um ungestört ihrer spirituellen Praxis nachzugehen. Und sie konnte auch vor die Tür treten und auf die Berge und in den unendlichen Himmel blicken. Sie würde niemanden sehen, und niemand würde sie sehen.

Es gab noch andere Anziehungskräfte. Sie, die den Vorsatz gefasst hatte, als Frau die Erleuchtung zu erlangen, hatte das Glück, inmitten eines weiblich-spirituellen Energiewirbels zu landen. Auf dem Gipfel des ihr gegenüberliegenden Berges befand sich ein merkwürdiger schwarzer Fels, den die Einheimischen «Die Herrin von Kyelang» nannten. Unerklärlicherweise blieb er auch mitten im Winter schneefrei. Wenn man genauer hinsah, konnte man in ihm die Umrisse einer in einen Mantel gehüllten, knienden Frau erkennen, die ein Baby an ihrer Brust hielt und eine Hand ausstreckte, um einen kleinen Vogel zu füttern. Für Westler wies sie eine geradezu unheimliche Ähnlichkeit mit der Madonna und dem Kind auf, aber für die Lahoulis war sie natürlich Tara, der weibliche Buddha des Mitgefühls. Hoch oben auf einem nahe gelegenen Fels war in verblichener blauer und goldener Farbe ein Bild zu finden, das ebenfalls Tara zeigte. Es war, so sagte man, vor einigen Jahrhunderten spontan dort aufgetaucht, hatte sich von allein von der gegenüberliegenden Seite des Tals dorthin begeben. Für ein scharfes Auge waren seine Konturen noch immer deutlich wahrzunehmen. Und unterhalb, nicht weit von der Höhle entfernt, befand sich eine Örtlichkeit, die, so wurde erzählt, von der machtvollen weiblichen buddhistischen Schutzgottheit Palden Lhamo bewohnt wurde. Sie wird traditionell auf einem Maulesel reitend dargestellt. Ein paar Jahre später sollte Tenzin Palmo genau an jener Stelle die Hufabdrücke eines Maulesels im Schnee finden, und seltsamerweise waren keine anderen Spuren zu sehen, die dorthin oder von dort weg führten.

Der Ort war alles in allem perfekt. Hier konnte sie endlich ihre ganze Energie und Zeit der tiefen und langen Meditation widmen. Hier konnte sie mit der Ergründung der Geheimnisse der inneren Welt beginnen – jener Welt, die, wie es hieß, die Unermesslichkeit und die Wunder des ganzen Universums in sich barg.

War sie über die Entdeckung der Höhle glücklich, so waren es ihre Begleiter ganz und gar nicht. Sie bombardierten sie mit Einwänden und einer Aufzählung von entmutigenden Hindernissen, die Frauen, die sich auf ein ernsthaftes Meditieren in totaler Einsamkeit einlassen wollen, schon immer entgegengehalten wurden. Doch Tenzin Palmo parierte geschickt jeden Einwurf.

«Es ist zu hoch! Niemand, schon gar nicht eine Frau, kann in dieser Höhe überleben. Du wirst sterben», sprachen sie im Chor.

«Aber Höhlen sind wärmer als Häuser. Sie unterliegen einem natürlichen thermostatischen Ausgleich. Mein Haus in Tayul ist im Winter eisig kalt, und ich überlebe das auch. Diese Höhle hier wird viel besser sein», erwiderte sie.

«Na gut, aber wenn du so weit weg von Menschen lebst, wirst du leicht das Opfer von Dieben.»

«In Lahoul gibt es keine Diebe. Ihr seht ja selbst, dass eure Frauen unterwegs ganz offen ihren Schmuck tragen, und niemand versucht, sie zu berauben», war Tenzin Palmos Antwort.

«Männer aus dem Militärlager werden heraufkommen und dich vergewaltigen.»

«Wenn die erst mal hier oben angelangt sind, sind sie so erschöpft, dass sie nur noch eine Tasse Tee wollen», schmetterte sie diesen Einwand ab.

«Was ist mit den Gespenstern? Weißt du nicht, dass es an diesen Orten spukt? Sie werden dich in Angst und Schrecken versetzen.»

An diesem Punkt versagten Tenzin Palmos Tibetischkenntnisse. Da sie glaubte, die Rede sei von Schlangen (die beiden Worte ähneln sich im Tibetischen), erwiderte sie vergnügt: «Oh, die machen mir nichts aus.» Ihre unbekümmerte Erwiderung beeindruckte ihre Kritiker so, dass sie fast verstummten, aber nur fast.

«Na gut, doch wir werden dir bei deinem Umzug hier herauf nicht helfen, denn sonst würden wir zu deinem Tod beitragen. Und da machen wir nicht mit.» In der Hinsicht meinten sie, nicht nachgeben zu können.

«Werdet ihr mir helfen, wenn ich die Erlaubnis von meinem Guru Khamtrul Rinpoche bekomme?», fragte sie. Mit einiger Verzögerung nickten sie zustimmend. Es wurde ein Brief nach Tashi Jong abgesandt, und nachdem sich Khamtrul Rinpoche bei ihr eingehend nach der Lage und dem Zustand der Höhle erkundigt hatte, erteilte er ihr die Erlaubnis. Somit hatte sie schließlich alle Widerstände bezwungen.

Tenzin Palmo hatte eine jahrhundertealte Tradition über den Haufen geworfen, demzufolge Frauen nicht imstande waren, sich an total abgeschiedenen Orten in ein ausgedehntes Retreat zu begeben, um auf höhere spirituelle Ebenen zu gelangen. Und dieser Schritt machte sie auch zur ersten westlichen Frau, die in die Fußstapfen östlicher Yogis alter Zeit trat und sich im Streben nach Erleuchtung in eine Höhle im Himalaya zurückzog.

Doch bevor sie sich an ihr großes Werk machen konnte, musste die Höhle erst in einen bewohnbaren Zustand versetzt werden. Mit Hilfe ihrer Freunde stellte sie Arbeiter aus Lahoul ein, die die Höhle an den Seiten und vorne mit besonders dicken Wänden aufmauerten, damit sie Schutz vor der grimmigen Kälte bot. Im Innern wurde ein kleiner Bereich abgeteilt, der ihr als Lager für ihren Nahrungsmittelvorrat dienen sollte. Das ließ den Wohnraum auf winzige 1,8 m² zusammenschrumpfen. Der Boden musste ausgehoben werden, damit sie Platz zum Stehen hatte, dann kam eine Schicht gebrannte Erde darüber, darauf wurden Steinplatten gelegt und darüber noch einmal Erde. Sie ließen ein Fenster und eine Tür in die Vorderwand ein, wobei Tshering Dorje darauf bestand, dass sich die Tür nach innen öffnete – eine

Maßnahme, die sich als von unschätzbarem Wert erweisen sollte. Dann wurden der Boden und die Wände noch mit einer Schicht aus Schlamm und Kuhdung übertüncht. Danach ebneten sie das Felsgesims vor der Höhle zu einer Terrasse ein, auf der sich Tenzin Palmo niederlassen und den atemberaubenden Ausblick genießen konnte. Zuletzt zogen sie um das Ganze eine kleine Steinmauer zum Schutz vor wilden Tieren und zur Markierung des Retreatbereichs.

Tenzin Palmo verfrachtete ihr Mobiliar in die Höhle: ein kleiner Holzofen (die Hinterlassenschaft eines herrnhutischen Missionars, der einst die Lahoulis zu bekehren versucht hatte) samt einem Abzugsrohr, das aus der Vorderwand ihrer Höhle ragte; eine Holzkiste, die ihr als Tisch diente und mit einem geblümten Tischtuch bedeckt wurde; ein Eimer. An die Wände hängte sie Bilder von buddhistischen Gottheiten in ihren verschiedenen Manifestationen. Eine Einbuchtung in der Felswand diente ihr als Regal, das ihre kostbaren Dharma-Texte beherbergte. Diese waren in gelbes Tuch eingewickelt, um die losen Blätter zusammenzuhalten; die Buchbindekunst hatte nie Eingang in Tibet gefunden. Auf einem natürlichen Sims platzierte sie ihre Ritualgegenstände, den Dorje und die Glocke. Der Dorje, das Diamantzepter, steht für das männliche Prinzip und ist Symbol für das Höchste Bewusstsein und die Methode. Der Diamant symbolisiert das Unteilbare und Unzerstörbare, die Wahre Wirklichkeit, die Leerheit, das Wesen oder die Essenz alles Seienden. Die Glocke repräsentiert das weibliche Prinzip und ist das Symbol für Einsicht und Weisheit. Gemeinsam stehen sie für die Verschmelzung von Weisheit und Mitgefühl. Sie gelten als die beiden «Schwingen» des tibetischen Buddhismus, auf denen die Praktizierenden den ganzen Weg bis zur Erleuchtung emporgetragen werden. An der Rückwand ihrer Höhle errichtete sie ihren Altar mit Bildern ihrer persönlichen Meditationsgottheiten, einem Miniaturstupa (Symbol für den göttlichen Geist der erleuchteten Wesen) und einem Text (als Symbol für den Dharma). Davor stellte sie sieben kleine Opferschalen auf, die mit Wasser gefüllt wurden. Sie repräsentierten die sieben Gaben, die jedem erlauchten Besucher, der ein Heim mit seiner Gegenwart beehrt, dargeboten werden: Wasser zum Trinken, Wasser zum Waschen der Füße, Blumen, Nahrung, Wohlgerüche, Licht und Musik.

Und dann war da, als der ungewöhnlichste aller Gegenstände, eine traditionelle Meditationskiste. Dabei handelte es sich um eine 76 mal 76 Zentimeter große Holzkiste, der man etwas unterlegte, damit sie nicht direkt mit dem Boden in Berührung kam und die meditierende Person vor der aufsteigenden Feuchtigkeit geschützt war. Darin sollte Tenzin Palmo nun einen Großteil ihres Lebens verbringen. Mit den Jahren wuchs sie ihr nachgerade ans Herz: «Ich liebte meine Meditationskiste. Ich wickelte mich in meinen Umhang und saß dann gemütlich da drin, und keine Zugluft kam an mich heran», erzählte sie ganz begeistert.

Als alles fertig war, hatte sich diese schartige Öffnung in der Felswand in ein hübsches Häuschen mit einem krummen Dach verwandelt und sah so anheimelnd aus, als sei das Ganze einem Märchenbuch entsprungen. Alle Klischeevorstellungen vom Höhlenleben waren damit erledigt.

«Es war eine erstklassige Höhle», erklärte Tenzin Palmo. «Die wenigen Menschen, die sie zu Gesicht bekamen, waren überrascht, wie ordentlich und gemütlich sie war. Sicher, sie war sehr klein. Platz zum Tanzen gab es nicht! Doch immerhin machte ich dort während meines langen Retreats Hatha-Yoga. Die Yoga-Übungen bildeten ein hervorragendes Gegengewicht zu all dem Sitzen und halfen mir auch bei meinen Schwierigkeiten mit dem Rückgrat.» Damit bezog sie sich auf die Rückenprobleme, die sie schon seit ihrer Geburt plagten. «Aber die Höhle war so klein, dass ich mich für die einzelnen Yoga-Stellungen jeweils an einen anderen Platz begeben musste.»

Didi Contractor gehörte zu den Personen, die die Höhle mit eigenen Augen sahen. Diese große, grauhaarige, nunmehr auf die siebzig zugehende Frau war vor vielen Jahrzehnten aus Kalifornien nach Indien gekommen, wo sie mit ihrem indischen Ehemann in dessen Großfamilie ein abwechslungsreiches Leben geführt hatte. Bei einem ihrer Besuche bei Khamtrul Rinpoche hatte sie Tenzin Palmo kennengelernt, und die beiden waren seither miteinander in Kontakt geblieben. Als Innenarchitektin, die sich einen Namen gemacht hatte, wollte sie einen professionellen Blick auf Tenzin Palmos unorthodoxe Lebensumstände werfen und sich vergewissern, dass sie nicht gefährdet war. «Der Aufstieg war ein Horror, vor allem wegen des lockeren

Gerölls. Ich blickte auf die winzigen Häuser im Tal hinunter und dachte: ‹Wenn ich falle, bin ich Erdbeermarmelade.› Tenzin Palmo, die mich begleitete, hüpfte hingegen wie eine Gazelle den Berg hinauf. Als ich schließlich oben anlangte, war ich beruhigt. Die Höhle war ein sehr sicherer und geschützter Ort. Die Mauern waren dick – dennoch sorgte ich dafür, dass das Fenster mit doppelten Glasscheiben versehen wurde. Und das Wichtigste, es blickte nach Süden, was bedeutete, dass es den ganzen Tag über Sonne bekam, was vor allem im Winter lebenswichtig war. Aber der Raum war unglaublich winzig. Es war gerade noch so viel Platz, dass ich meinen Schlafsack neben ihrer Meditationskiste ausrollen konnte. Das war's dann auch», erzählte sie, die sich unterhalb von Dharamsala, wo der Dalai Lama und seine Exilregierung residieren, selbst ein Haus aus Lehm und Backstein gebaut hatte.

Als die Höhle fertig war, zog Tenzin Palmo ein und nahm ihre ungewöhnliche Lebensweise auf. Sie war dreiunddreißig Jahre alt. Dies sollte nun ihr Zuhause sein, bis sie fünfundvierzig war.

Ihre Suche war rein dem Spirituellen gewidmet, doch bevor sie sich hinsetzen und mit dem Immateriellen herumschlagen konnte, musste sie erst einmal die äußerst profane Aufgabe meistern, schlicht und einfach ihr Überleben sicherzustellen. Und das war für diese um so viel mehr an geistigen denn an irdischen Dingen interessierte und alles andere als robuste Frau keine leichte Sache.

«Ich war nie ein sehr praktischer Mensch. Jetzt musste ich lernen, unzählige Dinge zu tun. Schließlich war ich selber überrascht, wie gut ich zurechtkam und wie autark ich wurde.»

Das Wasser stand ganz oben auf ihrer Prioritätenliste. «Anfänglich musste ich mein Wasser von der Quelle holen, die an die 400 Meter weit weg war. Im Sommer musste ich mehrmals hin- und herlaufen, um das Wasser in Kübeln, die ich mir auf den Rücken schnallte, in die Höhle zu schaffen. Im Winter, wenn ich nicht rauskonnte, schmolz ich Schnee. Wer je versucht hat, Schnee zu schmelzen, weiß, wie schwierig das ist! Es ist eine ungeheure Menge Schnee nötig, um auch nur eine winzige Menge Wasser zu erhalten. Glücklicherweise braucht man im Winter nicht viel, da man im Grunde weder sich selbst noch seine Kleidung wirklich wäscht, und man kann mit dem Wasser sehr ökonomisch umgehen. Als ich später mein Drei-Jahres-Retreat machte und die Grenzen meines Retreatraums nicht verlassen konnte, bezahlte jemand das Verlegen eines Wasserrohrs direkt in mein Retreatgelände hinein. Das war eine enorme Hilfe», erklärte sie.

Als nächstes musste sie sich um ihre Ernährung kümmern. In dieser kargen Bergregion gab es natürlich nichts Essbares. Keine Beerensträucher. Keine Obstbäume. Keine goldfarbenen, wogenden Kornfelder. So traf sie eine Abmachung, dass ihr im Sommer Vorräte aus dem Dorf heraufgebracht wurden, aber diese trafen dann oft genug nicht ein, so dass Tenzin Palmo selbst den Berg hinunterklettern und beladen wie ein Lastesel wieder hinaufsteigen musste. «Das kostete eine Menge Zeit und Mühe», sagte sie. Als es um ihre Versorgung während ihres Drei-Jahres-Retreats ging, wurde Tshering Dorje mit dieser Aufgabe betraut.

«Ich habe Träger und Esel organisiert, die alles, was sie brauchte, hinaufschafften», erinnerte er sich. «Kerosin, Tsampa, Reis, Linsenmehl, getrocknetes Gemüse, Butter, Kochöl, Salz, Seife, Milchpulver, Tee, Zucker, Äpfel und Dinge für die rituellen Opfergaben wie Süßigkeiten und Räucherstäbchen. Und dann habe ich auch noch Holzfäller zum Holzhacken angestellt, und dieses Holz wurde dann auch hinauftransportiert.»

Um ihren Grundnahrungsmittelvorrat mit frischem Gemüse aufzustocken, schuf sich Tenzin Palmo einen kleinen Garten. Sie legte gleich unterhalb des schmalen Geländes vor ihrer Höhle zwei Beete an, in denen sie Gemüse und Blumen zog. Das Gemüse zur Speisung des Körpers, die Blumen als Nahrung für die Seele. In den folgenden Jahren experimentierte sie herum, um festzustellen, was auf diesem felsigen Boden überleben konnte. «Ich versuchte es mit allen möglichen Sachen wie Kohl und Erbsen, aber die wurden von den Nagetieren gefressen. Das Einzige, was sie nicht anrührten, waren Rüben und Kartoffeln. Ich fand heraus, dass Rübenkraut das nahrhafteste aller grünen Gemüse und absolut köstlich ist, vor allem, wenn es noch ganz jung und zart ist», schwärmte sie. «Kein Gourmetessen der Welt reicht an den ersten Happen frischen Rübenkrauts nach einem langen Winter heran. Und die Rüben selbst sind auch sehr gut. Beides kann geschnitten und getrocknet werden, so dass man im Winter einen Vorrat von wunderbarem Gemüse hat. Eigentlich habe ich auf das Erscheinen des Buches ‹Einhundertacht Möglichkeiten der Zubereitung von Rüben› gewartet, aber es kam nie», scherzte sie.

Sie aß einmal am Tag um die Mittagszeit, wie es für buddhistische Nonnen und Mönche üblich ist. Ihr Menü war schlicht, gesund und für den normalen Gaumen außerordentlich monoton. Es gab jeden Tag das Gleiche: Reis, Dhal (Linsen) und Gemüse, die gemeinsam in ihrem Dampfkochtopf gekocht wurden. «Der Dampfkochtopf war mein einziger Luxusgegenstand. Ohne ihn hätte es in dieser Höhle Stunden gedauert, Linsen gar zu kochen», erklärte sie. Diese magere Kost wurde durch (selbst gebackenes) Brot aus Sauerteig und Tsampa ergänzt. Zu trinken gab es stets nur gewöhnlichen Tee mit Milchpulver. (Interessanterweise gehörte der herkömmliche Tee mit Butter und Salz zu den wenigen tibetischen Bräuchen, die sie nicht mochte.) Ein kleines Stück Obst war ihr Nachtisch. Manali war für seine Äpfel berühmt, und Tshering Dorje ließ ihr immer eine ganze Kiste heraufbringen. «Ich aß einen halben Apfel am Tag und manchmal ein paar getrocknete Aprikosen.»

So ging das zwölf Jahre lang. Keine Abwechslung, keine kulinarischen Genüsse wie Kuchen, Schokolade oder Eiscreme – Dinge, mit denen sich die meisten Menschen trösten, wenn sie unter Monotonie oder Depression leiden oder schwer schuften müssen. Ihr machte das nichts aus, wie sie sagte, und «zudem konnte ich ja ohnehin nicht eben mal schnell runter ins nächste Dorf, wenn ich was haben wollte. Tatsächlich gewöhnte ich mich so sehr daran, kleine Mengen zu mir zu nehmen, dass, als ich die Höhle verlassen hatte, die Leute über mich lachten, wenn sie mich einen halben Apfel, eine halbe Toastscheibe, einen halben Klacks Marmelade verspeisen sahen. Alles, was mehr war, erschien mir verschwenderisch und extravagant.»

Und dann war da die Kälte. Diese ungeheure, erbarmungslose, durchdringende Kälte, die ununterbrochen, Monat um Monat anhielt. Im Winter sank die Temperatur unten im Tal regelmäßig auf minus 35 Grad. Oben auf dem ungeschützten Berg war es noch kälter. Dann hatte sie es auch noch mit den hohen Schneewehen, die sich um ihre Höhle auftürmten, und den gewaltig tobenden Schneestürmen zu tun. Wieder einmal bagatellisierte Tenzin Palmo die Situation. «Wie ich schon vermutet hatte, war die Höhle viel wärmer als ein Haus. Das Wasser in den Opferschalen auf meinem Altar gefror nie, so wie unten in meinem Haus in der Tayul Gompa. Selbst das Wasser in meiner Speisekammer, die nie geheizt war, fror nicht ein. Bei Höhlen ist es so, dass sie, je kälter es draußen ist, im Innern umso wärmer werden, und je wärmer es draußen ist, drinnen umso kälter werden. Niemand wollte mir das glauben, aber die Yogis hatten mir das gesagt, und ich vertraute ihnen.»

So indifferent sich Tenzin Palmo auch zeigte, die Kälte muss enorm gewesen sein. Sie entzündete ihren Ofen nur einmal am Tag, zur Mittagszeit, und dann nur, um sich ihr Essen zu kochen. Das bedeutete, dass sobald die Sonne untergegangen war, sie ohne jede Wärmequelle in ihrer Höhle saß. Irgendwie überlebte sie. «Sicher war es kalt, aber was ist schon dabei?», meinte sie fast trotzig, um dann in einem etwas versöhnlicheren Ton hinzuzufügen: «Wenn du deine Praxis machst, kannst du nicht immer wieder aufspringen, um den Ofen anzuzünden. Abgesehen davon wird dir ohnehin heiß, wenn du dich wirklich konzentrierst.» Diese Bemerkung lud zu einer weiteren Frage ein. Der Frage danach, wie weit sie in der Entwicklung der Fähigkeit, die mystische Hitze in ihrem Innern aufsteigen zu lassen, gekommen war, so wie Milarepa dies vor Jahrhunderten in seiner eiskalten Höhle praktiziert hatte und die Togden es übten, wenn sie in den kalten Winternächten in Dalhousie nasse Leintücher an ihren nackten Körpern trockneten. «Tumo war nicht wirklich meine Praxis», war alles, was sie dazu sagte.

Ausdauer und Standhaftigkeit waren eine Sache, ein gewisser Komfort eine andere. Das Vergnügen eines heißen Bades, eines flauschigen Handtuchs, einer duftenden Seife, eines weichen Betts, frischer Leintücher, eines Lehnstuhls, einer sauberen Toilette, Annehmlichkeiten, auf die die meisten Frauen Wert legen und die sie brauchen – sie hatte nichts von alledem. Ihr Wunsch nach physischem Komfort, so sagten die Männer, war für Frauen eines der größten Hindernisse auf dem Weg zur Erleuchtung. Wie konnten sie die Härten dieser für den spirituellen Fortschritt nötigen, abgeschiedenen Orte ertragen, so argumentierten sie, wenn sie sich doch von ihrer Wesensnatur her katzengleich vor einem warmen Feuer zusammenrollen wollten? Tenzin Palmo bewies, dass sie sich darin, wie auch in vielen anderen Dingen, irrten.

Ihre Badewanne war ein Eimer. Sie wusch sich spärlich, vor allem im Winter, wenn das Wasser knapp war und die Temperaturen die Körpergerüche auf Null reduzierten. Im Sommer war ihre Toilette die große, freie Natur – mit garantierter Privatsphäre. «Im Winter benutzte ich eine Blechdose und vergrub es später.» Das machte ihr alles nichts aus. «Um ehrlich zu sein, vermisste ich weder eine Toilette mit Wasserspülung noch ein heißes Bad, denn ich war schon so lange ohne all diese Dinge ausgekommen», erzählte sie.

Ihr asketisches Leben wurde durch das vollständige Fehlen irgendwelcher Unterhaltungsmöglichkeiten noch verschärft. Da oben in der Höhle gab es keinen Fernseher, kein Radio, keine Musik, keine Romane, ja, kein einziges Buch nichtreligiösen Inhalts. «Es gab keinen ‹Luxus›, den ich vermisst hätte. Das Leben in Dalhousie war eine sehr gute Vorbereitung gewesen. Ich hatte alles, was ich brauchte», wiederholte sie.

Man könnte meinen, dass das fehlende Bett die größte Entbehrung dargestellt habe. Der Grund für diesen Umstand war nicht, dass die Höhle zu klein gewesen wäre, sondern der, dass Tenzin Palmo schlicht und einfach kein Bett wollte. Sie wollte der Tradition aller ernsthaft Meditierenden folgen und sich darin üben, ohne Schlaf auszukommen. Den Weisen zufolge war der Schlaf nichts weiter als eine tragische Vergeudung kostbarer Zeit. Wenn man jeden Tag acht Stunden mit Schlafen verbrachte, hatte man im Alter von siebzig, rechneten sie zusammen, an die vierundzwanzig Jahre, ein Drittel seines Lebens, in freiwilliger Bewusstlosigkeit verbracht. Eine Zeit, die auf das Streben nach spirituellem Weiterkommen und das Ziel, allen Lebewesen helfen zu können, verwandt werden konnte. In diesem Wissen brachten sich die Yogis mit Disziplin dazu, nicht einzuschlafen, sondern die durch die Meditation herbeigeführten verfeinerten Bewusstseinszustände für die mentale und körperliche Erholung zu nutzen. Man war sich darin einig, dass die Stille und Einsamkeit einer Höhle der perfekte Ort war, um eine solche Tat zu vollbringen, denn selbst die Besten von ihnen wären in Bedrängnis gekommen, wenn sie mitten in einer geschäftigen Stadt ohne Schlaf hätten auskommen müssen. Wenn sie in ihren abgelegenen Zufluchtsorten die ganze Nacht über wach saßen, lernten sie zu erkennen, dass alle aus ihrem Unterbewusstsein aufsteigenden Bilder, ob sie sich nun im wachen, halbwachen oder (sollten sie einnicken) im schlafenden Zustand befanden, nichts weiter als Projektionen waren, «bloße Erscheinungsformen», die ihrem eigenen Geist entsprangen. Man sagte, diese Erfahrung sei von unschätzbarem Wert.

In der Praxis bedeutete das, dass sich Tenzin Palmo während ihres gesamten Aufenthalts in der Höhle nie ganz ausgestreckt niederlegte. Stattdessen verbrachte sie die Nacht, jede Nacht, aufrecht sitzend in ihrer Meditationskiste. «Dahinter steht der Gedanke, dass du aufbleiben sollst, um zu meditieren. Dass ist gut für das Gewahrsein», war alles, was sie dazu sagte. «Wenn ich wirklich das Gefühl hatte, ich müsse mich hinlegen, rollte ich mich in meiner Meditationskiste zusammen oder ließ die Beine über die Kanten baumeln.»

In solchen Augenblicken fragt man sich, ob Tenzin Palmos Fähigkeit, körperliche Härten derart lange zu ertragen, auf ihre einfache Kindheit im Londoner East End, auf die Gene ihrer stoischen Mutter oder aber – wie die Lamas in Tashi Jong erkannt hatten – auf eine ins Leben mitgebrachte Neigung zum Höhlenleben in großer Höhe zurückzuführen war.

Nicht die geringste aller Einschränkungen und Entbehrungen war die Isolation. Wie sie schon geahnt, ja, sich sehnlichst gewünscht hatte, war sie ziemlich allein. Im Sommer sah sie gelegentlich einen Schaf- oder Yakhirten. Manchmal wurde sie für ein oder zwei Tage von den Nonnen aus der Tayul Gompa oder von einem Freund oder einer Freundin besucht. Und sie suchte nach wie vor einmal im Jahr Khamtrul Rinpoche auf, um von ihm weitere Anleitungen für ihr Retreat zu erhalten. Ganz selten kam es vor, dass sie ihre Höhle für ein paar Wochen verließ, um an Belehrungen teilzunehmen. Zumeist jedoch war sie jedes Jahr über Monate hinweg ganz allein, durch den Schnee vom Rest der Welt abgeschnitten, und in den letzten drei Jahren sah und sprach sie buchstäblich niemanden.

Tenzin Palmo kam mehr als gut damit zurecht: «Ich fühlte mich nie einsam, nicht eine Minute lang. Es war nett, wenn mich jemand besuchte, aber ich war auch absolut glücklich, wenn ich niemanden zu Gesicht bekam. Ich fühlte mich in dieser Höhle vollkommen sicher. Und das ist für eine Frau ein wunderbares Gefühl. Ich habe nie die Tür oder das Fenster verschlossen. Das war nicht nötig. Die Höhle lag am Weg nach nirgendwohin.» Interessanterweise fand ein Freund, dem sie die Höhle überließ, während sie einmal im Sommer unterwegs war, um etwas zu erledigen, die Höhlenerfahrung weitaus weniger angenehm. Ihm jagte die Einsamkeit Schauder ein, und nach zwei Tagen machte er sich wieder davon. «Für mich war das die leichteste Sache der Welt», sagte sie hingegen.

Menschliche Gesellschaft gab es also nur sehr wenig, aber überall waren Tiere.

Eine Frau mit etwas weniger Mumm in den Knochen hätte wahrscheinlich angesichts des Aufgebots an wilden Tieren, die um die Höhle herumschlichen und sogar in sie eindrangen, die Nerven verloren. Aber Tenzin Palmo fürchtete sich vor keinem Tier, und die Tiere hatten nie Angst vor ihr. Das war ein weiterer ungewöhnlicher Aspekt an einer an sich schon ungewöhnlichen Frau. «Tiere fühlen sich zu Tenzin Palmo hingezogen. Normalerweise beruht eine solche Anziehungskraft auf Gegenseitigkeit, aber interessanterweise ist das bei Tenzin Palmo nicht so, sie bleibt völlig ungerührt», erzählte Didi Contractor, die Freundin, die sie kurz nach ihrem Einzug in der Höhle besucht hatte.

«Ich mag Tiere und ich respektiere sie, aber ich bin nicht der heilige Franziskus», war Tenzin Palmos knapper Kommentar dazu. Trotzdem weisen ihre Berichte von den Begegnungen mit den Tieren eine große Ähnlichkeit mit den Geschichten auf, die von dem braun gewandeten Mönch in seiner Höhle in Assisi erzählt wurden.

Wie der heilige Franziskus hatte auch sie ihre «Wolfsbrüder».

Sie konnte sie in der Nacht auf ihrem Dach hören, wo sie ihr lang gezogenes, klagendes Geheul ertönen ließen. Sie durchstreiften die Berge auf der Suche nach Nahrung, nach ihrer Gefährtin, den Mond anheulend. Tenzin Palmo, die in ihrer Höhle saß, wusste, dass sie sehr nahe waren, und regte sich nicht.

«Ich liebe Wölfe», sagte sie schlicht. «Ich hörte immer lange ihrem Geheul zu, es war wunderbar. Wenn es geschneit hatte, sah ich am

Morgen ihre Spuren, die um meine Höhle herumführten, aber sie selbst sah ich nie. Dann saß ich eines Tages auf der Terrasse und sog die warmen Sonnenstrahlen in mich ein, und da kamen fünf von ihnen vorbei. Sie standen nur ein paar Meter von mir entfernt, überhaupt nicht räudig oder verwahrlost, wie ich sie mir vorgestellt hatte. Ich hatte geglaubt, sie würden in ihrem Aussehen den Schakalen ähneln, aber sie waren außerordentlich schön mit diesen merkwürdigen gelben Augen und diesem glatten braunen Fell. Sie wirkten sehr gut genährt. Weiß der Himmel, was sie da oben als Nahrung fanden. Sie blieben einfach stehen und sahen mich ganz friedlich an. Ich freute mich, sie zu sehen, und lächelte sie an und schickte ihnen viel Liebe. Sie blieben noch ein paar Minuten und trollten sich dann», berichtete sie.

Sie kam auch einer Begegnung mit der seltensten und schönsten aller Wildkatzen sehr nahe, dem Schneeleoparden. Als Peter Mathiessen sein faszinierendes Buch *Der Schneeleopard* über dieses fast mythische Tier schrieb, glaubte man, dass es bis dahin nur zwei Westler je zu Gesicht bekommen hätten.

«Einmal entdeckte ich seine Spuren draußen vor der Höhle und auf dem Fenstersims», erzählte Tenzin Palmo, und ihre Stimme hob sich vor Aufregung bei der Erinnerung daran. «Da waren diese großen Abdrücke mit einer Art Loch in der Mitte, sehr seltsam. Ich machte eine Zeichnung von ihnen und zeigte sie zwei Zoologen, und beide sagten sofort, das sei ein Schneeleopard. Er hinterlässt offensichtlich sehr charakteristische Spuren.» Der verborgene Schneeleopard mag sehr wohl Tenzin Palmo gesehen haben, sie hingegen bekam ihn zu ihrem Leidwesen nie zu Gesicht.

Noch exotischer und faszinierender war eine völlig bizarre Reihe von Fußspuren, die sie eines Morgens vor ihrer Umzäunung im Schnee entdeckte.

«Alle sagen, dass es in Lahoul keine Bären gibt, aber im ersten Jahr fand ich diese riesigen Fußspuren vor meiner Umzäunung. Sie waren viel größer als die eines Menschen, wiesen aber Ähnlichkeit mit Plattfüßen auf. Man konnte die Abdrücke der Zehen sehen, doch diese hatten zudem Klauen. Sie sahen wie menschliche Fußabdrücke mit Klauen aus. Die Spuren kamen von oben den Berg herunter und führten bis zu meiner Mauer. Das Geschöpf muss dort verwirrt angehalten haben. Vielleicht war es einmal seine Höhle. An den Spuren konnte man ablesen, dass es da herumwanderte und dann wieder den Berg hinaufkletterte.»

Könnte es der legendäre Yeti gewesen sein?

«Ich weiß nicht – ich habe diese Fußspuren nie wieder gesehen», sagte sie. «Aber die Tibeter sind mit diesem Geschöpf, was immer es ist, so vertraut, dass sie einen Namen dafür haben und Geschichten darüber erzählen. Auch die Lamas sprechen davon. Ich sehe also keinen Grund, warum es nicht existieren sollte.»

Sehr viel vertrauter waren die Nagetiere – die gleichen Nagetiere, die den Kohl und die Erbsen verspeisten, die Tenzin Palmo in ihrem Garten anzubauen bemüht war. Sie versuchten auch, an die Getreidevorräte und das getrocknete Gemüse in ihrem Lagerraum heranzukommen. Tenzin Palmo war ihnen gegenüber merkwürdig freundlich gesinnt.

«Es waren zumeist Mäuse und Hamster, und im Herbst gab es schrecklich viele von ihnen. Sie waren unglaublich süß. Manchmal habe ich sie in einem Käfig gefangen und dann wieder freigesetzt. Sie zu beobachten war sehr interessant, denn jedes Tierchen, das ich fing, reagierte anders», erzählte sie und spielte dabei auf den buddhistischen Glauben an, wonach Tiere, da sie einen Geist besitzen, wie alle anderen Wesen auch der Reinkarnation unterworfen sind. So gesehen war der Gedanke ganz logisch, dass Tiere im endlosen Strom des Werdens und Vergehens sehr wohl ehemalige oder künftige Menschen sein konnten.

«Manche hatten Angst und duckten sich in die Käfigecke. Andere waren schrecklich wütend und schrien und zerrten an den Käfigstäben und versuchten herauszukommen. Wieder andere legten ihre winzigen Pfötchen an die Stäbe und steckten ihre Schnäuzchen durchs Gitter und sahen dich an und ließen sich streicheln. Sie waren so freundlich. Und jedes reagierte völlig anders.

Dann waren da die Marder. Sie sahen ein bisschen wie Wiesel aus, nur hübscher. Sie waren grau und vorne weiß, hatten riesige Augen und einen buschigen Schwanz. Einen gab es, der schob immer mein Fenster auf, um in meinen Vorratsraum und dort an den Kochtopf zu gelangen, in dem ich mein, in ein Tuch eingeschlagenes, Brot aufbewahrte. Dieser Marder hob den Deckel ab, wickelte das Tuch auf und machte sich dann über das Brot her. Eine Ratte hätte sich einfach durch das Tuch hindurchgenagt. Dann schraubte er die Plastikdeckel von den Behältern, in denen ich das Fett aufbewahrte, zog die Zinkfolie ab und fraß das Fett. Er war erstaunlich. Er kam an alles ran, was ich hatte. Ich versuchte, ihm draußen Nahrung hinzustellen, aber die gefror häufig, und dann sah er so niedergeschlagen aus. Irgendwo habe ich gelesen, dass sie sich, wenn sie jung eingefangen werden, zu exzellenten Haustieren entwickeln können, weil sie so intelligent sind.»

Ein weiterer Besucher war ein kleines Wiesel, das sie in ihrem Garten erblickte. Es wollte schon wegrennen, aber dann überlegte es sich das Tier offensichtlich anders und beschloss tapfer, sich Tenzin Palmo zu nähern.

«Es trottete den ganzen Weg auf mich zu und blieb dann vor mir stehen und sah zu mir hoch. Es war so klein, und ich muss für es riesig gewesen sein. Es stand einfach da und sah mich an. Dann wurde es plötzlich ganz aufgeregt. Es rannte zurück zur Umzäunung, ließ sich kopfüber daran herunterhängen, schaukelte hin und her und blickte mich dabei immer an, um zu sehen, ob ich ihm auch noch zuschaute – ganz so wie ein Kind.»

Die Tiere machten ihr nie Angst, aber es gab einen einzigen Fall, in dem ein Mann es tat. Da hatte es fast den traurigen Anschein, als sei ihre unbeschwerte und optimistische Überzeugung, dass kein Mann sich die Mühe machen würde, so hoch hinaufzuklettern, um sie zu belästigen, falsch gewesen sei.

«Es war im Sommer, als ein 15- oder 16-jähriger Junge mit seiner Schafherde vorbeikam. Er benahm sich außerordentlich merkwürdig. Er saß immer auf diesem großen Fels in der Nähe der Höhle und sah auf mich hinunter. Wenn ich ihn anlächelte, starrte er nur finster zurück. Eines Morgens entdeckte ich, dass die Stange mit der Gebetsfahne niedergerissen worden war. Ein andermal war die Quelle mit Steinen so verbaut, dass das Wasser nicht mehr fließen konnte. Dann wurde das Fenster zu meinem Lagerraum zertrümmert, wenngleich nichts fehlte. Ich war sicher, dass es dieser Junge war, und machte mir

Sorgen, weil er unendlich viel Zeit hatte, dazusitzen und sich Dummheiten auszudenken. Er konnte alles machen, was er wollte! Ich fühlte mich sehr verletzlich.»

Sie machte sich in der Tat solche Sorgen, dass sie sich an ihre alten Freundinnen, die Dakinis, wandte und in der ihr eigenen Weise zu ihnen betete.

«Schaut her», sagte sie, «dieser Junge hat offensichtlich eine Menge psychische Probleme. Also unternehmt etwas, um ihm zu helfen und ihn zu einem Sinneswandel zu bewegen.»

Wie üblich nahmen sich die Dakinis Tenzin Palmos Anliegen an.

«Ein paar Tage später fand ich auf meiner Pforte einen Strauß Wildblumen. Dann entdeckte ich, als ich zu meiner Quelle ging, dass nicht nur alles wieder in Ordnung gebracht, sondern auch viel hübscher arrangiert worden war. Und als ich den Jungen wieder sah, bedachte er mich mit einem netten Lächeln. Er war völlig verwandelt. Dakinis sind sehr machtvoll», fügte sie hinzu.

Und so lernte Tenzin Palmo, das Mädchen aus Bethnal Green, in ihrer Höhle zu leben, und sah die Jahreszeiten kommen und gehen.

«Im Winter, der von November bis Mai dauerte, machten die Schneestürme alles besonders schwierig. Da waren diese großen Wechten über der Höhle, die ich mit der Schaufel wegschaffen musste. Das bedeutete, dass ich mich durch sie hindurcharbeiten musste. Das war schwere körperliche Arbeit und nicht besonders gut für meinen Rücken. Ich musste den Schnee über das Dach der Höhle hinwegschippen, und das dauerte manchmal Tage. Und wenn ich gerade damit fertig war, begann es wieder zu schneien. Ich musste das immer und immer wieder machen. Es war unumgänglich, weil ich sonst nicht an meinen Holzvorrat herangekommen wäre. Der erste Schnee war ganz schön, aber wenn es dann monatelang geschneit hatte, sagte ich: ‹O nein, nicht schon wieder.›

Die ersten Anzeichen, dass der Frühling im Anmarsch war, waren kleine, sehr zarte Felsblumen, die sich gewöhnlich schon zeigten, während es noch schneite. Ich konnte sie stundenlang betrachten. Tatsächlich war der Frühling für mich die schwierigste Zeit. Der Schnee taute, und dann sickerte das Wasser durch die Spalten in die Höhle und überschwemmte sie geradezu. Ich konnte zusehen, wie ganze Bäche an den Mauern herunterrannen und alles durchnässten. Ich hatte Säcke, um das Wasser aufzuwischen. Ich musste sie trocknen, um sie wieder verwenden zu können. Ich musste alles nach draußen schaffen und in die Sonne zum Trocknen legen. Sogar meine Meditationskiste, die ja etwas erhöht stand und mit ganzen Stoffschichten ausgelegt war, wurde feucht. Das war wirklich lästig. Ich ließ alles trocknen und trug es wieder hinein, und dann wurde wieder alles nass. Draußen versank alles im Schlamm. Khamtrul Rinpoche hatte mich, als er sich eingehend nach der Höhle erkundigte, auch gefragt, ob sie feucht sei. Ich hatte das verneint, weil ich ehrlich dachte, dass sie es nicht sei. Wenn er gewusst hätte, wie feucht und modrig sie werden konnte, hätte er mir vielleicht nie erlaubt, dort zu leben.»

Ende Mai konnte Tenzin Palmo mit der Gartenarbeit beginnen und ihr Gemüse und ihre Blumen anpflanzen – Kornblumen und verschiedene Sorten von Ringelblumen. Das machte ihr Spaß, obwohl sie dazu sehr viel Wasser herbeischleppen musste. Als sie sich zum Schluss in ihr Drei-Jahres-Retreat begab, schickte ihr jemand ein Päckchen mit Blumensamen aus England, und zu ihrem Erstaunen gediehen sie in dieser fremden Erde und verwandelten ihre Höhle in einen Cottage-Garten.

«Da blühten Dahlien und Blumen, die in der Nacht ihren Duft verströmten. Wunderschön! Aber ich war die einzige, die sie zu sehen bekam», erzählte sie. Wenn es dann wirklich Sommer war, war die ganze Landschaft grün – die Felder, die Täler und die Weidenbäume, die die herrnhutischen Missionare gepflanzt hatten, um der Erosion Einhalt zu gebieten. «Jetzt konnte man in der Sonne sitzen und braten, während der Teil von dir, der sich im Schatten befand, noch immer fröstelte», berichtete sie.

Im Sommer kehrten die Vögel zurück. Dohlen mit roten Beinen waren regelmäßige Besucher. Sie sah ihnen bei ihren berühmten, wunderschönen Tänzen, die sie in der Luft aufführten, zu und schnitt manchmal von einer Matte ein paar Stückchen ab, um ihnen Material für den Nestbau zu liefern. Einmal, als sie eines Abends von einem ihrer seltenen Besuche im Dorf zurückkam, bot sich ihr ein außergewöhnlicher Anblick.

«Als ich um die Ecke bog, sah ich aberhunderte von Geiern in Kreisen versammelt sitzen. Sie hockten überall auf den Felsen und auf dem Boden, so, als hielten sie eine Versammlung ab. Ich musste mitten durch sie hindurch! Es gab keinen anderen Weg. Nun sind diese Vögel sehr groß, fast einen Meter, und haben starke, gekrümmte Schnäbel und Wülste über den Augen. Ich holte tief Atem, fing an, ‹Om Mani Peme Hung› zu rezitieren, und marschierte mitten durch sie hindurch. Sie regten sich nicht, beobachteten mich nur aus den Augenwinkeln heraus. Später erinnerte ich mich daran, dass Milarepa einmal einen Traum gehabt hatte, in dem er ein Geier war, und dass die Tibeter diese Vögel als ein außerordentlich gutes Omen betrachten.»

Wenn der Herbst kam, verwandelte sich ihre Umwelt in ein prachtvolles Farbenmeer. Ein spektakulärer Anblick. «Die Berge vor mir nahmen eine blutrote Farbe an, durch die sich leuchtend gelbe Linien zogen – die Weidenblätter, die ihre Farbe wechselten. Darüber ragten die weißen, schneebedeckten Gipfel in den strahlend blauen Himmel auf. Das war die Zeit, in der die Dörfler ihre Ernte einbrachten. Ich konnte sie unten in den Tälern singen hören, wenn sie mit ihren Yaks zugange waren.»

Ein auf den 8. Mai 1985 datierter Brief an ihre Mutter – Tenzin Palmo hatte gerade mit ihrem Drei-Jahres-Retreat begonnen – zeigt, wie gut sie mit ihrer schwierigen Situation zurechtkam und dass sie trotz ihrer extremen Isoliertheit und ungewöhnlichen Lebensweise andere nicht vergass.

Liebste Amala [«Mutter» auf Tibetisch],
wie geht es dir? Ich hoffe, du bist wohlauf. Hattest du einen netten Aufenthalt in Saudi?
Zweifellos hast du mir geschrieben, aber Tshering Dorje kam noch nicht herauf, also gab es auch keine Post. Er ist ziemlich spät dran, und ich hoffe, das liegt nur daran, dass er mit dem Pflügen und anderen Feldarbeiten beschäftigt ist. Er kam Anfang März herauf, weil der Polizeivorsteher neue Visumsformulare zum Ausfüllen vorbeigebracht hatte. Glücklicherweise gab es in diesem Jahr nicht allzu viel Schnee, und der Februar war so mild, dass der meiste Schnee schmolz (natürlich hat es dann später wieder geschneit).

Doch der arme Tshering Dorje leidet jetzt in beiden Knien an Arthritis und kann nur noch unter Schmerzen an einem Stock herumhumpeln – und stell dir vor, er kam den ganzen Weg durch den Schnee hier herauf zur Höhle, nur damit ich ein paar Papiere unterzeichnen konnte! Er hätte meine Unterschrift fälschen sollen. Wie dem auch sei, ich hoffe, dass es nicht an seinen schmerzenden Knien liegt, dass er jetzt nicht heraufkommt. In Lahoul geht es ja immer nur bergauf und bergab, und da TD auch mit der Führung von Trekkinggruppen in Ladakh und Zanskar seinen Lebensunterhalt verdient, ist das wirklich ein großes Problem für ihn.

Hier ist alles in Ordnung. Heute Morgen habe ich Kartoffeln und noch mehr Rüben angepflanzt. Es ist noch immer ziemlich kalt, und es schneit von Zeit zu Zeit, aber meine Höhle ist nicht so nass wie sonst, weil es nie einen wirklich heftigen Schneefall gab.

Glücklicherweise fror die Wasserleitung den ganzen Winter über nicht ein, obwohl sich mein Wasservorrat jede Nacht mit einer dicken Eisschicht überzog. Was für eine Freude, Wasser in solcher Nähe zu haben und sich nicht mit dem Schmelzen von Schnee abgeben zu müssen. Das hat auch Holz gespart.

Der Winter verlief also ruhig und erfreulich, und der Februar war so mild und herrlich, dass sie in Kyelang sogar Regen hatten! (Das hat das Wetter dann im März und April wieder wettgemacht!)

Mein Haar wird lang und fällt aus – überall liegen Haare herum. Überaus lästig – kein Wunder, dass die Yogis ihr Haar einfach verfilzen lassen.

Da ich im Retreat bin und Tshering Dorje nur zweimal im Jahr heraufkommt, musst du dir keine Sorgen machen, wenn zwischen meinen Briefen lange Pausen liegen. Ich kann jetzt nicht mehr nach Kyelang hinunter, um sie zur Post zu bringen. Sag May, dass ich ihren Pullover ebenso wie deinen den ganzen Winter über getragen habe und sie immer noch anhabe. Sie waren sehr nützlich, vielen Dank. Lass es dir sehr gut gehen, alles Liebe,
Tenzin Palmo.

Ungeachtet der physischen Härten, die sie ertrug, der Zweifel und Befürchtungen, die andere hegten, und des Vorurteils, das ihrem Geschlecht, wenn es sich am Vollbringen eines solchen Werks versuchte, entgegengebracht wurde, war Tenzin Palmo in ihrer Höhle überaus glücklich.

«Ich wollte nirgendwo anders sein, nichts anderes tun. Manchmal stand ich am Rand meiner Terrasse, blickte über die Berge hin und dachte: ‹Wenn du an jedem Ort der Welt sein könntest, wo würdest du gerne sein?› Und ich wünschte mir keinen anderen Ort. Mein Dasein in der Höhle war absolut befriedigend. Ich hatte alles, was nötig war, um praktizieren zu können. Es war eine einmalige Gelegenheit, und ich war sehr, sehr dankbar dafür.»

9

Den Tod vor Augen

Obwohl sie die Besorgnisse ihrer Freunde so locker abtat und ihrer persönlichen Sicherheit und ihrem körperlichem Wohlbefinden so wenig Beachtung schenkte, sah sich Tenzin Palmo in ihrer Höhle mit sehr realen Gefahren konfrontiert. Mehr als einmal brach die Katastrophe über sie herein, und natürlich gab es keinen Rettungsdienst, keinen Arzt, kein Telefon, keinen Freund, der ihr hätte zu Hilfe kommen können. Sie stellte sich den Krisen direkt und allein. Das war Bestandteil des Handels, den sie eingegangen war, als sie sich für das Leben in der Höhle entschieden hatte.

«Wenn du dich ins Retreat begibst, legst du ein Gelübde hinsichtlich seiner Dauer ab, und dabei bleibst du. Das gehört zur Praxis. Du gelobst, dass du es nicht abbrichst, selbst wenn du krank wirst. Wenn nötig, musst du darauf vorbereitet sein, im Retreat zu sterben. Tatsächlich gilt es als Glück verheißend, wenn dich der Tod im Retreat ereilt», erklärte sie.

In Anbetracht ihrer Krankheitsgeschichte war es sehr merkwürdig, dass sie unter diesen extremen Bedingungen nie so schwer krank wurde, wie sie es als Kind gewesen war. Weder brach sie sich ein Bein, noch bekam sie eine Blinddarmentzündung, noch zog sie sich eine der vielen Krankheiten wie zum Beispiel Hepatitis oder Cholera zu, die die Westler sich so häufig in Asien einfangen. Dennoch war sie oft krank. In der feuchten Höhle bekam sie häufig mit hohem Fieber verbundene Erkältungen, die sie einfach durchlebte. «Du kommst damit zurecht, weil du musst. Die Tibeter haben einen

Spruch: ‹Wenn du krank bist, bist du eben krank. Wenn du stirbst, stirbst du eben.› Und damit ist das Problem erledigt», sagte sie nüchtern. Einmal entdeckte sie einen Knoten unter ihrem Arm, setzte aber ihre Meditationen unbeirrt fort. «Ich vergaß ihn ganz und erinnerte mich erst am Ende des Retreats plötzlich wieder an ihn, aber da war er verschwunden.»

Sie bekam auch eine außerordentlich schmerzhafte Augenentzündung. «Ich musste die Höhle abdunkeln, weil ich kein Licht ertragen konnte. Ich vermochte mich nicht zu bewegen, konnte nicht mal mit den Augenlidern zucken. Das bedeutete, dass ich auch nicht an meinen Ofen herankam, um zu kochen, also aß ich nichts. Ich konnte nicht einmal meditieren, ich konnte einfach gar nichts tun. Ich musste schlicht abwarten, dasitzen und es beobachten. Wenn ich mich hinzulegen versuchte, wurde es noch schlimmer. Tatsächlich war es eine ziemlich faszinierende Angelegenheit. Ich saß da und beobachtete den Schmerz. Es war wie eine Symphonie. Da gab es die Trommeln, die Trompeten, die Streichinstrumente, all diese verschiedenen Arten von Schmerz, die auf dem Auge spielten», berichtete sie völlig gelassen.

«Als ich nachzählte, wie lange das Ganze gedauert hatte, kam ich auf neunundvierzig Tage. Das war interessant, weil das auch der Zeitraum des Bardo-Zustands, der Übergangsphase zwischen Tod und Wiedergeburt, sein soll. Im Grunde war es wirklich eine Art Bardo-Zustand, ich musste einfach warten. Allmählich wurde es ein bisschen besser. Daraus habe ich gelernt, dass die Erschöpfung, die der Schmerz mit sich bringt, daher rührt, dass wir uns dem Schmerz widersetzen. Man muss lernen, mit dem Schmerz mitzugehen, sich von ihm tragen zu lassen.»

Obwohl sie beim Schneeschippen nie vom Dach fiel (wie viele befürchteten), gab es doch Beinaheunfälle, die tödlich hätten enden können. «Ich hockte außerhalb meiner Höhle und schichtete Holz auf, als ich die Stimme in meinem Innern sagen hörte: ‹Steh auf, und geh weg.› Ich achtete nicht auf sie. Ich dachte: ‹Ich bin mit meinem Holz beschäftigt, und es interessiert mich nicht, was du sagst›, und machte weiter. Dann sagte die Stimme im Befehlston: ‹Geh sofort weg!› Das tat ich dann. Zwei Minuten später gab es einen lauten

Plumps, und ein großer Felsbrocken landete genau an der Stelle, an der ich gehockt hatte. Wenn er auf mich gefallen oder irgendein Glied zerschmettert hätte, hätte ich ziemlich in der Patsche gesessen.»

Einmal wäre sie beinahe verhungert. In einem Jahr, in dem sie sich im totalen Retreat befand, brachte ihr Tshering Dorje nicht, wie verabredet, Nahrungsmittel zur Höhle hinauf. Sie wartete und wartete, und die Vorräte in ihrem Lagerraum schmolzen zusammen. Als klar wurde, dass er nicht kommen würde, hatte sie keine andere Möglichkeit, als mit dem auszukommen, was noch übrig war. Es war erbärmlich wenig und wurde mit den Monaten immer weniger. Irgendwie überlebte sie, aber eben nur so gerade.

«Ich wurde extrem dünn», war alles, was sie dazu sagte. Sie fragte Tshering Dorje nie, warum er nicht gekommen sei, und machte ihm auch keine Vorwürfe. «Er muss seine Gründe gehabt haben», sagte sie gleichmütig.

Ein noch viel größeres Drama spielte sich im März 1979 ab. Tenzin Palmo saß wie gewöhnlich in ihrer Meditationskiste in ihrer Höhle. Draußen tobte schon seit sieben Tagen und Nächten ein Schneesturm. Sie war an Stürme gewöhnt, aber dieser war besonders heftig. Der Schnee türmte sich höher und höher auf, reichte allmählich über das Fenster und die Tür. Es stürmte und schneite unvermindert weiter, die Schneedecke wurde immer dicker, immer schwerer. Schließlich dämmerte in ihr die schreckliche Wahrheit. Sie wurde lebendig begraben.

Die Erinnerung daran war ihr unauslöschlich eingebrannt: «Ich versank in absoluter Dunkelheit und Kälte. Ich konnte kein Feuer im Ofen machen, weil der Schnee das Abzugsrohr, das aus der Vorderwand herausragte, abgebrochen hatte. Es gab also keine Möglichkeit, mich warm zu halten oder zu kochen. Ich wagte auch nicht, Kerzen anzuzünden, weil sie Sauerstoff verbrauchten. Wenn ich aus dem Fenster sah, war da nur eine Eisplatte. Wenn ich die Tür aufmachte, war da nur Schwärze. Es war vollkommen dunkel.»

Die Tage vergingen und es bestand keine Aussicht auf Hilfe. Da das Wetter nicht besser wurde, sah sie sich, in ihrer kalten, dunklen Höhle eingeschlossen, mit der ganz konkreten Möglichkeit konfrontiert, sterben zu müssen. Sie war davon überzeugt, dass sie, da das Abzugsrohr abgebrochen war und Tür und Fenster vollkommen versiegelt waren, ersticken würde.

Von Anfang an war sie gelehrt worden, wie alle guten Buddhisten dem Tod direkt ins Auge zu sehen. «Der Tod ist gewiss, aber sein Zeitpunkt ist ungewiss», hatte der Buddha gesagt. Diese fundamentale, doch oft ignorierte Wahrheit war fest in ihr verankert, und sie hatte immer und immer wieder über die unausweichliche Tatsache ihres Ablebens meditiert. Sie vergegenwärtigte sie sich, indem sie sich in Einzelheiten vor Augen stellte, wie sich ihr Körper in der Erde auflöste oder bei seiner Einäscherung in der Hitze des Feuers zerschmolz und wie ihre Habe unter den hinterbliebenen Freunden und geliebten Personen verteilt wurde. Diese Visualisierungen hatten, so sagte man, zwei Dinge zur Folge: Sie milderten den Schock, wenn der Tod unmittelbar bevorstand, und brachten Klarheit hinsichtlich der eigenen Prioritäten für die Zeit, die einem noch verblieb.

Als Tantra Praktizierende wusste sie, dass sie sogar noch weiterzugehen und den Augenblick des Todes für ihre letzte und vollkommenste Meditation zu nutzen vermochte. Sie konnte ihren Geist durch die verschiedenen Stadien des Todes hindurchsteuern und, wenn sie geschickt genug war, vollkommen bewusst in der Großen Seligkeit des Klaren Lichts des Urgrunds ankommen, der subtilsten aller Seinsformen des Geistes, und in diesem Zustand ihr Bewusstsein in das eines Buddha verwandeln. Von daher war für einen Yogi oder eine Yogini der Tod nichts, wovor man sich fürchtete, sondern eine willkommene Gelegenheit, die man nach einem Leben stetigen Bemühens ergriff.

So jedenfalls die Theorie. Nun sah sich Tenzin Palmo mit der Realität konfrontiert.

«Ich dachte wirklich, dass ich sterben würde. Ich hatte viel Zeit, um darüber nachzudenken. Ich machte mir keine Sorgen. Ich dachte einfach: ‹O. k., wenn ich sterbe, sterbe ich.› Ich fürchtete mich nicht. Ich dachte, es sei faszinierend zu sehen, was passieren würde. Schon als kleines Kind hatte ich das Gefühl, dass der Körper etwas Vergängliches ist – dass wir alle so viele Rollen in so vielen verschiedenen Leben spielen. Ich habe mich nie wirklich mit ihm identifiziert. Ich hatte meine kleinen gesegneten Pillen* für den Fall, dass es passierte, parat. Ich hielt Rückschau auf mein Leben und versuchte, in mir abzuklären, ob ich irgendein Unrecht begangen und ob ich etwas falsch und was ich richtig gemacht hatte. Ich hatte das Gefühl, sehr vom Glück begünstigt worden zu sein. Ich hatte so viele große Lamas getroffen und so viele wunderbare Belehrungen erhalten. Es gab nur wenig, was ich bereute oder bedauerte. Und an diesem Punkt wurde eins völlig klar – ich war sehr glücklich darüber, dass ich noch immer Nonne war», berichtete sie. Die schwierige Entscheidung, einer intimen Beziehung zu entsagen, die sie mehr als einmal in ihrem Leben getroffen hatte, bestätigte sich für sie als letztlich richtig. Die «andere Seite» ihrer Persönlichkeit, die sich von den Verlockungen eines Mainstreamlebens angezogen gefühlt hatte, hatte sich, so schien es, verflüchtigt.

Tenzin Palmo wandte sich nun spontan dem einen Mann zu, der eine Konstante in ihrem Leben geblieben war.

«Ich fühlte eine solche Hingabe an Khamtrul Rinpoche, dass es mir die Tränen in die Augen trieb. An diesem Punkt wusste ich wirklich, was wesentlich und was belanglos ist. Ich begriff aus eigener unmittelbarer Erfahrung heraus, dass das Einzige, was zählt, wenn du stirbst, der Lama ist. Aus ganzem Herzen betete ich zu Rinpoche, sich meiner im Bardo und in meinen künftigen Leben anzunehmen. Ich erkannte, dass er letztlich die einzige Zuflucht war.»

Gedanken an das, was nach dem Tod mit ihr geschehen würde, blitzten in ihr auf. Sich auf die allgemeine buddhistische Anschauung stützend, dass man so stirbt, wie man gelebt hat, waren sie beruhigend positiv. «Ich meine, dass jeder Mensch, der sich in diesem Leben bemüht, sich auch im Danach weiterhin bemühen wird. Ich sehe keinen Grund, warum wir uns darin ändern sollten. Ich glaube, dass wir uns unter gleichgesinnten Wesen befinden werden – dass sich unser Bewusstseinskontinuum einfach fortsetzt», sagte sie. «Ich hoffte natür-

---

* Gesegnete Pillen sind eine Spezialität der tibetischen Medizin. Sie werden aus verschiedenen Relikten, besonderen Ingredienzen, Kräutern und zu Pulver zermahlenen Edelsteinen hergestellt. Um ihre Wirkung zu verstärken, werden monatelang Gebete und Mantras über sie gesprochen. Spezielle gesegnete Pillen sollen beim Tod den Übergang zu einem höheren Bewusstsein erleichtern.

lich, dass meine persönliche Meditationsgottheit kommen und mich begrüßen würde», fügte sie hinzu und bezog sich dabei auf jenen «Yidam» genannten personalisierten Aspekt Erleuchteter Geistesnatur, der für sie, als ihrer seelisch-geistigen Veranlagung am besten entsprechend, speziell ausgewählt worden war. Für so manchen Westler mochte die Aussicht auf eine Begrüßung durch eine der tibetischen Gottheiten, die häufig Fangzähne und eine Menge Arme und Köpfe aufweisen, etwas Erschreckendes an sich haben. Tenzin Palmo hatte da keine Bedenken. «Natürlich würde sich jede Gottheit, welche es auch sei, in einer Form zeigen, die beruhigend und angemessen ist», erläuterte sie.

Sie erwog die Möglichkeit, sich in ein Reines Land zu begeben, den buddhistischen Himmel, mit dem sich allerdings auf dem Hintergrund des Glaubens an die Wiedergeburt und der Hingabe an das Bodhisattva-Ideal völlig andere Vorstellungen verbinden als mit dem christlichen Himmelreich. «Der Aufenthalt in einem Reinen Land hat viele Vorteile», erklärte sie. «Zum einen ist er sehr erfreulich. Abgesehen vom Nirvana, ist er die höchste Freude.

Aber auch daran klammert man sich nicht. Hohe Lamas bleiben eine Weile dort und kehren dann hierher zurück. Ein Reines Land lässt sich nicht mit einem Ferienlager vergleichen, sondern eher mit einem Dampfkochtopf, der raschen Fortschritt bewirkt. Man entwickelt sich sehr schnell, weil es dort keine Hindernisse gibt. Dort kommt es zu einer Weiterentwicklung und Verfeinerung der Einsicht in die Leerheit (der grundlegenden Erkenntnis, dass alle Phänomene frei sind von inhärenter Existenz). Und das ist unbedingt notwendig, wenn man zurückkommen und inmitten all des Leidens leben will. Denn nur, wenn man die Nicht-Dualität versteht, wird man von all dem nicht überwältigt und hat die Fähigkeit, wirklich helfen zu können. Die Buddhas und Bodhisattvas begeben sich überall hin, um zu helfen, auch in die Höllenbereiche. Das ist das Gelübde eines Bodhisattva – die Bezeichnung bedeutet im Tibetischen ‹spiritueller Held›. Wenn man paranoid ist wie alle Wesen in den Höllenbereichen, ist das nicht möglich.»

Tenzin Palmo bekam nicht die Chance zu sehen, wie das mit dem Tod ist. Als sie meditierend dasaß und sich auf ihren Übergang vor-

Die junge Tenzin Palmo (Mitte), damals noch Diane Perry, in ihrer Heimatstadt London. «Dreimal Brautjungfer, nie eine Braut – besser, ich mach's und geh auf Nummer Sicher», hatte sie dazu gesagt.

Gerald York (Redakteur einer buddhistischen Zeitschrift), ein jugendlicher Chögyam Trungpa (Tenzin Palmos erster Meditationslehrer) und der Autor John Blofeld (Tenzin Palmos künftiger Förderer) bei der Buddhist Society Summer School in Hertfordshire 1962.

«Kailash», das ehemalige Haus
der britischen Hill Station in Dalhousie,
das Freda Bedi in ihre Young Lama's Home
School umwandelte. Tenzin Palmos
erste Anlaufstelle in Indien, 1964.

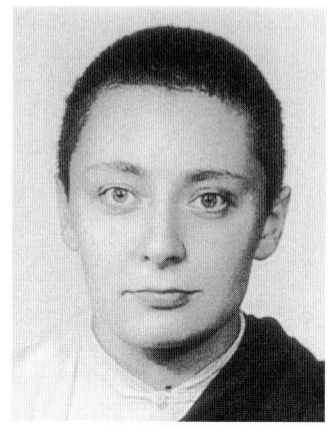

1964, mit 21 Jahren, gleich nach
ihrer Ordination zur Novizin.
Auf die Rückseite des Fotos schrieb
Tenzin Palmo an ihre Mutter:
«Siehst du? Ich schaue sehr gesund
aus. Ich hätte lachen sollen, damit
du weißt, dass ich auch glücklich
bin!"

Dalhousie 1964, eine Schulklasse junger Tulkus (reinkarnierter Lamas), die Tenzin
Palmo unterrichtete.

Aus der Anfangszeit in Dalhousie, 1966. Chögyal Rinpoche (der Tenzin Palmo als Lehrstoff buddhistische Geschichten erzählte), Khamtrul Rinpoche (Tenzin Palmos Guru), Lee Perry (Tenzin Palmos Mutter) und Togden Anjam.

Tenzin Palmo erhielt als eine der ersten westlichen Frauen 1973 die volle Bhikshuni-Ordination in Hongkong. Sakya Trizin, Tenzin Palmos «zweiter» Guru, bemerkte dazu: «Du siehst aus wie eine kahlköpfige Jungfrau Maria.»

Einige der Mönche, mit denen sich Tenzin Palmo während ihres sechsjährigen Aufenthalts, 1970–1976, im Tayul-Kloster in Lahoul anfreundete.

Häuser der Mönche und Nonnen des Tayul-Klosters. Die Flachdächer boten sich zum Feiern von Winterpartys an.

Sich noch immer nahe stehend: der vorzügliche Maler Chögyal Rinpoche und
Tenzin Palmo; im Hintergrund ein Bild des verstorbenen achten Khamtrul
Rinpoche. Tashi-Yong-Kloster, Kangra-Tal, 1997.

Tenzin Palmo mit dem«neuen»,
dem neunten Khamtrul Rinpoche.

Togden Cholo, einer der zur Elite
Tashi Yongs gehörenden Meditations-
meister, ein enger Freund Tenzin
Palmos.

Der junge achte Khamtrul
Rinpoche in Tibet,
ca. 1958, von den
Insignien seines einzig-
artigen Status umgeben.
Kurze Zeit später war er
zum Flüchtling geworden.

Der Stupa, den
Tenzin Palmo als Akt
religiöser Hingabe
auf einem Felssims vor
ihrer Höhle erbaute.

Im Innern von Tenzin Palmos Höhle. Zu sehen sind der Holzofen, der Tisch, das Regal mit den in Tüchern eingewikkelten Texten, Bilder von Buddhas und die Meditationskiste.«Es war eine erstklassige Höhle. Die Leute waren immer überrascht, wie ordentlich und gemütlich sie war», sagte sie.

Vor der Höhle beim Trocknen ihrer, nach der Schneeschmelze im Frühling, völlig durchnässten Habe. Man beachte den Umfang ihrer Meditationskiste (hochkant, links vor der Höhle), die zwölf Jahre lang ihr«Bett» war.

Tenzin Palmos Garten, in dem sie Rüben und Kartoffeln (ihre einzige Quelle frischer Nahrung) anbaute und Blumen pflanzte.

4023 Meter über dem Meeresspiegel – eine Höhle mit sensationellem Ausblick! In den acht Wintermonaten zeigte sich Tenzin Palmo hier nur eine durchgängig weiße Wand.

bereitete, hörte sie wieder einmal ihre innere Stimme. Sie sagte nur ein Wort: «Grabe!» Sie machte die Tür auf, die sich dank dem Weitblick Tshering Dorjes nach innen öffnete, und begann, sich mit Hilfe eines Pfannendeckels nach außen durchzubuddeln. Sie grub und schaufelte den Schnee in ihre Höhle hinein, wodurch diese noch kälter und nasser wurde. Sie grub eine Stunde oder länger, wobei sie keine Ahnung hatte, in welcher Richtung sie vordrang. In der totalen Dunkelheit hatte sie jede Orientierung verloren, und so buddelte sie sich durch die eisige Finsternis, in der Hoffnung, irgendwie nach draußen und an Sauerstoff zu gelangen. Plötzlich war sie frei. Die Erleichterung war gewaltig.

«Wieder Licht zu sehen und frische Luft zu atmen war wundervoll. Doch der Schneesturm tobte immer noch, und ich musste in die Höhle zurückkriechen! Wieder drin, merkte ich, dass die Luft gar nicht abgestanden war, sondern frisch. Da wurde mir klar, dass Höhlen ‹atmen› können, dass der Schnee ‹atmet› und dass ich nicht sterben würde.»

Doch der Tunnel, den sie gegraben hatte, füllte sich rasch wieder mit Schnee. Alles in allem musste sie sich dreimal nach draußen buddeln. Als der Schneesturm schließlich nachließ, ging sie hinaus und sah sich, vom Licht fast geblendet, um. Es bot sich ein außergewöhnlicher Anblick. Alles, einschließlich der Bäume, lag unter einer Schneedecke begraben. Da war nur eine unterschiedslos weiße Landschaft. Über ihr flog ein Hubschrauber, der Nachschub in das Katastrophengebiet brachte, und jemand winkte ihr zu. Nun würden die Dörfler erfahren, dass ihre Gebete für den gefahrlosen Übergang der «Saab Chomo» in ihrer Höhle nicht nötig gewesen waren, aber keiner hatte geglaubt, dass sie überleben würde.

Ein Brief an einen englischen Freund, der der Gegend einmal einen Besuch abgestattet hatte, enthüllte das ganze Ausmaß der Katastrophe, die sie dem Tod so nahe gebracht hatte.

Die Ursache all dieser Probleme war eine Lawine, die Anfang März kurz vor der Mittagszeit niederging. Sie nahm in etwa 5800 Metern Höhe ihren Anfang und riss auf ihrem Weg hinunter alles mit sich. Auch viele Häuser in Gungrang (oberhalb von Yornath) wurden zerstört. Man schätzte, dass die Lawine zwei Kilometer breit war. In ganz Lahoul kamen an die 200 Menschen ums Leben, wobei das Gebiet von Udaipur besonders betroffen war. Aus dem Flüsschen, das wir auf dem Weg nach Kyelang überqueren müssen, ist gegenwärtig ein mehrere Meter dicker Gletscher geworden, über den man jetzt einfach hinüberwandert, ohne irgendwo Wasser zu sehen. Die Tayul Gompa versank ebenfalls unter einer Schneedecke, und alle dort mussten sich einen Weg nach draußen graben. Der Schnee reichte bis über die Dächer.

Yornath (ein nahe gelegenes Dorf) sieht aus, als wäre es von einem Tornado heimgesucht worden. Vier Häuser sind völlig zerstört (einschließlich des großen Hauses an der Straße neben Sönam Ngoedups Laden). An die 35 Menschen wurden getötet und ganze Familien ausgelöscht. Es gibt keine Schmiede mehr in Yornath, sie und ihre Familien kamen alle ums Leben. Bei einem Haus in Guskiar wurde das Dach durch den Luftdruck weggerissen, als die Lawine mit 350 Stundenkilometern vorbeidonnerte! Praktisch alle Bäume zwischen Yornath und Guskiar sind entwurzelt – all diese wunderschönen alten Weiden, viele von ihnen waren an die 200 Jahre alt. Die ganze Gegend ist ein Trümmerhaufen und kaum wieder zu erkennen, wie ein Mädchen aus Guskiar sagte. Tseten hat sechs zermürbende Wochen gebraucht, nur um die Steine, die entwurzelten Bäume und den anderen Schutt von ihren Feldern zu schaffen, die sich zumeist in der Umgebung von Yornath befinden. Es war natürlich eine Menge Arbeit, das ganze schwere weiße Zeug wegzukriegen, und mein Gesicht sah aus wie das von Dorje Phagmo (einer zornvollen, roten Schutzgottheit mit aufgeblähten Backen und hervorquellenden Augen). Meine Augen waren auch rot, man sah überhaupt kein Weiß mehr, und so geschwollen, dass ich nur noch durch Schlitze sehen konnte. Der Schmerz! Ich befestigte eine Kata als Schleier um die Krempe meines Schlapphuts und das funktionierte ganz gut.

Tenzin Palmo mochte noch einmal davongekommen sein, aber sie war, wie schon der Buddha dargelegt hatte, vom Tod umgeben. Lee Perry, selbst eine optimistisch gesinnte spirituell Suchende, war 1985 ohne Wissen ihrer Tochter gestorben. Ein hoher Preis, den Tenzin Palmo für ihre spirituellen Bestrebungen zahlen musste. Sie hatte, mit ein paar Monaten Verspätung, einen Brief erhalten, der sie darüber informierte, dass Lee Krebs hatte, und in dem sie gebeten wurde «nach Hause zu kommen». Aber Tenzin Palmo hatte bereits mit ihrem Drei-Jahres-Retreat begonnen, das durch nichts unterbrochen werden konnte und durfte. So lautete die Bedingung. «Ich schrieb zurück und erklärte, warum ich nicht kommen konnte. Es war der schwierigste Brief, den ich je schreiben musste. Auch wenn ich selbst Krebs gehabt hätte, hätte ich meine Höhle nicht verlassen können.»

Als das nächste Mal, ein Jahr später, Post kam, teilte ihr eine Freundin mit, dass Lee im Alter von achtundsiebzig Jahren friedlich gestorben war. Tenzin Palmo sprach Gebete für das Wohlergehen ihrer Mutter und tröstete sich mit dem Gedanken, dass Lee, wie sie selbst auch, keine Angst vor dem Tod gehabt hatte. «Sie sah im Tod nichts weiter als das Abstreifen eines alten Körpers, um erholt und mit frischer Energie von Neuem zu beginnen. Ich wusste, dass sie sich auf die Begegnung mit ihren Geistführern freute. Sie glaubte, dass sie sie abholen und sich um sie kümmern würden.»

Doch Tenzin Palmos Gemüt war nicht ganz unbeschwert. Sie war 1984, ein Jahr vor dem Tod ihrer Mutter, ein zweites Mal kurz in London gewesen, um ihre Mutter zu besuchen. Elf Jahre waren vergangen, seit sie zum letzten Mal in ihrer Heimat gewesen war, und es hatte sie gedrängt, ihre Mutter zu sehen, bevor sie zu ihrem Drei-Jahres-Retreat in ihrer Höhle verschwand. Sie war zwar dankbar für die Zeit, die sie gemeinsam verbracht hatten, blickte aber nun mit einigen Reuegefühlen auf diesen Besuch zurück und warf sich Dinge vor, «die hätten sein können», wie man das so oft nach dem Tod einer geliebten Person tut.

«Ich denke, dass ich meiner Mutter gegenüber ziemlich kalt war, und der Gedanke daran macht mich jetzt immer sehr traurig. Sie nahm es mir nicht weiter übel, da sie glaubte, ‹dass Nonnen eben so sind›. Aber ich war lange in der Höhle gewesen und an den engen Umgang mit Menschen nicht mehr gewöhnt. Wir waren freundlich zueinander, aber wenn ich darüber nachdenke, habe ich das Gefühl, dass ich ihr gegenüber ziemlich kritisch war, und das tut mir wirklich leid. Ich glaube, dass ich jetzt viel herzlicher zu ihr sein könnte, als ich es damals war.»

Als es Zeit war, Abschied zu nehmen, hatte sich Lee an ihre Tochter gewandt und gesagt: «Ich habe das Gefühl, dass ich dich zum letzten Mal in diesem Leben sehe.» Und sie fügte hinzu: «Ich bete darum, dass ich in künftigen Leben als deine Mutter wieder geboren werde, damit ich dir bei der Fortsetzung deines spirituellen Weges helfen kann.» Stärker hätte der Ausdruck von Liebe und Bejahung nicht sein können.

Doch nichts hätte Tenzin Palmo, ungeachtet all ihres Trainings, auf den Tod ihres Lamas Khamtrul Rinpoche vorbereiten können. Trotz der bereits seit einigen Jahren bestehenden physischen Trennung, erst durch ihren Umzug in die Gompa in Lahoul und dann durch ihren weiteren Rückzug in die Höhle, war die Verbindung zwischen beiden so eng wie eh und je. «Wann immer ich das Gefühl hatte, dass ich ihn brauchte, betete ich zu ihm. Ich hatte dann bedeutungsvolle Träume, in denen er in Erscheinung trat», erklärte sie. Und ihre alljährlichen Besuche in Tashi Jong blieben integraler Bestandteil ihres Lebens. Dort saß sie dann bei ihm, fühlte sich in seiner physischen Präsenz sicher und geborgen und erhielt ganz auf ihre Person zugeschnittene Anweisungen für ihren spirituellen Weg.

«Ich kam immer mit Fragen zurück. Beim Meditieren hatte ich stets Papier neben mir liegen, um mir die auftauchenden Fragen zu notieren. Ich kam herein, und Khamtrul Rinpoche lehnte sich zurück und sagte: ‹O. k., wo ist deine Liste?› Und ich zog dann diese ellenlange Liste mit Fragen hervor. Seine Antworten waren absolut richtig. Er antwortete sowohl aus seiner akademischen Sachkenntnis wie auch aus seiner persönlichen Erfahrung heraus. ‹In den Texten wird dazu Folgendes gesagt, aber meiner eigenen Erfahrung nach verhält es sich so›, pflegte er zu sagen. Er traf stets den Nagel auf den Kopf. Und ich konnte die Dinge immer mit ihm diskutieren. Manchmal kam ich mit dem Gedanken an eine Praxis, die ich machen wollte, zu ihm, und er schlug etwas anderes vor, das mir gar nicht eingefallen war. Mir war immer sofort klar, dass er Recht hatte. Das ist das Schönste an einem echten Guru – er kennt deinen Geist und kann deine spirituellen Fortschritte in die Richtung lenken, die für dich am besten ist.»

Es war das Jahr 1981, sie war in Nepal, um ein paar Belehrungen zu erhalten, und machte sich langsam auf den Weg nach Bhutan, wo sie Khamtrul Rinpoche treffen sollte, als sie die Nachricht erhielt.

«Eines Tages wurde ich ins Kloster gerufen. Ich dachte, es gehe um eine besondere Belehrung oder so etwas. Unterwegs traf ich jemanden, der zu mir sagte: ‹Du siehst so glücklich aus, du kannst es noch nicht gehört haben.› Und dann sagten sie es mir. Ich fiel fast in Ohnmacht. Es war grauenhaft. Absolut verheerend.» Ihre Welt war zusammengebrochen. Um mit ihren eigenen Worten zu sprechen: «Die Sonne war untergegangen, und da war nur noch Dunkelheit. Ich kam mir vor, als sei ich in einer riesigen Wüste und der Wegführer hätte mich verlassen – ich fühlte mich vollkommen verloren.»

Der starke, stämmige, freundliche Khamtrul Rinpoche, der ein so außergewöhnliches Leben geführt hatte, der ein mächtiger regionaler Herrscher gewesen war und ein mittelloser Flüchtling, war im Alter von nur neunundvierzig Jahren an Diabetes gestorben. Er war nur eine Stunde vor seinem Tod krank gewesen. Mochte sein Hinscheiden für seine Anhänger auch völlig unerwartet kommen, er selbst musste sich außerordentlich gut darauf vorbereitet haben. Die Art seines Sterbens demonstrierte seine spirituelle Meisterschaft in ganzem Ausmaß und führte dem Westler vor Augen, was man erreichen konnte.

Diejenigen, die dabei gewesen waren, berichteten, dass Khamtrul Rinpoche im *tugdam**, im «Klaren Licht» des Todes, verweilte. Sein Körper kollabierte noch einige Wochen nach dem Eintritt seines physischen Todes nicht, sondern bewahrte ein jugendliches Aussehen und verströmte einen angenehmen Duft. Als dann der Zeitpunkt für seine Einäscherung gekommen war, bemerkten die Trauernden zu ihrer Überraschung, dass sein großer und vormals massiger Körper auf rätselhafte Weise auf die Größe eines achtjährigen Kindes zusammengeschrumpft war. Der Sarg, der ursprünglich für ihn vorgesehen war, erübrigte sich nun, und es musste hastig ein kleinerer für ihn angefer-

---

* So nennt man den Zeitraum, den der Körper ohne ein Lebenszeichen in Meditationshaltung verbringt. Währenddessen befindet sich der Mensch in tiefster Meditation und läßt seine noch vorhandene Energie nach außen treten, bevor er eine andere Form annimmt.

tigt werden. Dieses Schrumpfen des Körpers nach dem Tod war bei hohen tibetischen Lamas kein unbekanntes Phänomen. Und für die Augenzeugen war es ein Beweis dafür, dass Khamtrul Rinpoche tatsächlich eine hohe Ebene der spirituellen Verwirklichung erlangt hatte, die nur noch vom höchsten Triumph, dem Erlangen des «Regenbogenkörpers», übertroffen wurde. Hier dematerialisiert sich beim Tod der ganze Körper, und es bleiben nur die Nägel und Haare zurück. Solche Phänomene könnten leicht als spirituelle Sciencefiction abgetan werden, gäbe es nicht eine Fülle von Augenzeugen und konkreten Dokumentationen, die sie belegen.

Rilbur Rinpoche, ein ehrwürdiger hoher Lama und Historiker, von der chinesischen Besatzungsmacht viele Jahre lang inhaftiert, berichtet von einigen damals mit ihm zusammen eingesperrten Adepten, die ihren Geist willentlich aus dem Körper herausschleudern und in einen Buddha-Bereich transferieren konnten (die Phowa-Praxis): «Ich sah viele Leute, die sich in eine Ecke ihrer Zelle setzten und ganz bewusst verschieden und in einen anderen Bereich überwechselten. Sie waren nicht krank, es fehlte ihnen nichts. Die Wachen konnten es nie glauben!»

Sogyal Rinpoche erklärt in seinem Bestseller *Das tibetische Buch vom Leben und vom Sterben* genau, was der Regenbogenkörper ist und wie man ihn erlangt:

Durch diese fortgeschrittenen Übungen des Dzogchen können erfahrene Praktizierende ihr Leben auf außergewöhnliche und triumphale Weise beschließen. Wenn sie sterben, können sie ihren Körper in die Lichtessenz der Elemente auflösen, aus denen er geschaffen ist. Das heißt, ihr materieller Körper löst sich in Licht auf und verschwindet vollständig. Dieser Vorgang ist als «Regenbogenkörper» oder «Körper aus Licht» bekannt, weil die Auflösung häufig von spontanen Manifestationen von Licht und Regenbogen begleitet wird. Die alten Tantras des Dzogchen und die Schriften der großen Meister unterscheiden verschiedene Kategorien dieses erstaunlichen und beinahe überirdischen Phänomens, das zu einer gewissen Zeit zwar auch nicht gerade normal, aber relativ häufig gewesen ist.

Als Beispiel greift Sogyal Rinpoche den Fall von Sönam Namgyal heraus, einem Mann aus Osttibet, der den Regenbogenkörper erlangt hatte, wie sich 1952 zeigte.

Er war ein sehr einfacher und bescheidener Mann, der seinen Lebensunterhalt als umherziehender Steinmetz verdiente, indem er Mantras und heilige Texte in Stein meißelte. Einige behaupten, er sei in seiner Jugend ein Jäger gewesen und habe später Belehrungen von einem sehr großen Meister erhalten. Niemandem war bewusst, dass er ein Praktizierender war. Er war wahrhaftig das, was man einen «Yogi im Verborgenen» nennt. Einige Zeit vor seinem Tod sah man ihn häufig in die Berge gehen, wo er einfach bloß dasaß – eine Silhouette gegen den Himmel – und in den Raum schaute. Er erfand seine eigenen Lieder und Gesänge und sang sie statt der traditionellen. Niemand hatte eine Ahnung davon, was er eigentlich machte. Dann wurde er krank – zumindest schien es so –, aber seltsamerweise wurde er zunehmend glücklicher. Als die Krankheit schlimmer wurde, rief seine Familie Ärzte und Meister herbei. Sein Sohn mahnte ihn, sich aller Belehrungen zu erinnern, die er gehört hatte. Er aber lächelte und sagte: «Ich habe sie alle vergessen, und es gibt sowieso nichts zu erinnern. Alles ist Illusion, aber ich habe volles Vertrauen, dass alles in Ordnung ist.»
Kurz vor seinem Tod im Alter von neunundsiebzig Jahren sagte er: «Ich möchte um eins bitten: dass ihr meinen Körper nach meinem Tod für eine Woche nicht fortbringt.» Als er gestorben war, wickelte seine Familie den Körper ein und lud Lamas und Mönche ins Haus ein, die für ihn praktizieren sollten. Sie brachten den Leichnam in eine kleine Kammer, konnten aber nicht umhin, verwundert festzustellen, dass sie keine Probleme hatten, ihn dort unterzubringen, obwohl er ein großer Mann gewesen war – es schien, als sei er kleiner geworden. Zur gleichen Zeit waren außergewöhnliche Erscheinungen regenbogenfarbenen Lichts um das ganze Haus herum zu beobachten. Als sie am sechsten Tag in die Kammer schauten, war der Körper sichtlich kleiner geworden. Am achten Tag nach seinem Tod kamen am Morgen, für den die Bestattung geplant war, die Leichenbestatter, um seinen Körper ab-

zuholen. Als sie die Umhüllungen aufwickelten, fanden sie nur mehr Haare und Nägel.

Mein Meister Jamyang Khyentse ließ sich diese bringen und bestätigte, dass es sich um einen Fall von Regenbogenkörper handelte.

Tenzin Palmo hatte ihre eigenen Geschichten zu erzählen: «Es ist wohl bekannt, dass der Körper des dritten Khamtrul Rinpoche auf 46 Zentimeter zusammenschrumpfte. Das ist zwar kein erstklassiger Regenbogenkörper, bei dem alles verschwindet, aber schon ziemlich gut. Derartiges können übrigens auch Westler erreichen. Ein Lama namens Khunnu Rinpoche erzählte mir, dass einmal, als sie noch in Kham waren, all diese Regenbogen über dem Kloster erschienen. Zu dieser Zeit hielt sich gerade ein Amerikaner bei ihnen auf, und er ging ihn holen, um ihm diese fantastische Lichtershow am Himmel zu zeigen. Doch als er die Tür zu seinem Zimmer öffnete, fand er nichts weiter vor als Kleidungsstücke, Nägel und Haare. Man sagt, dass sich so etwas häufig bei scheinbar ganz ‹gewöhnlichen› Menschen ereignet, Menschen wie den alten Norbu an der Ecke, von dem niemand weiß, dass er ein hoch verwirklichter Praktizierender ist.»

1981 jedoch war Tenzin Palmo mit dem Drama des Todes ihres eigenen Gurus und einer Reihe von nachfolgenden Ereignissen beschäftigt. Nachdem sie die Nachricht erhalten hatte, war sie sofort ins Retreat gegangen. Doch zu seiner Einäscherung kam sie nach Tashi Jong. Ein Ereignis, das sich tief in ihr Gedächtnis eingeprägt hat.

«Es war eine unglaubliche Zeit. Wir hatten ein ganz starkes Gefühl von Zusammensein und Austausch. Es war sehr bewölkt gewesen, es hatte sehr stark geregnet, und in der Nacht vor der Einäscherung ging ein ungeheuerliches Unwetter nieder. Sie hatten einen wunderschönen Stupa gebaut, und ich dachte, dass alles weggeschwemmt werden würde. All die Banner und auch das Holz für den Scheiterhaufen waren durchnässt. Aber der Morgen der Bestattungsfeierlichkeiten dämmerte unglaublich klar herauf. Da war dieser durchscheinend blaue Himmel, und alles sah frisch gewaschen und sauber aus. Alles stimmte. Es war wundervoll. Interessanterweise bewölkte es sich am nächsten Tag, und es begann wieder zu gießen.»

Khamtrul Rinpoches Überreste wurden feierlich in den Stupa verbracht, der neben jenem Tempel errichtet worden war, den er selbst entworfen und mit eigenen Händen aufzubauen geholfen hatte. Der Stupa war ein nach den Gesetzen der sakralen Geometrie konstruierter, großer, imposanter, glänzend weißer Bau mit einem kleinen Glasfenster, hinter dem sich eine Buddha-Statue befand. Seltsamerweise nistete sich hinter der Glasscheibe das Samenkorn eines Bodhi-Baums ein, und mit den Jahren drängte sich genau aus der Mitte des Schreins ein Bodhi-Baum hervor. Er war aus dem Herzen des Buddha herausgewachsen. Niemand wusste, wie das Samenkorn dorthin gelangt war und wie es ohne Erdreich hatte wachsen können. Zufall vielleicht. Doch für die Gläubigen war dies ein weiterer Beweis für den erwachten Bewusstseinszustand Khamtrul Rinpoches.

Nach den für Bodhisattvas geltenden Regeln jedoch bleiben Meister dieses Kalibers nicht allzu lange fort. Folglich begannen seine Schüler gleich nach seiner Einäscherung, nach Hinweisen in der Hinterlassenschaft des achten Khamtrul Rinpoche zu suchen, die Aufschluss darüber geben konnten, wo er seinen Wiedereintritt in die Welt vorzunehmen gedachte. Sie fanden ein Gedicht, das er kurz vor seinem Hinscheiden geschrieben hatte, studierten es und entdeckten, dass die Namen seiner künftigen Eltern am Ende jeder Zeile in einem Anagramm verschlüsselt waren. Sie hatten eine heiße Spur gefunden. Zur gleichen Zeit hatten zwei berühmte Lamas, Dilgo Khyentse Rinpoche und der Karmapa, die beide Khamtrul Rinpoche außerordentlich nahe standen, einen bedeutsamen Traum.

Tenzin Palmo erzählte: «Dilgo Khyentse träumte, dass er einen Hügel hinaufstieg und dort auf einen Tempel stieß, aus dem Khamtrul Rinpoches Stimme ertönte. Er ging hinein und fand alle seine Mönche vor. Khamtrul Rinpoche saß auf einem Thron und gab Belehrungen. Dilgo Khyentse ging zu ihm hin und fragte: ‹Was machst du hier, du bist doch tot?› Und Khamtrul Rinpoche antwortete: ‹Ich bin jenseits von Geburt und Tod.› Daraufhin fragte Dilgo Khyentse Rinpoche: ‹Wo hast du, aus Mitgefühl für alle Wesen, beschlossen, wiedergeboren zu werden?› Khamtrul Rinpoche nannte ihm die Namen seiner Eltern. Auch der Karmapa erhielt in einem Traum die Namen der Eltern. Sie entdeckten zudem, dass sich die Wiedergeburt ‹in der Wiege des Buddhismus› ereignet hatte, das heißt, in Indien. Das war eine Erleichterung – wenigstens war es nicht Tibet, das sie unmöglich hätten durchsuchen können!»

Indien aber ist ein riesiges Land, vor allem, wenn es darum geht, ein kleines, wenn auch besonderes Baby ausfindig zu machen. Man benötigte also weitere, spezifischere Anhaltspunkte. Schließlich lieferte der Karmapa auf seinem Sterbebett in Chicago das entscheidende Puzzlestück, nämlich den Namen des Ortes, an dem Khamtrul Rinpoche wieder geboren worden war – Bomdila in Arunachal Pradesh, eine Stadt im Himalaya, nahe der Grenze zu Bhutan. Von Tashi Jong und dem Kangra-Tal aus gesehen war dies zwar sozusagen auf der anderen Seite Indiens, aber die Entdeckung des neunten Khamtrul Rinpoche war damit gesichert. Der Junge wurde gefunden, anerkannt und in Tashi Jong eingesetzt, um seine spirituellen Pflichten da wieder aufzunehmen, wo sein Vorgänger (er selbst) aufgehört hatte.

Der neunte Khamtrul Rinpoche war ein ruhiges Kind, so introvertiert und klein, wie der achte Khamtrul Rinpoche extrovertiert und groß gewesen war. Für Tenzin Palmo war er noch immer ihr Guru – die Reinkarnation des Mannes, den sie so sehr geliebt hatte. Er war drei Jahre alt, als sie ihn zum ersten Mal traf. Sie sah der Begegnung mit einem gewissen Bangen entgegen und befürchtete, dass sich an der engen und harmonischen Beziehung, die sie mit seinem Vorgänger verbunden hatte, etwas geändert haben könnte.

«Ich hatte Angst. Ich fragte mich, was er von dieser ‹seltsam aussehenden westlichen Frau› halten würde. Ich dachte, er würde wohl in Tränen ausbrechen.» Doch nichts dergleichen geschah. «Ich ging hinein, begann mit meinen Niederwerfungen, und dieses kleine Kind brach in Lachen aus. ‹Oh, schau, das ist meine Nonne, das ist meine Nonne›, platzte er heraus. Er war ganz aufgeregt. Der Mönch, der sich um ihn kümmerte, sagte: ‹Ja, das ist deine Nonne, sie ist schon so lange deine Schülerin gewesen.› Der junge Khamtrul Rinpoche lachte und lächelte mich an und gab mir seine Spielsachen. Wir spielten den ganzen Morgen zusammen und tollten herum. Der Mönch sagte, ein solches Verhalten sei sehr ungewöhnlich, denn normalerweise sei er Fremden gegenüber sehr schüchtern und zurückhaltend.»

Wenn der junge Tulku «seine Nonne» auch sofort erkannt hatte, so brauchte Tenzin Palmo etwas länger, um Gemeinsamkeiten mit dem früheren Khamtrul Rinpoche zu entdecken. «Er ist nicht so wie der verstorbene Khamtrul Rinpoche. Zum einen ist dieser natürlich außerordentlich viel jünger als ich, wohingegen der andere wie ein Vater für mich war, und daraus ergibt sich eine andere Art von Beziehung. Man hat mir auch erzählt, dass der vorhergehende Khamtrul Rinpoche als Kind eine wahre Plage gewesen sei, während dieser sehr lieb, sanft und zart ist. Aber er schaut mich an – schaut durch meine Augen hindurch –, minutenlang, genau so, wie es der andere Rinpoche machte. Und manchmal, wenn ich mit ihm zusammen bin und an gar nichts Besonderes denke, steigt diese unglaubliche Hingabe in meinem Herzen auf. Sie ist so stark und spontan, dass ich in Tränen ausbreche.»

Doch ihre Erinnerung an den geliebten achten Khamtrul Rinpoche war noch frisch. Sie eilte in ihre Höhle zurück, entschlossener denn je, ihren spirituellen Weg fortzusetzen. «Ich hatte das Gefühl, dass ich, um meinem gütigen Lama meinen Dank abzustatten, nichts anderes tun konnte, als zu praktizieren, zu praktizieren, zu praktizieren», sagte sie.

10

Yogini

Die Landschaft außerhalb ihrer Höhle mag majestätisch und zutiefst beeindruckend gewesen sein, doch wie sah es in Tenzin Palmos innerer Welt aus? Um diese zu entdecken, hatte sie sich ja schließlich dorthin zurückgezogen. Was erblickte sie auf ihren langen Reisen ins Innere? Hatte sie Visionen, so, als säße sie vor dem Fernseher? Badete sie in goldenem Licht? Hörte sie Himmelsstimmen? Wurde sie von Wogen transzendenter Glückseligkeit überschwemmt? Oder wurde sie von den Höllenbewohnern ihrer Psyche gepeinigt, die durch jene fein geschliffenen, für tiefes Schürfen entworfenen Werkzeuge der Meditation in den Abgründen ihres Unterbewusstseins aufgestört worden waren?

In den Legenden über die in der Einsamkeit Meditierenden wird berichtet, dass es beim Rückzug in die Höhle genau darum geht. Der große Yogi Milarepa, der Begründer von Tenzin Palmos eigener Traditionslinie, fand sich in seiner eisigen, kargen Höhle nach Jahren schrecklicher Entbehrungen und fortgesetzten, unerschütterlichen Bemühens in einem Reich übernatürlicher Herrlichkeit wieder. Die Abdrücke seiner Hände, seiner Füße und seines Gesäßes prägten sich in die Felswände und den Boden seiner Höhle ein. Göttinnen erschienen und brachten ihm köstliche Leckerbissen, um seinen Hunger zu stillen. Sein ausgemergelter Körper, grün geworden von der Brennnesselsuppe, seiner einzigen Nahrung, war von höchster Ekstase erfüllt. In seinen Träumen konnte er jede gewünschte Gestalt annehmen und das Universum in allen Richtungen ungehindert durchqueren. Er hatte gelernt, sich im Wachzustand in die Lüfte zu erheben, und flog mit großer Geschwindigkeit über die Täler seiner Heimat hinweg, sehr zur Verblüffung der Bauern, die unten ihre Felder pflügten.

Machte die Tochter des Fischhändlers aus Bethnal Green irgendwelche Erfahrungen dieser Art?

Niemand wird je genau erfahren, was Tenzin Palmo in all den Jahren der Abgeschiedenheit durchmachte, welche Augenblicke glanzvoller Einsichten ihr vielleicht zuteil wurden, welche dunklen Phasen sie womöglich durchlitt. Sie hatte von den Togdens, jenen bescheidenen Yogis, deren Qualitäten sie zutiefst beeindruckt hatten, gelernt, dass man nie etwas über das eigene spirituelle Können verlauten lassen sollte und schon gar nicht damit prahlt. Das Spiel hieß nicht Steigerung des Egos, sondern Befreiung vom Ego. Abgesehen davon verboten ihr ihre tantrischen Gelübde, irgendetwas von den Fortschritten, die sie vielleicht erzielt hatte, preiszugeben. Das war eine schon lange gepflegte Tradition, die auf den Buddha selbst zurückging, der einmal einen Mönch aus der Mönchsgemeinschaft ausgeschlossen hatte, weil er in der Öffentlichkeit ein Wunder vollbracht hatte. Das einzige Wunder, das zählt, ist die Transformierung des menschlichen Herzens, hatte er dazu erklärt.

«Ehrlich gesagt, möchte ich nicht darüber sprechen. Das ist so wie mit deinen sexuellen Erfahrungen. Manche Leute reden gerne darüber, andere nicht. Persönlich finde ich das eine schrecklich intime Angelegenheit», sagte Tenzin Palmo.

Auf einiges Drängen hin gab sie schließlich nach und äußerte sich knapp zu einigen wesentlichen Dingen: «Natürlich macht man in längeren Retreats sehr intensive Erfahrungen – wenn man zum Beispiel das Gefühl hat, dass der Körper völlig wegschmilzt oder dass er fliegt. Man gelangt in Zustände unglaublichen Gewahrseins und unglaublicher Klarheit, in denen alles überaus lebendig und deutlich wird.»

Sie hatte auch Visionen, in denen ihr Guru Khamtrul Rinpoche erschien, um ihr Ratschläge für ihre Meditationen zu erteilen. Auch andere heilige Wesen manifestierten sich in ihrer Höhle. Aber sie tat diese Begebenheiten, die normalerweise als Zeichen großer spiritueller Errungenschaften gewertet werden, als wenig bedeutsam ab.

«Im Ganzen geht es nicht darum, dass du Visionen hast, sondern darum, dass du Verwirklichungen erlangst», sagte sie etwas barsch und bezog sich dabei auf das Stadium, in dem die Wahrheit aufhört, ein mentales oder intellektuelles Konstrukt zu sein, und Wirklichkeit wird. Nur wenn sich die Meditation vom Kopf ins Herz verlagert und gefühlt wird, kann die Transformation ihren Anfang nehmen. «Und Verwirklichungen sind etwas ziemlich Blankes», fuhr sie fort. «Sie werden nicht von Lichtern und Musik begleitet. Wir versuchen, die Dinge so zu sehen, wie sie wirklich sind. Eine Verwirklichung ist frei von allen gedanklichen Konstrukten. Sie ist kein Produkt des Denkprozesses oder der Emotionen – im Gegensatz zu den Visionen, die dieser Ebene entspringen. Eine Verwirklichung ist das weiße, durchscheinende Licht im Zentrum des Prismas, nicht die Regenbogenfarben, die es umgeben.»

Und die Glückseligkeit – hatte Tenzin Palmo Bekanntschaft mit diesem attraktivsten aller Meditationszustände gemacht? Für den normalen Laien, der zu Hause sitzt und Bücher über heroische meditierende Menschen liest, ist die Glückseligkeit der Aspekt, um dessentwillen sich dies alles lohnt – all die schrecklichen Härten und Entbehrungen, der Mangel an Komfort und menschlicher Gesellschaft. Kurzum, Glückseligkeit ist die Belohnung. Und die ein oder zwei Aufnahmen, die zu jener Zeit von Tenzin Palmo gemacht wurden, zeigen gewiss ein von Glück beseeltes Gesicht.

«Es gibt Zustände unglaublicher Glückseligkeit. Glückseligkeit ist der Treibstoff des Retreats», bestätigte sie in sachlichem Ton. «Ohne innere Freude kannst du keine langfristige Praxis ernsthaft durchführen, denn die Freude und der Enthusiasmus sind das, was dich trägt. Es ist so wie mit allem anderen. Wenn du etwas nicht wirklich magst, spürst du einen inneren Widerstand, und alles geht sehr langsam voran. Deshalb hat der Buddha die Freude als den Hauptfaktor auf dem Weg bezeichnet.

Das einzige Problem mit der Glückseligkeit ist, dass sie ein so ungeheures Gefühl der Wonne, der Freude und der Lust, einschließlich sexueller Lust und Ekstase, in dir aufkommen lässt, Gefühle und Empfindungen, die alles andere auf der irdischen Ebene übersteigen. Und es besteht die Gefahr, dass die Leute sich daran klammern und im Grunde danach streben, und dann wird sie zu einem Hindernis», fügte sie hinzu und erzählte zur Veranschaulichung dieser These eine Geschichte.

«Als ich in Dalhousie bei den Togdens wohnte, waren da zwei Mönche, die sich darin übten, Yogis zu werden. Eines Tages standen sie draußen und schüttelten eine Decke aus und waren so von Glückseligkeit überwältigt, dass sie kaum aufzustehen vermochten. Ich konnte richtig fühlen, wie diese Wogen der Glückseligkeit gegen mich anbrandeten. Die Togdens erklärten mir: ‹Weißt du, was passiert, wenn du anfängst? Du wirst so völlig von dieser Glückseligkeit überwältigt, dass du nicht weißt, was du tun sollst. Nach einer Weile lernst du, sie unter Kontrolle zu halten und sie auf eine handhabbare Ebene zu bringen.› Und das stimmt. Wenn man fortgeschritteneren Praktizierenden begegnet, sind sie vor lauter Glückseligkeit nicht sprachlos, denn sie haben mit ihr umzugehen gelernt. Und natürlich wissen sie um ihre substanzlose Natur.

Für sich allein genommen ist Glückseligkeit wertlos», fuhr sie fort. «Sie ist nur von Nutzen, wenn man sich ihrer als Geisteszustand für die Einsicht in die Leerheit und das Verstehen der Leerheit bedient – wenn der in der Glückseligkeit verweilende Geist Einblick in seine eigene Natur nehmen kann. Ansonsten ist sie nur ein weiterer Gegenstand des Samsara. Du kannst die Leerheit auf einer gewissen Ebene verstehen, doch wenn du auf einer sehr subtilen Ebene Einsicht in sie nehmen willst, muss die Glückseligkeit ergänzend hinzukommen. Der glückselige Geisteszustand ist ein sehr subtiler Geisteszustand, und wenn der Geist in dieser Seinsform die Leerheit betrachtet, ist das etwas ganz anderes, als wenn er dies in einer groben Seinsform tut. Darum kultiviert man die Glückseligkeit.

Du gehst durch die Glückseligkeit hindurch. Sie kennzeichnet nur ein Stadium deiner Reise. Das letzte Ziel ist das Erkennen der Natur des Geistes.»

Die grundlegende Natur des Geistes sei nicht-bedingtes, nicht-dualistisches Bewusstsein, sagte Tenzin Palmo. Leere und Glückseligkeit. Ein Zustand des Wissens ohne den Wissenden. Verwirklichte man diese Erkenntnis, so war das keine besonders dramatische Angelegenheit. Es gab keine Explosion kosmischen Ausmaßes und es ertönten keine Fanfaren vom Himmel herab. «Es ist so, wie wenn du zum ersten Mal aufwachst – aus einem Traum aufsteigst und merkst, dass du geträumt hast. Deshalb sprechen die Weisen davon, dass alle Dinge eine Illusion sind. Unsere normale Seinsweise ist gedämpft – sie ist nicht wirklich lebendig, leuchtend, intensiv. Es ist so, als würden wir schale, abgestandene Luft atmen. Das Aufwachen ist nichts Sensationelles. Es ist etwas Normales. Doch es ist außerordentlich real.

Zuerst erhascht man nur einen kurzen Einblick. Das ist der Anfang des Weges. Die Leute denken oft, dass dieser Einblick schon das Ganze sei, dass sie ihr Ziel bereits erreicht hätten. Wenn du in die Natur des Geistes Einsicht zu nehmen beginnst, kannst du anfangen zu meditieren. Danach musst du diese Erkenntnisse stabilisieren, bis du mit der Natur des Geistes mehr und mehr vertraut bist. Und wenn das geschehen ist, integrierst du es in dein Alltagsleben.»

Zuweilen waren Tenzin Palmos Einsichten und Erkenntnisse auch gewöhnlicherer Natur, doch in ihren Augen ebenso wertvoll. Es war Frühling, die Schneeschmelze hatte eingesetzt, und ihre Höhle wurde unter Wasser gesetzt. «Die Wände und der Boden wurden nasser und nasser, und aus irgendeinem Grund ging es mir auch nicht sehr gut», erzählte sie. «Ich dachte allmählich, dass das, was man über die Höhlen sagte, wirklich stimmte, und fühlte mich sehr bedrückt und niedergeschlagen.»

Plötzlich kam ihr Buddhas Erste Edle Wahrheit, die sich ihr bei der ersten Begegnung mit dem Buddhismus eingeprägt hatte, mit neuerlicher Kraft zu Bewusstsein. ‹«Warum suchst du im Samsara immer noch nach Glück?›, dachte ich, und in mir legte sich ein Schalter um. Es war wie: Das stimmt – Samsara ist Dukkha (die grundlegend leidhafte Natur des Lebens). Es ist o. k., dass es schneit. Es ist o. k., dass ich krank bin, denn das ist die Natur von Samsara. Da ist nichts, worüber du dir Sorgen zu machen brauchst. Wenn es gut geht, ist es schön. Wenn es nicht so gut geht, ist es auch in Ordnung. Es macht keinen Unterschied. Obwohl das wie eine Binsenweisheit klingt, bedeutete es damals einen ziemlichen Durchbruch. Von da an habe ich mich nie mehr wirklich um die äußeren Umstände gekümmert. So gesehen war mir die Höhle eine großartige Lehre, weil sie nicht allzu perfekt war.»

Mochten die Ergebnisse der Meditation auch sensationell sein, der Weg zur Erleuchtung bedeutete extrem harte Arbeit, und er war unvorstellbar lang. Die Lamas sagen, dass, wer dieses Ziel innerhalb von drei Leben erreicht, unglaublich schnell voranschreitet, denn es geht um nichts weniger als um die Transformierung von Körper, Rede und Geist in den Körper, die Rede und den Geist eines Buddha. Aus diesem Verständnis heraus hatten die Tibeter Den Weg zu einer Wissenschaft entwickelt. Jeder konnte ihn gehen, vorausgesetzt er bekam die Texte, die die Anweisungen enthalten, die Einweihungen zur Ermächtigung und zur Übermittlung der rechten Motivation, die sicherstellte, dass der oder die Suchende nicht in den Abgrund des Eigeninteresses stürzte. Da gab es klar vorgegebene Wege, die man einschlug, detaillierte Anweisungen, die man befolgte, Beschreibungen von Ebenen, die zu erreichen waren, gekennzeichnet durch jeweils eigene Merkmale, so dass man genau wusste, wo man sich befand. Es existierten spezifische Orientierungspunkte, nach denen man Ausschau hielt, spezielle yogische Übungen und eine Unzahl von Hilfestellungen zum Einspannen aller Sinne, um die Suchenden voranzubringen. Hier arbeitete der Geist am Geist, das Bewusstsein am Bewusstsein, zur Entschlüsselung der Rätsel jenes dreipfündigen Universums, das wir mit unseren Händen umfassen können. Kurz gesagt, Tenzin Palmo hatte sich auf das unbestreitbar größte und bedeutsamste Abenteuer überhaupt eingelassen – auf die Erforschung des inneren Raums.

Robert Thurman, Professor für Indotibetische Studien an der New Yorker Columbia-Universität, einer der weltweit glänzendsten und unterhaltsamsten Interpreten des Buddhismus, formulierte es so: «Was die meditierende Person in diesen langen Retreats unternimmt, ist eine sehr technische Angelegenheit. Sie sitzt nicht nur einfach da und kommuniziert mit dem Großen Einssein. Sie macht sich methodisch daran, ihr eigenes Nervensystem auseinander zu nehmen, um von ihrer zellularen Ebene aus zum Selbst-Gewahrsein zu gelangen. Das ist so, als würde man Word Perfect benutzen und selber im Chip sein. Man ist sowohl seiner selbst gewahr als auch dessen, dass man im Chip ist. Hierzu ist man gelangt, indem man seinen Geist so stabilisiert hat, dass man bis zu den Punkten und Strichen vordringen kann, und dann noch tiefer, sogar in diese hinein.

Mit anderen Worten, der Mahayana-Buddhist, der über dieses ganze technische Tantra-Wissen verfügt, ist zum Quantenphysiker der inneren Realität geworden. Er hat sich von seiner Identifizierung mit den groben begrifflichen Denk- und Wahrnehmungsprozessen gelöst. Er ist bis zur neuronalen Ebene vorgedrungen und aus deren Innerem noch weiter hinunter bis zur subtilsten neuronalen oder supraneuronalen Ebene, bis zu dem Punkt, an dem er sozusagen zum sich seiner selbst bewussten, seiner selbst gewahr seienden Computer geworden ist. Der Yogi begibt sich auf eine Ebene unterhalb der Maschinensprache – auf einen Level unterhalb der subatomaren Ebene.

Wenn man das bewerkstelligt hat, hat man nicht irgendeine mystische Sache vollbracht, sondern etwas sehr Konkretes. Das ist die Definition von Buddha. Die höchste Ebene der Evolution.»

Tenzin Palmo selbst zweifelte nie an der Effizienz der Methoden, die sie praktizierte. «Tibet hat jahrhundertelang erleuchtete Wesen gleichsam wie am Fließband hervorgebracht. Das ist angesichts eines so kleinen Volkes außergewöhnlich», sagte sie.

Sie hatte, methodisch vorgehende und höchst gewissenhafte Person, die sie ist, ganz am Anfang angesetzt und mit den vorbereitenden Übungen begonnen, die sie in Dalhousie und Lahoul praktizierte, lange bevor sie sich in die Höhle zurückzog. Diese bestanden aus bestimmten Ritualen wie zum Beispiel den Mandala-Opferungen, bei denen man auf kleinen Silbertabletts ein mit «kostbaren» Gegenständen dekoriertes symbolisches Universum errichtet, das dann allen Buddhas dargebracht wird; oder aus Niederwerfungen oder dem Rezitieren von Mantras. All das wird buchstäblich hunderttausende von Malen vollzogen, um den Geist auf die nachfolgenden esoterischen tantrischen Meditationen vorzubereiten und dafür geschmeidig werden zu lassen. In der Höhle praktizierte Tenzin Palmo das alles dann noch einmal. Zu einem bestimmten Zeitpunkt fastete sie total (sie wollte aber nicht preisgeben, für wie lange). Ein andermal fastete sie teilweise, während sie gleichzeitig Niederwerfungen machte und Lobpreisungen sang, die an Chenrezig gerichtet waren, den tausendarmigen Buddha und Bodhisattva der Liebe und des Mitgefühls. An sich schon eine körperlich und geistig überaus anstrengende Übung, war dies angesichts ihrer extremen Lebensumstände noch schwieriger.

«Es war Winter, und ich hatte nicht die richtige Nahrung. Mein Essen war zu schwer. Wenn du fastest, ist es sehr viel besser, wenn du leicht verdauliche und nahrhafte Dinge zu dir nimmst. Deshalb war es körperlich außerordentlich anstrengend. Ich bekam Verdauungsprobleme und wurde sehr schwach», erzählte sie, weigerte sich aber, mehr darüber zu sagen.

Mental funktionierte es jedoch. «Der Geist wird gereinigt und geläutert. Die Gebete sind sehr schön, und der Geist wird außerordentlich klar und licht, sehr hingegeben und offen.» Nach sechs Monaten Reinigungspraxis hatte Tenzin Palmo einen Traum. Er sagt zweifellos mehr über die Ebene spiritueller Entwicklung aus, die sie erreicht hatte, als alles, was sie selbst darüber berichtete.

«Ich war in einem riesigen Gefängnis, das aus vielen verschiedenen Ebenen bestand», begann sie zu erzählen. «Im obersten Geschoss lebten die Menschen im Luxus, wie in einem Penthouse, während andere im Keller schreckliche Qualen litten. Der Rest der Leute ging in den Zwischengeschossen unter unterschiedlichen Bedingungen den verschiedensten Aktivitäten nach. Plötzlich wurde mir klar, dass, ganz egal, auf welcher Ebene sich die Menschen befanden, sie doch alle in einem Gefängnis eingeschlossen waren. Ich entdeckte ein Boot und beschloss, zu flüchten und so viele Menschen wie möglich mitzunehmen. Ich ging durch das ganze Gefängnis, erläuterte den Leuten ihre Lage und drängte sie, sich zu befreien. Aber wie sehr ich mich auch bemühte, sie schienen alle von einer schrecklichen Trägheit befallen zu sein, und am Schluss hatten nur zwei den Willen und den Mut, mit mir zu kommen.

Wir setzten uns in das Boot, und obwohl überall Wachen standen, hielt uns niemand auf, und wir segelten nach draußen. Als ich zu dem Gefängnis hinüberblickte, sah ich, wie immer noch all die Leute hinter den Fenstern geschäftig ihren Aktivitäten nachgingen und sich nicht im Geringsten um ihre wahre Situation bekümmerten. Wir liefen auf einem parallel zum Gefängnis verlaufenden Weg Kilometer um Kilometer, er schien kein Ende zu nehmen. Ich wurde zunehmend erschöpft und verlor den Mut. Ich hatte das Gefühl, dass wir dieses Gefängnis nie hinter uns lassen würden und ebenso gut umkehren und uns wieder hineinbegeben konnten. Ich wollte schon aufgeben, als ich merkte, dass die beiden, die mir folgten, ihre Hoffnung auf mich gesetzt hatten und dass auch sie verloren sein würden, wenn ich aufgab. Ich konnte sie nicht im Stich lassen, also rannte ich weiter.

Wir kamen dann gleich an eine Abzweigung, hinter der sich eine völlig andere Szenerie auftat. Sie hatte den Charakter einer Vorstadt. Da waren diese hübschen Häuser mit Blumenbeeten und Bäumen. Wir kamen zum ersten Haus und klopften an die Tür. Eine nette Frau mittleren Alters öffnete, sah uns an und sagte: ‹Oh, ihr kommt von diesem Ort. Das schaffen nicht viele. Für euch wird jetzt alles o. k. sein, aber ihr müsst eure Kleidung wechseln. Zurückzugehen wird gefährlich sein, doch ihr müsst versuchen, anderen zu helfen, da herauszukommen.› Da stieg in mir eine große Sehnsucht, ein tiefer Wunsch auf, das zu tun. ‹Ich habe es versucht, aber niemand will mitkommen›, sagte ich zu der Frau. ‹Die, die Macht haben, werden dir helfen›, erwiderte sie. Daraufhin erklärte ich: ‹Ich widme mich der Zusammenarbeit mit ihnen, so dass ich bei der Befreiung aller Wesen helfen kann.›

An diesem Punkt wachte ich auf und kicherte bei dem Gedanken an die Dame mittleren Alters, die in einer Vorstadt lebt.»

Der Traum war eindeutig. Tenzin Palmo hatte in ihrem Unterbewusstsein gelobt, die große Flucht aus dem Samsara-Gefängnis anzuführen, aus den Bereichen der leidvollen Existenz, zu der wir verdammt sind, bis wir die ewige Freiheit der Erleuchtung erlangen. Und wie es schien, hatte sie auch das Bodhisattva-Ideal der bedingungslosen altruistischen Liebe verinnerlicht.

Wenn sie sich nicht ihren vorbereitenden Übungen widmete, arbeitete sie an der einsgerichteten oder einspitzigen Konzentration – der meditativen Disziplin, die den Geist darin schult, ununterbrochen auf einen einzigen Gegenstand fokussiert zu bleiben. Yogis, so sagt man, sind in der Lage, Tage, Wochen, ja sogar Monate regungslos in diesem Zustand zu verweilen, während ihr Geist vollkommen auf die Wunder der inneren Realität gerichtet ist. Die einspitzige Konzentration (Samadhi) ist wesentlich für das Durchdringen der Natur der Realität und die Entdeckung der absoluten Wahrheit. Sie ist außerordentlich schwer zu erreichen, da der Geist gewohnheitsmäßig herumtanzen, von einem Gedanken zum anderen, von einer Fantasie zur nächsten flitzen möchte, ständig vor sich hin schnattert und ungeheure Mengen von Energie an einen endlosen Strom von Belanglosigkeiten vergeudet. Der Geist ist einem Wildpferd vergleichbar, so sagte man, das gezähmt und trainiert werden muss. Es heißt, dass die Energie des Geistes, wenn sie gezügelt, kanalisiert und wie ein Laserstrahl auf einen Gegenstand gerichtet wird, ungeheure Kraft besitzt. Letztlich ist dieses für Hochspannungen ausgelegte Instrument das Werkzeug, das man braucht, um sich bis in die tiefsten Bereiche des Geistes vorgraben und die dort verborgenen Schätze freilegen zu können.

«Wenn eine Praxis funktionieren soll», sagte Tenzin Palmo, «müssen der meditierende Geist und der Gegenstand der Meditation miteinander verschmelzen. Oft stehen sie einander gegenüber. Man muss sich in vollkommener Versenkung befinden, dann ereignet sich die Transformation. Das Gewahrsein senkt sich ganz natürlich vom Kopf ins Herz – und wenn das geschieht, öffnet sich das Herz und da ist kein ‹Ich› mehr. Und das erleichtert. Wenn man lernen kann, aus dieser Mitte heraus zu leben statt oben im Kopf, ist alles, was man tut, spontan und angemessen. Das setzt auch sofort einen gewaltigen Energiestrom frei, weil er nun nicht wie sonst durch unser Eingreifen behindert wird. Man wird freudiger, leichter und lichter, da sich dieser Energiestrom aus seiner Quelle, dem Herzen, speist, statt sich im Kopf im Exil zu befinden. Unsere moderne Wissenschaft legt solches Gewicht auf das Gehirn, wir sind alle derart abgeschnitten. Deshalb haben so viele Menschen das Gefühl, dass ihr Leben sinnlos und leer ist.»

Als sie mit all ihren Vorbereitungen fertig war, wandte sie sich dem Kernstück ihrer Praxis zu, dem Tantra – dem alchimistischen Prozess, der die Transformation zum vollen Erwachen versprach. Das Endergebnis mochte etwas Magisches an sich haben, aber der Weg dorthin war unendlich prosaisch und, wie manche sagen würden, schrecklich langweilig. All die Monate und Jahre, die sie sich in ihrer Höhle im offiziellen Retreat befand, setzte sie sich in ihre Meditationskiste und folgte tagaus, tagein einer aufreibenden und sich ewig gleich bleibenden Routine: Drei Uhr morgens Beginn der ersten dreistündigen Meditationssitzung; sechs Uhr morgens Frühstück (Tee und Tsampa);

acht Uhr morgens zurück in die Meditationskiste zur zweiten dreistündigen Meditationssitzung; elf Uhr morgens Lunch und eine
Pause; drei Uhr nachmittags zurück in die Meditationskiste zur dritten dreistündigen Meditationssitzung; sechs Uhr nachmittags Tee;
sieben Uhr abends die vierte dreistündige Meditationssitzung; zehn
Uhr abends «Bettzeit» – in der Meditationskiste! Alles in allem waren
das zwölf Stunden Meditation am Tag, tagaus, tagein, Wochen, Monate und Jahre am Stück. Ironischerweise hatte sie, die sich aus der
Welt zurückgezogen hatte, eine Uhr, um ihre Sitzungen zu timen,
und führte ein so diszipliniertes und durchstrukturiertes Leben wie
ein Arbeiter in der Fabrik.

Trotz all dieser stumpfsinnigen Monotonie war sie nie gelangweilt.
«Manchmal dachte ich, dass ich, wenn ich mir viermal am Tag dasselbe Fernsehprogramm ansehen müsste, die Wände hochgehen
würde», berichtete sie ganz offen. «Aber im Retreat bildet sich ein
Muster heraus. Am Anfang ist es sehr interessant. Dann folgt eine
Phase, in der es unerträglich zu werden scheint. Und dann kommt ein
neuer Energieschub, und danach wird es immer faszinierender, bis es
am Ende weitaus interessanter ist, als es zu Anfang war. So verläuft
das, selbst wenn du drei Jahre lang viermal am Tag dasselbe machst.
Das kommt daher, dass das Material nach und nach seine wahre Bedeutung enthüllt und du Schicht um Schicht an innerem Sinngehalt
aufdeckst. So bist du am Ende weitaus tiefer darin involviert und
identifizierst dich sehr viel stärker damit als zu Beginn», erklärte sie.

Sie blieb bewusst vage, was den präzisen Inhalt des Materials anging, mit dem sie arbeitete. «Ich führte sehr alte traditionelle Praktiken durch, die dem Buddha selbst zugeschrieben werden. Er enthüllte
sie verschiedenen großen Meistern, die sie niederschrieben, nachdem
sie sie selbst verwirklicht hatten. Sie beinhalten eine Menge an Visualisierungen und inneren yogischen Praktiken. Im Grunde bedienst du
dich der schöpferischen Vorstellungskraft des Geistes, um alles, sowohl innerlich als auch äußerlich, zu transformieren. Das schöpferi-
sche Vorstellungsvermögen besitzt für sich genommen eine unglaublich starke Kraft. Wenn man es richtig kanalisiert, kann man zu sehr
tiefen Geistesebenen vordringen, die mit verbalen Mitteln oder durch
die bloße Analyse nicht zugänglich sind. Das kommt daher, dass wir

sehr tief innen in Bildern denken. Wenn wir uns Bilder zunutze machen, die in einem Erleuchteten Geist aufgestiegen sind, erschließt uns das sehr tiefe Ebenen in unserem eigenen Geist.

Man hat es hier mit Bildern zu tun, die eine Widerspiegelung der höchsten Qualitäten in einem selbst darstellen. Sie sind Widerspiegelungen des Buddha-Geistes in dir und deshalb ein Mittel, um dich auf das zurückzuführen, was du wirklich bist. Aus diesem Grund ereignen sich beim Praktizieren Dinge und Erfahrungen finden statt.»

Vielleicht hatte sie das Aufwachsen unter den Cockneys gelehrt, angesichts von Widrigkeiten fröhlich zu bleiben, und ihr die Spannkraft verliehen, vielleicht lag es an ihrer ungewöhnlich ausgeglichenen und unneurotischen psychischen Struktur oder auch daran, dass sie aus irgendeinem Grund eine Neigung zum einsamen Meditieren hoch oben in den Bergen ins Leben mitgebracht hatte, jedenfalls sagt Tenzin Palmo, dass sie dort keine dunkle Nacht der Seele durchlebte. In keinem Moment erhoben die legendären Dämonen, mit denen sich andere Eremiten herumzuschlagen hatten, ihr Haupt, um sie zu quälen und zu verspotten. Sie durchlitt keine Augenblicke der Verrücktheit, der Paranoia und keine qualvollen Phasen des Zweifels oder der Depression. Und nicht für eine Sekunde peinigte sie der Stachel sexueller Begierde, von dem die meisten Einsiedler männlichen Geschlechts gefoltert zu werden scheinen. «Tanzende Mädchen umringten mich. Mein Gesicht war bleich vom Fasten und meine Glieder eisig kalt, doch in mir brannte das Verlangen, und die Kräfte der Wollust wallten immer wieder auf, wo doch mein Fleisch schon so gut wie tot war», klagte der heilige Hieronymus, bevor er daranging, sich zu geißeln.

Nichts von alledem ereignete sich bei Tenzin Palmo. «Ich war mit nicht besonders Schrecklichem konfrontiert – vielleicht, weil ich keine traumatische Kindheit hatte. In dieser Hinsicht hatte ich sehr viel Glück», meinte sie dazu.

Mochte ihr auch ein dramatischer Zusammenprall mit der spirituellen Wand erspart geblieben sein, so ganz ungeschoren kam sie nicht davon. Tödliche Fallgruben gab es. Das war unvermeidlich. Kein Gesellschaftsleben, das sie ablenkte, keine Rollen, die sie zu spielen hatte, keine andere Person, auf die sie ihre Gefühle projizieren konnte – da fielen alle Masken ab. Nun wurde ihr der Spiegel vorgehalten. Und das war nicht immer ein angenehmer Anblick. «Im Retreat siehst du deine ungeschminkte Wesensnatur, und damit musst du zurechtkommen», erklärte sie.

«Ich habe vielleicht kein schweres Karma aufzulösen, aber das bedeutet nicht, dass meine Probleme nicht existieren. Sie sind nur nicht so augenfällig und deshalb nicht so leicht zu fassen.» Sie führte das näher aus: «Wenn du dich in deine Praxis hineingefunden hast, erkennst du allmählich, wie es geht, und wenn es nicht klappt, fragst du dich, warum nicht. In meinem Fall ließ sich alles letztlich auf Faulheit zurückführen, auf eine grundlegende Trägheit. Das ist mein Hauptproblem. Und ein kniffliges dazu. Das ist nicht so, wie wenn du dich mit den Tigern und Wölfen des Zorns und des Begehrens herumschlagen musst. Diese Art von Problemen kriegst du in den Griff. Meine Schwächen sind hinterhältiger – sie verbergen sich im Unterholz und lassen sich schwerer ausmachen», gestand sie.

Mit der Faulheit, von der sie sprach, war nicht ein müßiges Herumsitzen und Nichtstun gemeint, und auch nicht Lethargie oder die Beschäftigung mit oberflächlichen Dingen. Das alles konnte man Tenzin Palmo nie vorwerfen. Die Trägheit, die sie meinte, war sehr viel subtiler. «Man weiß, wie man praktizieren muss, und ist auch durchaus fähig dazu. Aber man gibt sich mit dem Zweit- oder Drittbesten zufrieden. Das ist so, wie wenn man den Fortschrittspreis in der Schule erhält – man tut nicht wirklich sein Bestes. Man bewegt sich auf einem sehr niedrigen Niveau des Sichbemühens, und das ist entschieden gravierender als ein Wutanfall. Die Male, die ich wirklich mein ganzes Selbst in etwas hineingesteckt habe, erbrachten Resultate, die selbst mich überraschten.»

Tenzin Palmo saß aber nicht nur in ihrer Meditationskiste, sie tat noch sehr viel mehr. In den Pausen malte sie – wunderschöne Bilder von Buddhas und Bodhisattvas. Sie kopierte Texte für ihr Kloster in der eleganten Kalligraphie, die sie sich selbst beigebracht hatte. Und wie schon zuvor las sie gründlich alle Werke über den Buddha und die buddhistischen Lehren, derer sie habhaft werden konnte, darunter auch Texte aus anderen Traditionen. Das war höchst ungewöhnlich, denn die meisten tibetischen Buddhisten begaben sich nie in Bereiche außerhalb ihrer eigenen Literatur. Die dabei erworbenen Kenntnisse sollten ihr noch sehr zugute kommen.

«Ich halte es für sehr wichtig, dass die Westler, die einen so völlig anderen Hintergrund haben, wirklich die Grundlagen des Buddhismus studieren – das, was der Buddha lehrte. Die frühe Theravada-Tradition, die sehr frühen Sutras, bildet die Grundlage für alles, was danach kam. Wenn du diese Grundlage nicht wirklich verstehst, kannst du das Spätere nicht richtig schätzen. Ich denke, dass wir als westliche Buddhisten eine Verantwortung für den buddhistischen Dharma haben», sagte sie.

Merkwürdigerweise gab es bei dieser Unmenge an buddhistischer Literatur eine dem Christentum zugehörige Ausnahme – die Autobiografie der heiligen Theresia von Lisieux: *Geschichte einer Seele.* Trotz Tenzin Palmos genereller Antipathie gegen die christliche Religion fühlte sie sich von dieser französischen Heiligen angezogen, die, erst fünfzehn Jahre alt, in ein Karmeliterinnenkloster eintrat und mit vierundzwanzig verstarb. Sie las ihre Geschichte mehrere Male und konnte beliebig daraus zitieren.

«Der ‹kleine Weg›, über den sie schrieb, hatte nichts mit dem Weg zu tun, den ich praktizierte. Aber ich mochte ihre Klugheit. Manchmal schlief sie während des Gottesdienstes ein; das störte sie überhaupt nicht. Gott würde sie eben so akzeptieren müssen, wie sie war! Sie machte sich nie Sorgen wegen ihrer Schwächen und Fehler, solange ihre Motivation stimmte. Sie sah sich als kleinen Vogel, der herumscharrte und nach Samenkörnern Ausschau hielt, nach der Sonne schielte, aber nie in ihre Nähe flog. Das, so argumentierte sie, war nicht nötig, da die Sonne auch auf ein so kleines Wesen wie einen Vogel herabschien. Ihre ganze Einstellung faszinierte mich. Sie beschrieb sich als ‹eine kleine Blume› am Wegesrand, die keiner sieht, die aber vollkommen ist, so wie sie ist. Und das ist für mich ihre Grundbotschaft – dass auch das Geringe seinen Sinn und Zweck erfüllt und wir auch in kleinen Dingen sehr viel leisten und erreichen können.

Das Interessante an der heiligen Theresia war, dass sie sich, äußerlich gesehen, überhaupt nicht hervortat. Sie bewirkte keine Wunder, hatte keine Visionen, war jedoch außerordentlich fromm. Aber sie muss etwas Besonderes gewesen sein, da ihre Mutter Oberin sie zum

Aufschreiben ihrer Geschichte veranlasste, was vollkommen ungewöhnlich war. Ein Foto, das bei ihrem Tod gemacht wurde, zeigt sie mit seligem Gesicht. Sie hatte erklärt, sie wolle ihren Aufenthalt im Himmel dazu nutzen, Segensreiches auf Erden zu tun. Das ist das Bestreben eines Bodhisattva – du hängst nicht, Lobeshymnen singend, im Himmel herum, sondern machst dich daran, Gutes zu tun.»

Tenzin Palmo hatte sich von der Welt zurückgezogen, aber das bedeutete nicht, dass sie andere vergaß. Im Lauf der Zeit hatte sie eine ausgedehnte Korrespondenz mit sehr vielen Menschen begonnen, von denen sie einige schon Jahre nicht mehr gesehen hatte. Wenn sie sich nicht im strengen Retreat befand, beantwortete sie getreulich alle Briefe, manchmal 60 an der Zahl, die ihr Tshering Dorje zusammen mit den Nahrungsmitteln heraufbrachte. Sie betrachtete diese Freundschaften als «Schätze» in ihrem Leben. «Ich bin einigen wahrhaft wunderbaren Menschen begegnet – und dafür werde ich immer dankbar sein», sagte sie.

Sie schloss stets ihre Freunde, ihre Familie und die ihr unbekannten fühlenden Wesen in ihre Meditationen und Gebete ein. «Du visualisierst automatisch alle Wesen um dich herum. Auf diese Weise haben sie an allen Verdiensten, die erworben werden mögen, an allem Förderlichen und Heilsamen, das sich ereignen mag, teil», erklärte sie. Das war Bestandteil des Bodhisattva-Gelübdes, denn die wahre, vollständige Erleuchtung kann nicht erlangt werden, ohne dass alle Lebewesen diesen Zustand erreichen. Wie kann man wirklich glücklich sein, wenn man weiß, dass zahllose andere in jedem Existenzbereich unsägliches Elend ertragen müssen?

Das wusste auch Albert Einstein, unbestreitbar der größte Guru des Westens. Ein Mensch ist Teil des Ganzen, das wir Universum nennen, ein durch Zeit und Raum begrenzter Teil. Er erfährt sich selbst, seine Gedanken und Gefühle als etwas vom Rest Getrenntes, eine Art optische Täuschung seines Bewusstseins. Diese Täuschung ist ein Gefängnis, das uns auf unsere persönlichen Wünsche und die Zuneigung zu ein paar uns nahe stehenden Personen beschränkt. Es ist unsere Aufgabe, uns aus diesem Gefängnis zu befreien und unseren Kreis des Mitgefühls immer weiter auszudehnen, um schließlich alle lebendigen Geschöpfe und die ganze Natur in ihrer Schönheit in unsere Arme zu schließen. So sagte er und bediente sich dabei eben jener Metapher – der des Gefängnisses –, die in Tenzin Palmos Traum aufgetaucht war.

Tenzin Palmo war von der Wirksamkeit des Gebets fest überzeugt. «Man muss nicht unbedingt ein großer Yogi sein, um anderen zu helfen – die Praxis hat für sich genommen viel Kraft und bringt Segen mit sich. Ich glaube, es gibt eine unendliche Anzahl von Intelligenz und Liebe verkörpernden Wesen, die immer versuchen zu helfen. Wir müssen uns nur öffnen. Du kannst also zu den Buddhas und Bodhisattvas beten, aber bitte besser nicht um ein Fahrrad zu Weihnachten. Bitte vielmehr um spirituelles Wachstum, das sich im Geist entfalten kann. Bete zu untergeordneteren Wesen, wenn du dir ein Fahrrad wünschst. Wenn du eine Steuerrückerstattung haben möchtest, schreibst du ja auch nicht an den Premierminister, sondern an eine etwas niedrigere Instanz. Willst du aber, dass dem Krieg ein Ende gemacht wird, dann wendest du dich an den Premierminister», sagte sie.

Hatte sie nach all den Stunden des Meditierens in ihrer Höhle, nach diesen zwölf Jahren, die sie in ihrer Meditationskiste gesessen und Innenschau gehalten hatte, Fortschritte erzielt?

«Wie bei allem anderen auch wird es leichter, wenn du lange genug praktizierst. Wenn du zum Beispiel Klavier spielen lernst, sind deine Finger am Anfang sehr steif und du schlägst viele Noten falsch an, alles ist sehr unbeholfen. Aber wenn du kontinuierlich übst, wird es immer leichter. Doch selbst ein sehr befähigter und geübter Konzertpianist hat noch seine Schwierigkeiten. Sie mögen auf einer sehr hohen Ebene angesiedelt und für andere Menschen gar nicht wahrnehmbar sein, aber er selbst weiß um seine Probleme», sagte sie bescheiden wie immer.

Und war es das alles wert gewesen? Was hatte sie nach all diesen Mühen und Anstrengungen, den Härten, dem Aufwand an Selbstdisziplin, den Entsagungen gewonnen? Die Antwort erfolgte blitzartig.

«Es geht nicht um das, was du gewinnst, sondern um das, was du verlierst. Das lässt sich mit dem Abschälen der Schichten einer Zwiebel vergleichen – genau das ist es, was du machst. Mir ging es darum zu verstehen, was Vollkommenheit bedeutet. Jetzt ist mir klar, dass wir uns auf einer bestimmten Ebene nie von ihr entfernt haben. Nur unsere irreführende Wahrnehmung hindert uns daran zu sehen, was wir schon haben. Je mehr du erkennst, desto mehr erkennst du, dass es nichts zu erkennen gibt. Unsere grundlegende Täuschung ist die Vorstellung, dass es ein Irgendwo, zu dem wir gelangen, und ein Irgendetwas gibt, das wir erreichen müssen. Und um wen sollte es sich dabei überhaupt handeln?»

II

Die Art der Frauen

Tenzin Palmo bewies, dass sie sich alle irrten. Entgegen jeder Wahrscheinlichkeit hatte diese in Bethnal Green aufgewachsene, zarte Frau mit den blauen Augen unter extremsten Bedingungen in einer Höhle überlebt und war, meditierend, auf ihrem Weg zur Erleuchtung vorangeschritten. Mochte ihr Herz auch stark und ihr Wille eisern sein, so gab es doch im Grunde erbärmlich wenig, das sie hätte ermuntern können. Das Problem war, dass sie auf sich allein gestellt unerforschtes Territorium betreten musste. Es gab keine lebenden Vorbilder weiblicher spiritueller Exzellenz, an denen sie sich hätte orientieren können, keinen weiblichen Guru, der vor ihr den Weg gegangen war und sie hätte beraten und unterstützen können. Es existierte keine Landkarte, auf der die spezifisch weiblichen Pfade zur Erleuchtung mit all den Fallgruben und Freuden, die sie bereithalten mochten, verzeichnet waren. Es gab keinen strahlenden weiblichen Dalai Lama, der ihr ein anschauliches Bild von höchster weiblicher Spiritualität hätte vermitteln können.

Worauf konnte sie sich stützen? Gewiss, da waren eine Menge weiblicher Buddha-Gestalten, die alle der Vorstellung von Erleuchtung in weiblicher Form huldigten. Die geliebte Tara etwa, heiter und gelassen lächelnd, deren ausgestrecktes Bein ihre stete Bereitschaft symbolisierte, allen zu Hilfe zu eilen, die in Not und Bedrängnis geraten waren und sie anriefen. Tenzin Palmo hatte auf ihren Almosenrunden den Dörflern die an sie gerichteten Loblieder viele Male vorgesungen. An Tara wandten die Menschen sich in den Augenblicken größten Kummers, weil sie, als Frau, ihr Flehen vernahm und rasch handelte. Sie war Mitgefühl in Aktion und soll aus den Tränen des männlichen Buddha Chenrezig geboren worden sein, die er weinte, als er das Leiden aller fühlenden Wesen sah, aber nichts dagegen unternehmen konnte. Tara, so hieß es, war die erste Frau, die Erleuchtung erlangte. Wie Tenzin Palmo war auch sie von dem totalen Frauenmangel im riesigen Pantheon männlicher Buddhas angespornt worden. «Möge ich, da viele die Buddhaschaft in männlicher Gestalt, aber nur sehr wenige diese im Körper einer Frau erlangt haben und da ich Bodhicitta verkörpere, meinen Weg zur Erleuchtung im Körper einer Frau fortsetzen und ein Buddha in weiblicher Gestalt werden!», rief sie – etwas trotzig – aus.

Dann war da die machtvolle Vajrayogini, leuchtend rot und in stolzer Nacktheit in einem Feuerkreis stehend, die prallen Brüste vorgereckt, in der Haltung des tantrischen Tanzschritts verharrend: eine dynamische Frau, mit der all ihre modernen Geschlechtsgenossinnen etwas anfangen konnten. Die Vajrayogini war Königin in ihrem eigenen Reich und – ungewöhnlich für eine Frau in dieser Position – Fürsprecherin für niemanden. (Der christlichen Himmelskönigin, der Jungfrau Maria, wird als Erzfürsprecherin gehuldigt.) Einzig unter allen tantrischen Gottheiten ist die Vajrayogini so unabhängig, dass sie ohne einen Gefährten dargestellt wird. Stattdessen trägt sie ihren mystischen Liebhaber als Ritualgegenstand über die Schulter geschlungen wie eine Handtasche, um ihn je nach Bedarf in einen lebendigen Mann zu verwandeln.

Weiterhin gab es die wunderbare Guanyin mit ihrem allumfassend mitfühlenden Herzen, «dem flehenden Ton der Welt lauschend». Ebenso die machtvolle Prajnaparamita, die Mutter aller Buddhas, die stark und gefestigt auf ihrem Lotosthron sitzend die Vollendung Höchster Weisheit verkörpert, aus der alle Dinge hervorgehen. Und da waren noch viele mehr.

Zwar wurden diese weiblichen Buddhas geliebt und verehrt, aber es gab keinen Beweis dafür, dass sie je in menschlicher Form existiert hatten. Folglich verblieben sie auf der Ebene der Archetypen. Idealisierte Gestalten, weibliche Ikonen, ewig vollkommen und immer außer Reichweite.

Dann gab es Geschichten – sagenhafte Erzählungen von verwegenen Taten und bemerkenswerten spirituellen Errungenschaften von ein paar wenigen Frauen, die im Land des Schnees gelebt und es in einer krass patriarchalen Gesellschaft zu hohem Ruhm und Ansehen gebracht hatten. Das waren die Heldinnen, die alle nötigen Grundvoraussetzungen für ihre Rolle mitbrachten. Sie waren temperamentvoll, geistsprühend, resolut, unabhängig und tapfer in ihrem Kampf gegen die Regeln ihrer Kultur. Und vor allem waren sie, was ihren Entschluss, die Erleuchtung zu erlangen, anging, unnachgiebig zielbewusst. Die Schilderungen ihrer Taten woben sich dem kulturellen Erbe ihres Volkes ein und wurden zu Leitsternen der Inspiration, die aufzeigten, was möglich war.

Die bei weitem berühmteste von ihnen war Yeshe Tsogyel, auch als die Himmelstänzerin bekannt. 757 n. u. Z. in eine Adelsfamilie hineingeboren, zeigte sie schon in jungen Jahren alle Anzeichen spiritueller Frühreife. Sie beabsichtige nichts anderes, als binnen eines Lebens ein Buddha zu werden, erklärte sie. Und von diesem Vorsatz beseelt, verweigerte sie sich der für sie arrangierten Eheschließung mit der Begründung, ihr «kostbarer menschlicher Körper» habe Besseres zu tun, als im Ehebett herumzutollen, womit sie den Zorn des erbosten Freiers und ihrer blamierten Eltern auf ihr Haupt lud. Nach vielen Schicksalsschlägen begegnete sie schließlich Padmasambhava, dem Mann, der, wie schon erwähnt, den Buddhismus aus Indien nach Tibet brachte und der von seinen vielen Anhängern selbst als ein Buddha betrachtet wird. Er wurde nicht nur Yeshe Tsogyels Mentor und Guru, sondern auch ihr mystischer Geliebter. Sie liebte Padmasambhava leidenschaftlich, ehrfurchtsvoll und wunderbar hemmungslos. Die Einzelheiten ihrer heiligen Vereinigung finden wir, in tantrische Metaphorik gehüllt, poetisch beschrieben:

Ohne Scham, nicht in der Art der Weltlichen, bereitete ich, Tsogyel, voller Freude und Hingabe das mystische Mandala und brachte es meinem Guru dar. Sein Lächeln des Mitgefühls erstrahlte in fünffarbigem Licht, so dass der Mikrokosmos im Klaren Licht durchdrungen wurde, bevor die Strahlen sich wieder in seinem Antlitz sammelten. Mit den Rufen DZA! und HUNG! lud er die

Gottheit ein, das Licht sank in seinem Körper herab, sein mystischer Vajra erhob sich in grimmiger Wildheit, und als Vajra Krodha vereinigte er sich mit dem heiteren Lotos in absoluter Harmonie.

Doch selbst inmitten der Ekstase verlor Yeshe Tsogyel nie ihr Ziel aus den Augen und beschwor ihren Geliebten, sie «die Ursache und Wirkung transzendierenden heiligen Worte» zu lehren. Padmasambhava entsprach ihrer Bitte, aber wie die Himmelstänzerin feststellen sollte, wurde eine Frau, die das höchste Ziel anstrebte, ebenso streng geprüft wie ein Mann. Für ihr Training begab sie sich in eine Reihe von Höhlen, wo sie extreme asketische Praktiken ausübte: Um die Innere Hitze aufsteigen zu lassen, saß sie nackt in Schneestürmen, bis ihre Haut vor Kälte brannte und Blasen bekam. Sie nahm keine grobe Nahrung zu sich, bis sie «Luft zu essen» lernte. Sie machte Niederwerfungen, bis ihr der Stirnknochen durch die Haut trat. Oft war sie dem Tode nahe, aber sie hielt durch. Am Ende wurde ihre Zähigkeit belohnt.

Ihre eigenen Worte offenbaren den sublimen Zustand, in den sie die Askese gebracht hatte: «Ich wurde in das Reine Sein hineinverwandelt, das alle Geschöpfe des grenzenlosen Universums vom Wert und Sinn der Existenz durchdrungen sein lässt, und ich verwirklichte die unserer Natur innewohnende Fähigkeit, jede Eigenschaft des Buddha nach Wunsch zu verstehen und einzusetzen.»

Wo immer Yeshe Tsogyel hinkam (und die Berichte zeigen, dass sie in Tibet und Nepal ausgiebig herumreiste), versetzten ihre Weisheit, ihr Mitgefühl und ihre übernatürlichen Kräfte die Menschen in Erstaunen und Bewunderung. Sie konnte durch feste Materie hindurchgehen, auf Sonnenstrahlen dahingleiten und sich in die Luft erheben. Und einmal erweckte sie einen nepalesischen Händlerssohn von den Toten, indem sie mit dem Zeigefinger auf sein Herz deutete, bis es zu leuchten und das Blut wieder in seinen Adern zu fließen begann. Doch was wirklich alles in ihr steckte, zeigte sich bei einem spirituellen Showdown mit den Anhängern der alten Bön-Religion Tibets. Im vollen Lotossitz erhob sie sich vor der Menge in die Luft, spann aus ihren Fingerspitzen Feuerräder, zerschmetterte einen massiven Felsen und gab ihm, ihn «wie Butter» modellierend, verschiedene Gestalten. Zum krönenden Abschluss schleuderte sie Blitze gegen die Schwarzmagier und machte ihre Siedlung ein für alle Mal dem Erdboden gleich. Die Ungläubigen wurden bekehrt: Wenn eine Frau solch gewaltige Taten vollbringen konnte, wie groß musste dann erst die Macht des Buddha sein?

Doch mehr noch denn als Meisterin spiritueller Pyrotechnik bestach Yeshe Tsogyel durch ihre Weisheit. Sie soll die Niederschrift der Lehren Padmasambhavas veranlasst und organisiert haben. Viele von ihnen wurden zum Wohle künftiger Generationen versteckt, um dann zur rechten Zeit wieder hervorgeholt zu werden. Es war ein riesiges Unternehmen, das tausende von Textbänden umfasste, und eine außerordentliche Leistung für eine Frau ihrer Zeit, in der ihre Geschlechtsgenossinnen im Allgemeinen des Lesens und Schreibens unkundig waren.

Auf persönlicher Ebene übte sie einen ebenso gewaltigen Einfluss aus. Die Schönheit und Kraft ihrer Worte erreichten nicht nur Könige, Königinnen und Minister, sondern es strömten auch die Massen zusammen, um sie zu hören. Doch darunter gab es auch solche, die ihr Schaden zufügen wollten. Sieben Männern, die sie vergewaltigt hatten, sang sie folgendes Lied vor:

Meine Söhne, ihr seid einer erhabenen Gefährtin begegnet,
   der Großen Mutter,
Und dank eurer früher angehäuften Verdienste
Habt ihr durch Zufall die vier Einweihungen erhalten.
Konzentriert euch auf die Entwicklung der vier Ebenen
   der Freude.

Selbstverständlich wurden die Angreifer von dieser Reaktion auf ihre Gewalttätigkeit vollständig entwaffnet und sogleich ihre Schüler.

Yeshe Tsogyel gab den Hungrigen zu essen, den Armen Kleidung, den Kranken Medizin und ihren Körper jedem, der ihn brauchte. Einmal heiratete sie einen Leprakranken aus Mitgefühl für seine Einsamkeit und seinen hoffnungslosen Zustand. Doch die wahre Macht und Überzeugungskraft von Yeshe Tsogyels Geschichte tritt in der

Schilderung ihres Erlangens der Buddhaschaft zutage. Denn durch diesen einen Moment werden alle Vorurteile gegebenüber dem weiblichen Geschlecht hinfällig, und es wird der Frau der gleiche hohe spirituelle Status zuerkannt wie dem Mann. Der Bericht weist bemerkenswerte Parallelen zu den Ereignissen auf, die im Zusammenhang mit Buddha Shakyamunis Erleuchtung überliefert sind. Wie der Buddha unter dem Bodhi-Baum in Bodh-Gaya saß, während Mara, der große Zauberkünstler, ihm alle möglichen Hindernisse in den Weg legte, um in einem letzten, verzweifelten Versuch sein Erwachen zu verhindern, saß die Himmelstänzerin in einer Höhle in Tibet, im meditativen Gleichgewicht versunken, während Dämonen sie attackierten. Wurde der Buddha durch sinnbetörende junge Frauen in Versuchung geführt, so waren es bei Yeshe Tsogyel «bezaubernde, gut aussehende, starke junge Männer mit schöner Haut, die eine junge Frau schon in Erregung versetzten, wenn sie nur einen Blick auf sie warf». Selbstverständlich widerstand sie ihnen allen, so wie der Buddha seinen Sirenen, und schließlich erreichte sie ihr Ziel.

In diesem Augenblick überhäufte sie Padmasambhava mit Lobeshymnen. Seine Worte würdigten nicht nur die Leistung Yeshe Tsogyels, sondern sprachen überraschenderweise auch der Frau eine besondere Befähigung zu, einen derart erhabenen Zustand zu erreichen:

Oh, Yogini, die du das Tantra gemeistert hast,
Die groben Körper der Männer und Frauen sind gleichermaßen
    hierfür geeignet,
Doch eine Frau mit großer Sehnsucht und starkem Willen
    hat das höhere Potenzial.
Seit anfangsloser Zeit ist das Maß deiner durch Tugend und
Gewahrsein gewonnenen Verdienste gewachsen,
Und nun bist du, Höchste unter den Frauen,
fehlerlos und mit den Eigenschaften eines Buddha versehen,
    ein menschlicher Bodhisattva.
Du bist es, glückliches Mädchen, von der ich spreche, oder nicht?
Da du nun deine eigene Erleuchtung erlangt hast,
Sollst du dich für andere einsetzen, für das Wohlergehen
    anderer Wesen.

Eine so wunderbare Frau wie dich
Gab es nie zuvor in der Welt.
Nicht in der Vergangenheit, nicht in der Gegenwart,
Und auch in Zukunft wird es sie nicht geben –
    dessen bin ich gewiss.

Yeshe Tsogyel verließ diese Erde auf dem Gipfel des Zapu in Zentral-
tibet, von einer Lichtsänfte in Form einer achtblättrigen Lotosblüte
getragen. Und während sie sich in strahlendes Licht auflöste, konnte
man ihre körperlose Stimme noch einmal letzte Worte der Weisheit
und ekstatischen Freude verströmen hören.

Yeshe Tsogyels Geschichte ist gewiss inspirierend und höchst poetisch, aber sie ereignete sich vor beinahe 1300 Jahren. Wie viel davon
ist glaubwürdig? Im Lauf der Jahrhunderte wurde sie sicherlich aus-
geschmückt, so dass sich die Himmelstänzerin für die meisten Westler mehr wie eine Metapher denn wie eine reale Frau ausnimmt. Für
Tenzin Palmo jedenfalls war sie keine Hilfe. «Sie hat mir nie etwas
bedeutet», erklärte sie.

Da war die Geschichte der anderen großen Frau des tibetischen
Buddhismus, Machig Lapdrön, plausibler. Sie lebte von 1055 bis 1145
n. u. Z. und war die Begründerin eines Rituals, das bis auf den heutigen Tag ausgeübt wird. Auf den ersten Blick mag einem die Chöd-
Praxis das Blut in den Adern gefrieren lassen. Die praktizierende Person begibt sich hier mitten in der Nacht an eine Leichenverbren-
nungsstätte oder auf einen Friedhof und visualisiert dort inmitten
verwesender Leichen die systematische Zerstückelung ihres Körpers
bis hin zu den Augen, dem Gehirn und den Innereien. Wenn das
vollbracht ist, stellt sie sich vor, wie alles in einen Kessel geworfen,
dort aufgekocht, in Nektar verwandelt und dann allen Wesen geopfert wird, um deren ständiges Verlangen zu stillen. Die Tibeter mögen zwar ein wildes und ungebärdiges Völkchen mit einer Vorliebe
für haarsträubende Geschichten sein, aber hinter der Chöd-Praxis
verbirgt sich eine tiefe Bedeutung. Mit diesen scheinbar schauerlichen Visualisierungen gibt die oder der Meditierende das Objekt ihrer oder seiner größten Anhaftung auf – den eigenen Körper. So wird
die Zerstückelung des Körpers, seine Umwandlung in Nektar in ei-

nem heiligen Kessel, bevor er dann allen fühlenden Wesen geopfert wird, zur höchsten Übung im Aufgeben des Egos – zum größten Akt der Selbstlosigkeit.

Machig Lapdröns außergewöhnliche Talente zogen unweigerlich die Aufmerksamkeit der Patriarchen auf sich, die, von Eifersucht und Ängsten angestachelt, sie ein für allemal zu diskreditieren suchten. Sie forderten sie auf, sich ihnen in öffentlicher spiritueller Debatte zu stellen. Das war eine Spezialität des tibetischen Buddhismus, ein Forum, auf dem sich alle Gelehrten und Heiligen zu beweisen hatten. Das Vorhaben schlug fehl. Es wird berichtet, dass Machig Lapdrön ihre männlichen Gegner allesamt intellektuell niedermachte und sich damit für immer als eine der wichtigsten spirituellen Persönlichkeiten Tibets etablierte.

Für die moderne Frau ist sie vor allem deshalb interessant, weil sie neben ihrer spirituellen Karriere eine Ehe führte und Kinder hatte. Doch war sie, im Gegensatz zu den meisten Frauen mit Kindern, emotional nicht sonderlich an diese gebunden und legte auch kein großes Verantwortungsgefühl an den Tag. Sie machte sich wohlgemut auf, um in Höhlen zu meditieren, wann immer ihr auf spirituelles Fortkommen gerichteter Wille es für nötig befand, und überließ die Kinder monatelang ihrem Vater. Zu ihren Ruhmestaten gehört die Begründung einer eigenen Traditionslinie, wobei sie ihre Kinder als Linienhalter einsetzte. Sie starb mit neunundneunzig und ging, so die Legende, ins Land der Dakinis ein.

Typischer für das Schicksal von Mystikerinnen war das, was Jomo Momo widerfuhr, einem einfachen jungen Mädchen, das im 13. Jahrhundert lebte. Es wird berichtet, dass sie plötzlich, in einem Traum mit Hilfe von Yeshe Tsogyel, der Himmelstänzerin, zu tiefer Weisheit gelangte, die sie dann allen, die sie darum baten, übermittelte. Wie üblich erregte das den Zorn der Lamas, die sie für verrückt erklärten. Völlig niedergeschlagen zog sie danach durchs Land und weigerte sich zu sprechen, half aber zahllosen Menschen auf «geheime Weise», das heißt, durch die Kraft ihrer bloßen physischen Präsenz, eine Methode, derer sich Frauen in allen Kulturen bedienen.

So beeindruckend solche Persönlichkeiten wie Machig Lapdrön

und Jomo Momo auch sein mochten, sie waren Tenzin Palmo zu fern, als dass sie wirklich Einfluss auf ihr Leben hätten nehmen oder ihr bei ihrer Mission, als Frau Erleuchtung zu erlangen, hätten helfen können. Eine Frau jedoch gab es, die eine gewisse Inspiration für sie war: A-Yu Khadro, die unserer Zeit angehörte. Diese hat die wesentlichen Begebenheiten ihres außergewöhnlichen Lebens Namkhai Norbu, einem nunmehr in Italien lebenden Lama, erzählt, der sie schriftlich festhielt. Er wiederum berichtete Tsültrim Allione davon, die dann A-Yu Khadros Geschichte in ihr bahnbrechendes Buch *Tibets weise Frauen* aufnahm. A-Yu Khadro hatte sich, als Namkhai Norbu ihr begegnete, ein erstaunlich jugendliches Aussehen bewahrt. Ihr bis zu den Knien reichendes Haar war an den Enden noch schwarz. Auch gab sie immer noch Belehrungen und geheime Einweihungen.

Neben ihrer ungewöhnlichen Hingabe an das Leben des Geistes macht ihr «eiförmiger Felsen» ihre Geschichte bemerkenswert. Zum ersten Mal sah sie ihn in einer Vision, und als sie ihn nach monatelanger Suche tatsächlich fand, war ihr der Zugang zu diesem Ort durch einen Hochwasser führenden Fluss verwehrt. Sie beschloss, auf einem nahe gelegenen Hügel zu kampieren und darauf zu warten, dass der Wasserpegel sank. Sie praktizierte Tag und Nacht und hatte in der dritten Nacht einen Traum, in dem sich eine lange weiße Brücke materialisierte, die über den Fluss führte und das andere Ufer nahe dem eiförmigen Felsen berührte. Sie ging hinüber, und als sie aufwachte, befand sie sich tatsächlich auf der anderen Seite des Flusses.

Bald darauf ließ sie sich an eben dieser Stelle ein Retreat-Häuschen bauen und zog sich dorthin zu einem Sieben-Jahres-Retreat zurück, das sie zum großen Teil in absoluter Dunkelheit verbrachte.

Sie starb 1953 im Alter von 115 Jahren (ohne irgendein Anzeichen von Krankheit) und verweilte, nachdem ihr äußerer Atem ausgesetzt hatte, zwei Wochen in Meditationshaltung, in *tugdam*. Ihr Körper verweste nicht, sondern wurde nur sehr klein. Wie Tenzin Palmos Guru Khamtrul Rinpoche bewies sie in ihrem Hinscheiden, dass sie eine außergewöhnlich hohe Ebene der spirituellen Entwicklung erlangt hatte.

Doch waren diese Frauen, wie gesagt, für Tenzin Palmo nur eine geringe Hilfe. Sie lebten weit weg und – zumeist – vor langer Zeit. Wenn sie etwas über weibliche spirituelle Qualitäten herausfinden wollte, musste sie ihre eigene Entdeckungsreise antreten. Während der Jahre in ihrer Höhle gelangte sie zu eigenen Schlüssen hinsichtlich der Stärken und Schwächen der Frauen:

«Die besondere weibliche Qualität (über die natürlich auch viele Männer verfügen) ist für mich Klarheit. Sie durchdringt, sie durchschneidet – vor allem in Fällen intellektueller Verknöcherung. Sie ist messerscharf und kommt auf den Punkt. Das Dakini-Prinzip steht für mich für die intuitive Kraft. Frauen begreifen blitzartig – sie sind nicht an der intellektuellen Diskussion interessiert, die sie normalerweise dröge, kalt und wenig anziehend finden. Ihnen dauert das zu lange. Frauen nehmen die Hintertür! Sie gehen im Allgemeinen praktischer, weniger abstrakt und idealistisch als die Männer an die Dinge heran. Sie wollen wissen: ‹Was kann ich tun?› Theorien und abstrakte Ideen lassen sie nicht in Verzückung geraten – sie wollen etwas zwischen den Zähnen haben», sagte sie. «Natürlich ist die Prajnaparamita weiblich», fügte sie hinzu. «Sie ist transzendente Erkenntnis, die Weisheit in Vollkommenheit, die all unsere Konzeptionen und den Wunsch, die Dinge stabil und haltbar zu machen, abschneidet. Wir entwickeln Vorstellungen und Ideen. Wir versuchen, sie konkret werden zu lassen. Sie schneidet weg, schneidet, schneidet, schneidet. Sie schneidet die Dinge auf das nackte Essentielle zurück.

Gleichzeitig haben Frauen etwas Nährendes, Fürsorgliches, verfügen über Weichheit, Sanftheit. Sie haben die Tendenz, sich mehr auf Gefühle einzulassen und mehr von Gefühlen auszugehen als Männer, und das macht die Entwicklung von Bodhicitta für sie leichter. Liebe, Güte, mitfühlende Zuwendung sind Frauen wegen des mütterlichen Faktors angeboren. Eine Mutter ist bereit, für ihr Kind zu sterben. Und dieser Impuls kann dahin gehend entwickelt werden, dass er sich auf alle Wesen erstreckt. Auch das ist eine Sache des Gefühls, nicht des Intellekts. Und das sind nicht nur nützliche, sondern geradezu unentbehrliche Qualitäten!

Die weibliche spirituelle Energie agiert auch sehr rasch. Wie Tara. Du brauchst kein großer Yogi zu sein, um mit Tara kommunizieren zu können. Sie ist da! Wie eine Mutter muss sie sehr schnell sein. Diese kann nicht darauf warten, dass ihr Kind eine bestimmte Ebene erreicht hat, bevor sie ihm Aufmerksamkeit und Mitgefühl zukommen lässt. Sie muss vom Augenblick seiner Geburt an für das kleine Würmchen da sein. Egal, ob es ein gutes oder schlechtes Kind ist, sie ist da, um zu helfen.

Und Frauen können oft auch schneller zur Erfahrung von Tumo gelangen als die Männer. Das hat etwas mit unserer Physiologie zu tun. Milarepa hatte eine Menge Schwierigkeiten, um zur Inneren Hitze und Seligkeit zu gelangen, wohingegen seine Schülerin Rechungma all diese Erfahrungen innerhalb von drei Tagen machte. Viele Lamas haben den Frauen eine besondere Eignung für die Tumo-Praxis attestiert. Sie können nicht nur die Glückseligkeit erzeugen, sondern sie auch besser handhaben. Was allerdings mich angeht, so darf ich nicht behaupten, eine Tumo-Yogini zu sein. Das war nicht meine Hauptpraxis.»

Neben ihren Stärken haben Frauen natürlich auch Schwachpunkte. Das größte Stigma der Frauen, die den spirituellen Weg gehen, ist das Faktum der Menstruation, «der Fluch», wie man im angelsächsischen Sprachraum auch sagt. Dies war es, was die Frauen in den Augen der männlichen Priester der meisten Religionen auf dieser Welt unrein und deshalb ungeeignet für ein höheres geistliches Amt machte. Und so wurde in vielen Teilen der Welt konsequenterweise verfügt, dass eine Frau, die ihre Periode hatte, den heiligen Boden eines sakralen Baus nicht betreten und auch von keinem Priester berührt werden durfte. Und daraus wuchs ein Hindernis, das erst überwunden werden musste, wenn sich das Göttliche in ihrem Körper inkarnieren sollte. Auch wurde behauptet, dass die Periode für eine ernsthaft Praktizierende insofern verheerend sei, als sie sich äußerst negativ auf die Meditation auswirke. Die «Reizbarkeit», die «Irrationalität», die «Schmerzen» und prämenstruellen Spannungen würden die Konzentration stören, die geistige Ruhe und den inneren Frieden.

Tenzin Palmo, die den Weg beschritten hatte, ließ das alles nicht gelten. «Die Hormone bildeten für mich kein Hindernis! Ich persönlich wurde nie durch meine Periode beeinträchtigt und halte nichts von diesem ganzen Gerede über Wechseljahre, Menstruation und

PMS (prämenstruelles Syndrom). Mir ist aufgefallen, dass Männer oft launischer sind als Frauen. Alle Menschen sind Stimmungsschwankungen unterworfen, was nicht heißt, dass man sich an sie klammern muss», sagte sie in ihrer üblichen pragmatischen Art.

«Doch erklärte mir ein Lama, dass das Hauptproblem für Frauen ihr unbeständiger Geist sei. Er pendelt hin und her, was es schwieriger macht, ihn zu stabilisieren und Stetigkeit beim Meditieren zu erlangen. Er fügte aber auch hinzu, dass Frauen, wenn sie diese Energie zu kontrollieren lernen, in ihrer Praxis sehr rasch vorankommen können – sehr viel schneller als Männer, weil sie einen noch unausgeschöpften Energievorrat haben. Tatsache ist, dass viele Lamas gesagt haben, dass sich bei Frauen, wenn sie es erst einmal schaffen zu meditieren, die Erfahrungen sehr viel rascher einstellen und auch eine höhere Ebene erreichen als bei den Männern. Aber da Frauen weniger darauf aus sind, Bücher zu schreiben und zu publizieren, hört man nichts darüber.»

Auch das Frauen nachgesagte Verlangen nach physischem Komfort war bei Tenzin Palmo nicht vorhanden. Die überaus harten Lebensbedingungen, die unvermeidlicher Bestandteil eines jeden fortgeschritteneren spirituellen Trainings zu sein scheinen, haben viele weibliche Suchende scheitern lassen. Irina Tweedie, die große Sufi-Lehrerin und Autorin von *Chasm Of Fire* (ein Tagebuch, in dem sie ihren spirituellen Weg beschreibt), gibt zu, dass sie von der sengenden Hitze, dem Lärm und Staub in dem indischen Dorf, in dem ihr Guru lebte, überwältigt wurde. Er hatte sie dazu gebracht, ihren gesamten Besitz einschließlich allen Geldes aufzugeben, was ihr Elend und Unbehagen noch steigerte.

«Wir Frauen brauchen Komfort, wir brauchen Sicherheit, wir brauchen Liebe, wir brauchen dies und das. Wir Frauen brauchen, brauchen, brauchen. In der westlichen Gesellschaft ist es für einen Mann sehr viel leichter als für eine Frau, alles aufzugeben. Ich weiß, wovon ich rede, denn ich habe es selbst getan», sagte sie in ihrem Londoner Haus kurz vor ihrem Tod. «Das Training der Frauen hat einen anderen Inhalt. Der Mann muss lernen, seine Sexualität unter Kontrolle zu bringen. Frauen müssen ihre Anhaftung an weltliche Gegenstände überwinden. Unser Weg ist der Weg des Nicht-Anhaftens. Ihr

Erwachen führt die Frau zur vollkommenen Nicht-Anhaftung. Und einer der Gründe für unser Verhaftetsein ist natürlich der, dass unser Körper so beschaffen ist, dass wir Kinder bekommen können, und dafür brauchst du Komfort, Sicherheit und Liebe. Kinder zu haben ist eine großartige Sache, aber wenn du das Stadium erreichst, in dem du die ganze Welt ebenso liebst wie deine Kinder, dann ist das schon etwas. Du liebst deine Kinder nicht weniger, o nein. Aber du liebst die ganze Welt mehr.»

Doch Tenzin Palmo hatte nie Kinder haben wollen und war mit verblüffender Leichtigkeit imstande, die Kälte, das Nichtvorhandensein eines Bettes, den Mangel an heißem Wasser und jedem anderen kreatürlichen Komfort zu ertragen. Und sie hatte auch die größte aller Schwierigkeiten gemeistert – das Leben an einem abgeschiedenen Ort in totaler Einsamkeit. Wie standen also ihre Chancen, oder die irgendeiner Frau, eine zweite Yeshe Tsogyel zu werden? Bestand die Aussicht, dass sie ihr Ziel je erreichte? Konnte überhaupt ein Mensch, sei er männlich oder weiblich, angesichts der Grenzen, die einem menschlichen Körper von Natur aus gesetzt sind, das Stadium der Allwissenheit erlangen?

Tenzin Palmo hegte in keinem dieser Punkte Zweifel. «Der Buddha hat bewiesen, dass die Erleuchtung möglich ist», sagte sie. «Als er schließlich alle Schleier der Täuschung durchdrungen hatte, wurde sein Geist unermesslich weit. Er erinnerte sich an alle seine vergangenen Leben, die sich Äonen um Äonen zurückerstreckten. Einmal hob er ein paar Blätter vom Waldboden auf und fragte seine Anhänger: ‹Was ist umfangreicher – die Blätter in meiner Hand oder jene an den Bäumen des Waldes?› Und als seine Schüler erwiderten: ‹Die Blätter an den Bäumen›, antwortete der Buddha: ‹Die Blätter in meiner Hand stellen die Menge an Wissen dar, die ich euch übermitteln kann.› Aber das bedeutete nicht, dass er nie Zahnschmerzen bekam. Er hatte seinen Leibarzt bei sich für den Fall, dass er krank wurde», sagte sie.

«Was die anhaltende Debatte darüber angeht, ob Frauen die Erleuchtung erlangen können, so ist sie zumeist lediglich auf die kulturell bedingte Diskriminierung und den fortbestehenden männlichen Chauvinismus zurückzuführen. Ich habe da gar keine Zweifel. Und die Vorteile, die es mit sich bringt, wenn Frauen da oben unter den Männern ihren Platz einnehmen, liegen auf der Hand. Zum einen machen die Frauen die Hälfte der Menschheit aus. Und das bedeutet, dass Frauen, die über eine Menge echter Praxis und echtem Verständnis verfügen, das Niveau der Menschheit beträchtlich anheben werden», erklärte Tenzin Palmo.

Irina Tweedie pflichtete ihr bei: «Ich persönlich habe das Gefühl, dass Frauen genau dieselben Höhen erreichen können wie Männer – vorausgesetzt, sie bewahren sich ihre Weiblichkeit. Wir sind alle nach dem Ebenbild Gottes geschaffen – das männlich und weiblich zugleich ist – und tragen somit alle Potenziale und Fähigkeiten in uns. Machtvoll zu sein liegt in der weiblichen Natur. Das Problem ist, dass Männer Angst vor machtvollen Frauen haben. Ich meine, Frauen sind da anders. Vor tausenden von Jahren hatten wir die matriarchalen Gesellschaften, dann schwang das Pendel zurück – und jetzt sind die Frauen wieder im Kommen. Das Ergebnis wird eine Welt sein, die stärker im Gleichgewicht und von mehr Liebe erfüllt ist. Es wird nicht so viel Härte in ihr geben.»

Es trat auch bei Buddhisten in hohen Positionen ein Sinneswandel ein. «Natürlich kann eine Frau ein Buddha werden», äußerte der Dalai Lama kürzlich, um seine Aussage sogleich mit Hinweisen auf die Schriften zu untermauern. «In den Texten der Fahrzeuge zur Vollkommenheit und in jenen der ersten drei Klassen des Tantra heißt es, dass die Buddhaschaft im Allgemeinen in männlicher Gestalt erlangt wird. Aber gemäß der vierten Klasse des Tantra bestehen diesbezüglich keine Unterschiede zwischen dem Männlichen und dem Weiblichen; die Erleuchtung ist genauso leicht im Körper einer Frau wie in dem eines Mannes zu erreichen.»

Ein anderer bedeutender Lama, der verstorbene Kalu Rinpoche, der nach dem Exodus der Tibeter ein Zentrum in Frankreich errichtete, äußerte sich ähnlich: «Sie können unabhängig davon, ob Sie ein Mann oder eine Frau sind, erleuchtet werden, wenn Sie Glauben und Vertrauen haben, fleißig und gewissenhaft sind, Mitgefühl und Weisheit entwickelt haben. Der Grund für diese völlige Chancengleichheit liegt in der Natur des Geistes, die weder männlich noch weiblich ist. Es existiert keine einer Person inhärente Geistesnatur, die besser ist als die einer anderen. Die absolute Ebene der leeren, klaren und unbehinderten Natur des Geistes weist keine einschränkenden Eigenschaften auf wie etwa die der Männlichkeit oder Weiblichkeit, der Überlegenheit oder Unterlegenheit.

Auf der relativen Ebene gibt es jedoch Unterschiede, einschließlich der Art und Weise, der physischen Verkörperung auf der subtilen Ebene der Energiekanäle und Energiezentren. Gemäß den Lehren des Tantra unterscheidet sich der in einem männlichen Körper inkarnierte Geist geringfügig von dem in einem weiblichen Körper inkarnierten. In der psychophysischen Struktur eines Mannes findet sich mehr Kraft, mehr konzentrierte und direkt ausgerichtete Energie, wohingegen im weiblich strukturierten Körper eine größere, Weisheit bedeutende, Räumlichkeit existiert. Solche relativen Unterschiede sollten immer innerhalb des Kontexts der Natur des Geistes verstanden werden.»

Die vielleicht ermutigendste Bestätigung kam von einem alten Lama namens Kangyur, der Tenzin Palmo sehr gut kannte und nicht weit von ihrer Höhle entfernt lebte. Er, stets vergnügt, eine robuste Gestalt mit weißem strähnigem Bart, war in der ganzen Region wegen seiner lebenslangen Gewohnheit bekannt, auch bei Temperaturen von minus 35 Grad ohne Socken auf seinem Dach zu nächtigen. Als er gefragt wurde, ob auch Frauen die Erleuchtung erlangen könnten, erklärte er: «Äußerlich besteht ein Unterschied, aber im Herzen ist es das Gleiche.» Er klopfte auf seine Brust. «Was ist denn Erleuchtung anderes als das Herz, das sich selbst erkennt und erfährt? Das ist sehr hart, sehr schwer. So wie das Auge die ganze Welt, nicht aber sich selbst sehen kann, vermag das Herz alles zu wissen, hat aber große Schwierigkeiten, sich selbst zu verstehen. Tenzin Palmo war eine große Praktizierende. Alle hier waren sehr überrascht, wie gut sie es machte.»

Für Tenzin Palmo selbst stellten ihre Anstrengungen nichts Besonderes dar. «Ich saß gerne und meditierte. Etwas anderes wollte ich nicht», sagte sie.

12

ABSCHIED VON DER HÖHLE

Tenzin Palmo wäre es zufrieden gewesen, in ihrer Höhle zu sitzen und bis in alle Ewigkeit zu meditieren, aber die Welt kam und klopfte buchstäblich an ihre Tür. Eines Tages im Sommer 1988 wurde sie durch das Erscheinen der Polizei aus ihrer Einsamkeit aufgeschreckt. Weder die Umzäunung achtend, die speziell dafür gedacht war, alle Besucher draußen zu halten, noch sich an das ungeschriebene Gesetz haltend, wonach man praktizierende Eremiten nicht störte, stürmte der Polizist geradewegs auf ihr Gelände, pochte laut an ihre Tür und forderte Auskunft in Bezug auf ihre abgelaufene Aufenthaltsgenehmigung. Dann machte er ihr unmissverständlich klar, dass sie verhaftet werden würde, wenn sie nicht am nächsten Tag auf der örtlichen Polizeistation erschiene. Es war die erste Stimme, die Tenzin Palmo seit drei Jahren hörte, und der erste Mensch, den sie während dieser Zeit sah. Es war ein rüdes Erwachen. Sich der Attacke der Bürokratie beugend, stieg sie von ihrem Berg herab, um sich mit dem neuen Polizeivorsteher auseinander zu setzen. Dieser sagte, dass ihm die Situation sehr Leid tue, er aber keine andere Wahl habe, als sie des Landes zu verweisen. Sie müsse Indien innerhalb von zehn Tagen verlassen.

Tenzin Palmo erklärte ihm geduldig, dass sie sich seit 24 Jahren in Indien aufhalte und nicht darauf vorbereitet sei, das Land so kurzfristig zu verlassen. Auch sei es nicht ihre Schuld, dass das Visum nicht in Ordnung sei, denn sie habe die Angelegenheit seinem Amtsvorgänger übertragen, der es immer für sie erneuert habe. Der Polizeivorsteher ließ sich schließlich erweichen und sagte, er mache nun einen Monat Urlaub. Er erteilte ihr gnädig die Erlaubnis, bis zur endgültigen Klärung der Sache in ihre Höhle zurückzukehren und dort ihre Tätigkeit fortzusetzen.

Tenzin Palmo kletterte also wieder ihren Berg hinauf, aber es fruchtete nichts. Sie war gesehen, sie war zu sprechen gezwungen worden, und damit war den spirituellen Gesetzen entsprechend ihr Retreat unwiderruflich durchbrochen. Sie konnte es nicht fortsetzen. Sie hätte allen Grund gehabt, wütend oder zumindest bitter enttäuscht zu sein. Drei Jahre lang hatte der Schlussabschnitt ihres Retreats gedauert, doch die Früchte konnten ohne die fehlenden letzten drei Monate, drei Wochen und drei Tage nicht geerntet werden. Nach all der Hingabe, dem Fleiß und der Sorgfalt, die sie aufgewendet hatte, hätte sie sich über den Polizeivorsteher aufregen oder in ihrer Höhle still vor sich hin weinen können. Es wäre nur allzu verständlich gewesen. Sie aber lachte nur und sagte: «Stimmt, so sollte man ein Retreat nicht beenden. Man sollte noch ein paar Tage dort verweilen und sich langsam wieder an die Begegnung mit Menschen gewöhnen.»

Bald machte die Nachricht die Runde, dass Tenzin Palmo ihr Retreat beendet hatte, und nun suchten Freundinnen und Freunde sie auf, begierig, sich selbst ein Bild von den Ergebnissen zu machen, die die lange Zeit der Meditation und Einsamkeit erbracht hatte. War sie noch in Ordnung? Hatte diese lange Phase der Innenschau und Isolation sie verrückt oder zumindest leicht irre werden lassen? Vielleicht war sie auch in ein glorioses, von Regenbögen umgebenes Lichtwesen verwandelt worden, wie es in den Legenden beschrieben wurde? Wenn die Leute in der Erwartung kamen, Zeugen einer gewaltigen Metamorphose zu sein, wurden sie jedoch enttäuscht.

«Es war nicht so, dass Tenzin Palmo sich sehr verändert hatte, aber ihre Qualitäten hatten zugenommen. Ihre Herzenswärme, ihre Geistesschärfe, ihr Humor waren alle noch da, doch in höherem Maße. Da war ein Wachstum. Es war so, als hätte sie durch ihre Mühe und Anstrengungen ihre bereits vorhandenen Talente und Fähigkeiten kultiviert und ausgebaut. Sie ist sehr zielstrebig», berichtete Didi Contractor.

«Ich glaube nicht, dass jemand von außen erkennen kann, was sie in dieser Höhle erreicht hat. Ihre Errungenschaften sind eine Sache zwischen ihr und der Gottheit, wie ich es ausdrücken möchte. Man kann sich nur an den Symptomen orientieren. Ganz gewiss hat sie Format und eine hoch entwickelte charakterliche Integrität. Sie hat auch etwas Vollendetes an sich. Das gilt ebenso für ihre Konsequenz wie für ihre Freundlichkeit und ihre Güte. Aber ich weiß nicht, ob das ein Beweis oder eine Frucht ihrer spirituellen Suche ist. Es könnte auch ein Bestandteil ihrer Wesensnatur sein, der es ihr ermöglicht, sich dieser Suche zu widmen. Ich würde jedoch sagen, dass sie weiter gekommen ist als irgendeiner der anderen westlichen Sucher, denen ich begegnet bin.»

Ein anderer Gast war Lia Frede, eine Deutsche, die in einem schönen Haus in den Hügeln von Dharamsala wohnte und Tenzin Palmo schon seit einigen Jahren kannte. Auch sie war seit langem an spirituellen Dingen interessiert, vor allem an der Vipassana-Meditation, und hatte selbst ein paar Retreats durchgeführt. Lia befand sich gerade mit einer kleinen Gruppe auf einer Trekkingtour zur Erforschung der regionalen Ökologie in Lahoul, als sie hörte, dass Tenzin Palmo «draußen» war.

«Ich war hoch erfreut über die Chance, mit ihr reden zu können, weil ich wissen wollte, was sie erreicht hatte», erklärte sie. «Der Tag ist mir noch ganz deutlich in Erinnerung. Ich hatte schreckliche Mühe, die Höhle zu finden, so gut fügte sie sich in den Berg ein, aber schließlich kam ich dort an. Es war mir nicht ganz wohl dabei, so einfach bei ihr hereinzuplatzen, und ich ließ deshalb meine beiden Begleiter an der Pforte zurück. Ich ging hinein und rief nach ihr. Tenzin Palmo kam sofort heraus, lächelte beglückt und sagte: ‹Komm herein, komm herein, bring deine Freunde mit, ich habe gerade Brot gebacken. Wollt ihr Tee?› Es war, als hätte sie mich erst gestern gesehen. Sie war völlig normal. Ich erinnere mich noch, dass ich dasaß und mir alles so ungereimt vorkam. Da hockten wir in der Höhle und aßen dieses köstliche frische Brot mit geröstetem Sesam darauf und schwatzten. So, als säßen wir mitten in England beim Nachmittagstee.

Als sie uns dann den Weg hinunter begleitete, fragte ich sie, welche Resultate sie durch ihr Retreat erzielt habe. Ich wollte sie nicht direkt fragen, ob sie die Erleuchtung erlangt habe, aber ich erwartete schon, dass sie mir von irgendwelchen transzendenten Erfahrungen berichtete. Darauf war ich jedenfalls gefasst. Stattdessen sah sie mich an und erwiderte: ‹Eines kann ich dir sagen – ich habe mich nie gelangweilt.› Das war's. Ich wartete auf mehr, aber sie beließ es dabei. Es erstaunt mich bis heute, dass das ihre einzige Aussage dazu war.» Ganz offensichtlich war Tenzin Palmo hinsichtlich dieser Angelegenheit so verschlossen wie immer.

Wenn sie auch nichts preisgab, so konnte Lia doch – ebenso wie Didi – die außergewöhnlichen Qualitäten ihrer Freundin klar erkennen. «Tenzin Palmo besitzt eine tiefe Reinheit und, ich würde sagen, Unschuld. Und sie verfügt über wahren Gleichmut. Weder protestiert sie gegen die Dinge, die ihr passieren, noch unterstützt sie sie. Sie verhält sich neutral. Sie geht mit dem Geschehen um, ohne ihr Ego im Geringsten einzubringen. Nicht, dass sie sich darum bemühen würde, es ist einfach kein Ego da. Ich war von ihrer Reaktion überrascht, als sie in ihrer Höhle gefangen saß und dachte, dass sie sterben würde. Ich weiß, dass ich in dieser Situation in Panik geraten wäre. Stattdessen hat sie ganz ruhig die auf den Tod vorbereitenden Meditationen durchgeführt. Sie hat sich nie die Mühe gemacht, in Erfahrung zu bringen, warum ihr die Nahrungsmittel nicht gebracht wurden. Sie hat auch dem Polizeivorsteher, der den Abbruch ihres Retreats auf dem Gewissen hat, keine Vorwürfe gemacht. Sie weiß, dass die Menschen ihr Karma haben. Aus meiner Sicht beweist ihr großer Gleichmut ihre spirituelle Fortgeschrittenheit.»

Wichtiger als die Eindrücke, die die Leute von Tenzin Palmo hatten, war ihre eigene Reaktion auf die Menschen. Nach Aussagen anderer Westler, die sich für kürzere Phasen in die Stille und Abgeschiedenheit eines Retreats zurückgezogen hatten, stellte der Wiedereintritt in die Welt eine schockierende Erfahrung dar, einen Sturmangriff auf ihre Sinne und ihre Psyche, der sie ins Taumeln geraten ließ. Sie berichteten, dass sie Wochen brauchten, um sich davon zu erholen und sich wieder in die Gesellschaft zu integrieren. Tenzin Palmo war unendlich viel länger von jeglichem menschlichen Kontakt abgeschnitten gewesen und hatte, wie sie selbst sagte, Schicht um Schicht der äußeren Hülle abgetragen. Ihre Sensibilität musste um ein Vielfaches gesteigert sein. «Am Anfang war es für mich strapaziös, mich mit den Menschen zu unterhalten, und ich war zwar nicht während des Gesprächs, aber hinterher sehr müde. Nach einer Weile ging es jedoch», berichtete sie.

Merkwürdigerweise und entgegen aller Erwartungen schien ihr Höhlendasein ihre Fähigkeit, mit Menschen in Kontakt zu treten, oder ihren Willen, sich auf die Welt einzulassen, keineswegs geschmälert, sondern vielmehr einen gegenteiligen Effekt gehabt zu haben. Man fand sie außergewöhnlich umgänglich, redselig und aufgeschlossen für die Bedürfnisse und Leiden anderer. Wiederum ein starkes Zeichen dafür, dass ihre Meditationen in der Höhle ihren Zweck erfüllt hatten.

«Tenzin Palmo hat ein überaus großes Mitgefühl», bemerkte Lia Frede. «Sie ist wirklich sehr vorurteilslos und leiht jedermann, ob Sünder oder Heiliger, ihr Ohr und erteilt Rat. Es ist ihr gleich, ob jemand sie gerade beleidigt hat oder nett zu ihr war. Das ist etwas, das ich auch bei anderen spirituell fortgeschrittenen Wesen beobachtet habe. Sie ist immer bereit zu helfen, wenn jemand mit einem Problem an sie herantritt. Deshalb suchen die Leute ihre Gesellschaft. Die Gegenwart solcher Personen übt einen reinigenden Einfluss auf einen aus.»

«Wo immer ich bin, da bin ich, das ist meine Einstellung», erklärte Tenzin Palmo. «Ich denke, ich habe zwei Seiten – die eine ist das Grundbedürfnis, allein zu sein, die Liebe zur Abgeschiedenheit, die andere ist mein Hang zur Geselligkeit und meine Umgänglichkeit. Ich weiß nicht, ob ich anderen gegenüber besonders herzlich bin, aber ich habe immer von demjenigen, mit dem ich gerade zusammen bin, das Gefühl, dass er in diesem Moment die wichtigste Person auf der Welt für mich ist. Und ich wünsche ihm Wohlergehen.»

Zurück im Getriebe der Welt konnte Tenzin Palmo selbst feststellen, ob und inwieweit sie sich verändert hatte. Hatte sich eine Transformation ereignet? Das war letztlich der einzig gültige Test, durch den sich der Erfolg ihrer spirituellen Praktiken messen ließ, denn kein noch so langes Retreat hat seinen Zweck erfüllt, wenn es keine fundamentale Veränderung, keinen Wandel in den alten, gewohnheitsmäßigen Wahrnehmungs- und Seinsweisen bewirkt hat. Sie mochte sich da oben auf dem Berg in die ewigen Wahrheiten versenkt haben, aber konnte diese Erfahrung auch den Herausforderungen des Alltagslebens standhalten?

«Da ist eine Art innere Freiheit, die ich meiner Meinung nach nicht hatte, als ich anfing – ein innerer Friede und eine innere Klarheit. Ich glaube, sie entstanden, weil ich auf mich allein gestellt war, weil ich nichts und niemanden hatte, an den ich mich hätte wenden können, egal, was passierte», sagte sie. «Und während ich im Retreat war, wurde alles gleichsam zu einem Traum, so wie der Buddha es beschrieben hat. Man konnte die illusionäre Natur von allem, was um einen herum vor sich ging, erkennen – weil man nicht mittendrin war», fuhr sie fort und benutzte das unpersönliche «man», um von irgendwelchen Verwirklichungen, die sie möglicherweise erlangt hatte, abzulenken. «Und wenn man dann herauskommt, sieht man, wie sehr die Menschen in ihr Leben verwickelt und eingebunden sind – wir identifizieren uns so vollständig mit dem, was wir geschaffen haben. Wir glauben so sehr daran. Deshalb leiden wir – weil da kein Raum für uns ist.

Nun stelle ich eine innere Distanz gegenüber allem, was sich ereignet, fest, gleich, ob es im Äußeren oder im Inneren geschieht. Manchmal fühlt sich das so an, als befinde man sich in einem leeren Haus, alle Türen und Fenster stehen weit offen, und der Wind fegt ungehindert hindurch. Nicht immer. Manchmal verfängt man sich wieder, aber man weiß dann, dass man sich wieder verfangen hat.»

Für eine Meditierende mag so «ein leeres Haus» etwas Wünschenswertes sein, doch dem Durchschnittsmenschen, der mit der Vorstellung aufgewachsen ist, dass Leidenschaft und emotionales Engagement dem Leben Farbe und Schwung verleihen, erscheint ein solcher Daseinszustand wohl eher öde. War dieses «leere Haus» nur eine «Hülse» – kalt und gefühllos? Und worin bestand überhaupt der Unterschied zwischen Nicht-Anhaftung und dem Abgeschnittensein von den eigenen Emotionen? Eine in einem Londoner Krankenhaus durchgeführte Untersuchung unter Kindern, die wochenlang keinen Besuch erhielten, zeigte, dass genau dann Schaden entstand, wenn sie aufhörten zu weinen und in den Augen des Pflegepersonals «gute Kinder» geworden waren. Nachfolgende Studien ergaben, dass diese

Kinder eine Tendenz zu psychotischem Verhalten entwickelten. Das Stadium, in dem sie zu weinen aufhörten, war dann erreicht, wenn ein grundlegender fühlender Teil in ihnen «abgestorben» war. War Nicht-Anhaften dasselbe wie Entfremdung?

Wie nicht anders zu erwarten, wies Tenzin Palmo alle derartigen Vermutungen zurück. «Es ist keine kalte Leere», sagte sie mit Nachdruck, «sondern eine warmherzige Weite. Es bedeutet, dass man nicht mehr in seine flüchtigen Emotionen verstrickt ist. Man sieht, wie die Menschen selbst einen Großteil ihres Leids verursachen, weil sie glauben, dass sie ohne diese starken Emotionen keine wirklichen Menschen sind.

Was findet denn in einem Retreat statt? Man versucht, zu verstehen, wer man wirklich ist, und sich über die eigene Situation klar zu werden. Und wenn man sich diesem Ziel nähert, kann man auch andere viel besser verstehen, weil wir alle miteinander verbunden sind. Andere zu verstehen ist sehr schwierig, solange man noch in die eigenen Emotionen verwickelt ist – weil man andere immer vom Standpunkt der eigenen Bedürfnisse aus betrachtet. Deshalb sind Eremiten und Eremitinnen, die lange Zeit im Retreat verbracht haben, sagen wir 25 Jahre, nicht kalt und distanziert. Ganz im Gegenteil. Ihre Liebe ist ohne jedes Urteil, sie richtet nie, denn sie stützt sich nicht darauf, wer du bist oder was du tust oder wie du sie behandelst. Sie ist völlig unparteiisch und unvoreingenommen. Es ist einfach nur Liebe. Sie ist wie die Sonne – sie scheint auf jeden herab. Gleich, was du getan hast, sie lieben dich, weil sie deine Lage verstehen, und aus diesem Verstehen heraus erwachsen ganz natürlich Liebe und Mitgefühl. Diese gründen sich nicht auf Emotionen. Sentimentale Liebe ist sehr unstabil, weil sie vom Feedback abhängt. Das ist keine wirkliche Liebe.»

Mochte es sich auch um keinen psychischen Einschnitt handeln, so tat sich nun doch Entscheidendes in Tenzin Palmos Leben. Wie sich herausstellte, hatte die Verfügung des Polizeivorstehers weitaus dramatischere Folgen als nur die Beendigung ihres Retreats. Sie setzte den Schlusspunkt hinter einen ganzen Lebensabschnitt. Es geschah etwas völlig Unerwartetes. Nachdem sie fast ihr ganzes Leben lang im Banne des Ostens und speziell in dem des tibetischen Buddhismus gestanden hatte, fühlte sie sich nun von ihrer eigenen Kultur angezogen.

Zum ersten Mal in den 24 Jahren, die sie in Indien gelebt hatte, lockte sie der Westen.

«Ich hatte das Gefühl, dass meine Zeit in Indien an ein Ende gekommen war, dass ich in den Westen zurückgehen und meine Wurzeln wieder entdecken musste. Schließlich bin ich keine Tibeterin. Als ich in der Hackney-Bibliothek arbeitete, hatte ich einen Freund, der sich mit klassischer Musik, Architektur, Kunst, alten Kirchen und solchen Dingen befasste. Er liebte es, darüber zu sprechen und in Konzerte und Galerien zu gehen. Es faszinierte mich sehr. Dann wurde ich mit 18 Buddhistin und entsagte all dem. Ich konzentrierte mich auf etwas völlig anderes. Doch nach 24 Jahren in Indien, in denen ich ausschließlich Dharma-Bücher gelesen hatte, hatte ich nun das Gefühl, dass da eine riesige Lücke in meinem Leben klaffte und ich das, was ich zu tun hatte, noch nicht abgeschlossen hatte.»

Da Tenzin Palmo keine Ahnung hatte, wohin sie gehen wollte, machte sie das, was sie immer in solchen Situationen tat – sie blieb ruhig und wartete darauf, dass sich ihre innere Stimme meldete. In der Zwischenzeit begannen ihr ihre auf der ganzen Welt verstreuten Freunde zu schreiben und sie zu sich einzuladen. Sie zog Amerika, Australien und England in Betracht, aber es schien alles nicht das Richtige zu sein. Dann schrieb ein amerikanischer Freund, Ram, dem sie in Indien begegnet war, dass er den perfekten Ort für sie gefunden habe – Assisi. Warum schloss sie sich nicht ihm und seiner Frau dort an? Sie war nie in Assisi gewesen, aber als sie den Namen las, ließ sich ihre innere Stimme laut und deutlich vernehmen.

«Das ist es», sagte sie und schnippte mit den Fingern.

Tenzin Palmo bereitete sich ohne Sentimentalität oder Traurigkeit darauf vor, die Höhle der Großen Seligkeit zu verlassen. Sie war Mittelpunkt eines beträchtlichen Teils ihres Lebens gewesen, während der «Blüte ihrer Jahre» zwischen 35 und 45, aber ihr schienen diese wie im Flug vergangen zu sein. «Am meisten verwunderte mich, wo all die Zeit geblieben war. Die Zeit schrumpfte einfach zusammen, vor allem die letzten drei Jahre. Sie kamen mir höchstens wie ein paar Monate vor.»

Sie packte ohne Hast ihre wenigen Habseligkeiten zusammen, sagte ihren Freunden in Lahoul Lebewohl und machte sich auf den

Weg nach Westen, nach Italien, dem Ursprungsland der Renaissance. Der Kreis schloss sich. Sie war in diese Welt gekommen, hatte sie verlassen und kehrte nun wieder in sie zurück. Sie kam mitten in der Nacht in Assisi an und wusste sofort, dass sie die richtige Entscheidung getroffen hatte. Es mochte an den auf den Hügeln thronenden malerischen Häusergrüppchen liegen, die an Lahoul erinnerten, oder an der noch immer spürbaren Aura des heiligen Franziskus, vielleicht sogar an der Tatsache, dass es in der Gegend einige Ashrams gab, jedenfalls fühlte sich Tenzin Palmo sogleich zu Hause.

«Ich hatte das Gefühl einer sehr starken Verbindung zu Assisi. Bis auf den heutigen Tag ist es der einzige Ort, den ich vermisse, einschließlich meiner Höhle. Er hat etwas Besonderes, Erhabenes, Unbeschreibliches, das trotz der Millionen Touristen, die dort alljährlich einfallen, zu spüren ist. Assisi ist das Zentrum für den Weltfrieden, und eine Menge interreligiöser Konferenzen werden dort abgehalten. Viele Leute berichten, dass sie dort spirituelle, stark transformative Erfahrungen gemacht haben.»

Sie zog ins Parterre eines Hauses, das einem Freund von Ram gehörte, und machte sich voller Begeisterung an das Wiederentdecken ihrer westlichen Wurzeln. Sie durchstreifte die bezaubernden, engen Gassen des Städtchens, oft in der Nacht und allein, und fühlte sich vollkommen sicher. Sie besuchte die berühmte Doppelbasilika, in der sich das Grabmal des heiligen Franziskus befindet, und bewunderte die wunderschönen Fresken, vor allem die Giottos. Neugierig machte sie sich auf zur Besichtigung jener Höhle, die einst der heilige Franziskus bewohnt hatte. Dieser hatte Gott so inbrünstig gebeten, ihn das Leiden Jesu erfahren zu lassen, dass sich nicht nur die Wundmale an seinen Händen und Füßen, sondern auch die Nägel manifestierten. Tenzin Palmo entwickelte im Verlauf der fünf Jahre ihres Aufenthalts in Assisi eine starke Hingabe an den heiligen Franziskus und meditierte oft stundenlang in seiner Höhle, wenn keine Touristen da waren.

«Es war eine ganz andere Höhle als die meine, weil diese Kirche darüber gebaut worden war. Aber sie war großartig! Da sind immer noch Tauben in den davor stehenden Bäumen, Nachkommen jener Tauben, die der heilige Franziskus einst von einem Vogelhändler erwarb und dort aussetzte, damit sie sich vermehrten. Ich liebte seine Tiergeschichten. Wusstest du, dass er eine Zikade hatte und die beiden sich gegenseitig etwas vorsangen? Er war ein quicklebendiger Heiliger.»

Einmal gab Tenzin Palmo preis, dass sie glaubte, in einem ihrer vielen früheren Leben ein christlicher Mönch gewesen zu sein. «Das Gefühl, wenn ich in ein Kloster gehe, ist sehr stark. Es ist fast wie ein *Déjà-vu*. Und ich hatte immer schon eine Affinität zu den kontemplativen, weltabgewandten geistlichen Orden. Ich glaube, dass ich beschloss, in den Osten zu gehen, als es mit der christlichen Tradition nicht mehr weiterging. Das würde einen Sinn ergeben.»

Nach den langen Jahren der Entbehrungen gestattete sie sich nun auch ein paar Genüsse. Sie lernte Pasta zu schätzen und entwickelte eine Vorliebe für Cappuccino und Tiramisu (obwohl sie behauptete, dass ihr Reis, Gemüse und Dhal nach wie vor am liebsten seien). Sie sah sich Videos an, vor allem von alten Schwarzweißfilmen aus den 40er Jahren. Und sie vergrub sich in der umfangreichen Bibliothek und Musiksammlung ihres Bekannten und sog wie ein trockener Schwamm ihr europäisches Erbe auf. «Es war, als habe der ganze westliche Teil in mir einen Riss bekommen und müsse nun wieder geheilt und zusammengefügt werden.» Sie erlaubte sich nun auch die Lektüre von Romanen, wobei sie französischen Autoren und Geschichten religiösen Inhalts, darunter Umberto Ecos *Der Name der Rose*, den Vorzug gab. Zudem verschlang sie alles, was sie über die Geschichte des Mittelalters ausfindig machen konnte, und widmete sich diesem Gebiet mit derselben Gründlichkeit, mit der sie an den Buddhismus herangegangen war. Vor allem die Zeit des 12. und 13. Jahrhunderts hatte es ihr angetan, die Ära des heiligen Franziskus. «Damals gärte es unter den Intellektuellen gewaltig, und es wurden eine Menge scholastische Debatten geführt – viel Stoff kam von den Arabern und Juden, und auch die Griechen wurden allmählich entdeckt. Es war die Zeit der aufstrebenden Bettelorden und großer Heiliger und Künstler», erläuterte sie.

Sie beschäftigte sich mit den Biografien und Schriften christlicher Heiliger und Philosophen: mit Teresa von Ávila, Johannes vom Kreuz, Thomas von Aquin, Thomas Merton, den Schriften der orthodoxen Kirche und vielen mehr. Bei all dieser Lektüre lernte sie die Religion, die sie einst so gering geachtet hatte, mehr und mehr zu schätzen, sie entwickelte ein neues Verständnis dafür und war auch stolz auf ihre westliche Identität.

«Die Tibeter betrachten uns im Allgemeinen als Barbaren. Sie denken, wir seien sehr gut im Erfinden von Automotoren, hätten aber im Innern nicht viel vorzuweisen und seien somit, was die wahre Kultur angeht, Ödland. Das ist das Gleiche wie bei den christlichen Missionaren, die in ferne Länder gingen und die fremden Kulturen, in denen sie lebten, niedermachten im Glauben, dass ihre eigene Kultur die einzig wahre sei», sagte sie. «Ich sah allmählich, dass es nicht stimmte. Wir haben mehr als nur McDonalds und Coca-Cola aufzuweisen. Wir haben eine sagenhafte Philosophie und Kunst und eine unglaubliche spirituelle Tradition. Das westliche Gedankengut ist sehr hoch entwickelt, und ich entdeckte, dass in Sachen Religion alles vorhanden ist. Ich fand noch immer, dass die buddhistische Analyse die klarste und vollständigste sei, aber es tat gut, die gleichen Erkenntnisse und Einsichten vorzufinden, wenn auch anders formuliert. All das zu wissen ist wichtig.» Und mit einem Lächeln fügte sie hinzu: «Interessanterweise hielten auch die Inder, als der Buddhismus nach Tibet gelangte, die Tibeter für ‹Barbaren›. Sie wollten ihnen die kostbaren Dharma-Texte nicht übergeben, weil sie glaubten, sie würden alles durcheinander bringen!»

Vor allem aber entdeckte Tenzin Palmo die Musik, einen von ihr lange vernachlässigten Bereich. Sie versenkte sich in die Werke Bachs, Händels, Haydns und vor allem Mozarts. «Auf Mozart zu stoßen war wunderbar. Ich verliebte mich total in ihn. Diese Musik hat etwas sehr Tiefgründiges. Sie war wie benetzender Tau. Ich glaube, ich war irgendwie extrem trocken geworden», gestand sie freimütig.

Bewusst oder unbewusst setzte Tenzin Palmo nun dem Osten den Westen, der Askese die Sinnenhaftigkeit, der Einsamkeit die Geselligkeit entgegen, brachte sie miteinander in Einklang und rundete so ihre Persönlichkeit ab. Damit befolgte sie den Rat eines ihrer neu gefundenen christlichen Mentoren, Meister Eckhart. Dieser hatte geschrieben, dass man während der Kontemplation jeden Gedanken an Taten meiden, danach aber tätig werden solle, da sich niemand ständig der Kontemplation hingeben könne oder solle und das aktive Leben als Erholung von der Kontemplation zu gelten habe.

Die Christen in Assisi waren höchst interessiert daran, die Frau zu sehen und sprechen zu hören, die so lange allein im Retreat gewesen war. Bemühungen wie die Tenzin Palmos überstiegen bei weitem alles, was in ihren Orden je unternommen worden war. Sie wurde gebeten, Seminarvorträge zu halten, und sogar das Vatikanische Konzil ließ ihr eine vornehme Einladung zukommen, bei einer interreligiösen Konferenz in Taiwan zu sprechen. Sie wurde auch aufgefordert, Seminare und Workshops in Klöstern abzuhalten und zu berichten, was genau und wie sie es getan hatte. Tenzin Palmo akzeptierte dies freudig, da sie nun für den interreligiösen Dialog sehr empfänglich und zudem erpicht darauf war, ihr Wissen im Austausch mit christlichen Kontemplationsmethoden weiterzugeben. Aber so funktionierte es nicht.

«Ich war in einem Benediktinerkloster, und man sagte mir, die Morgenmesse beginne um fünf Uhr morgens. Ich gedachte daran teilzunehmen, aber als ich in die Kapelle kam, waren da nur ein oder zwei Leute. Ich fragte, wo denn die anderen seien, und man erklärte mir, dass sie sich in dem kleinen Raum versammelt hätten, der für meinen Meditationskurs reserviert worden war. Als ich dort anlangte, sah ich die Schuhe ordentlich vor der Tür aufgereiht, während sie drinnen alle im Schneidersitz auf dem Boden hockten. Sie hatten einen Altar errichtet mit einer Buddha-Statue und Blumen und Schalen darauf und fragten mich, ob es so richtig sei. ‹Es ist wunderschön, vielen Dank›, erwiderte ich.

Sie waren nur daran interessiert, etwas über den Buddhismus zu lernen. Sie hatten ihn studiert, sie hatten den Dalai Lama getroffen und waren darauf aus, noch mehr in Erfahrung zu bringen. Sie erzählten mir, dass es im Katholizismus nur sehr wenige Meister des inneren Lebens gebe, weshalb die jungen Leute abwanderten. Diese, so sagten sie, wollten zu innerem Frieden gelangen und suchten einen spirituellen Weg, der Sinn in ihr Leben bringen konnte. Die Nonnen und Mönche hatten das Gefühl, dass sie, wenn sie selbst wieder zu ihrer Mitte fanden, den jungen Leuten den Weg weisen und ihnen das bringen könnten, was sie brauchten.

Sie verlangten nach Methoden, weil sie ihre eigenen verloren hatten. Sie wollten Anweisungen: was sie tun sollten, was sie nicht tun sollten, Beschreibungen von Problemen, die beim Meditieren entstehen können, und Hinweise für den Umgang damit. Die tibetischen Methoden haben den Vorteil, keine bestimmte Glaubensstruktur zu erfordern. Jedermann kann sich ihrer bedienen – auch Psychologen. Also sagte ich ihnen, was sie tun sollten, und sie saßen da und nickten. Danach sagte eine ältere Karmeliterin zu mir: ‹Wenn mir nur jemand schon vor Jahren erklärt hätte, wie man meditiert. Es ist so einfach.›»

Tenzin Palmo genoss das Zusammensein mit den Nonnen ungemein. Sie tauschten Erfahrungen hinsichtlich des Tragens von Nonnengewändern aus, sie erzählte ihnen von ihrem Leben, und die Nonnen erläuterten das ihre. Trotz aller Unterschiede gab es viel Gemeinsames. Tenzin Palmo wurde eingeladen, sich zu Retreats in die Klöster zurückzuziehen, wann immer sie wollte. Sie dankte und lehnte freundlich ab.

Mit der Zeit wurde ihr Name immer bekannter. Man lud sie ein zu Vorträgen in Rom, Norditalien, Umbrien, Devon und Polen. Während ihres Aufenthalts in Polen fuhr sie auch nach Auschwitz. «Mit am meisten bewegten mich die Fotos von den Menschen, die in die Gaskammern gingen. Viele von ihnen hatten glänzende Augen, manche lächelten sogar. Ich empfand das als unglaublich schmerzlich.»

Bei aller neuen Wertschätzung der westlichen Kultur hatte sie aber weder den Buddhismus noch die Meditation aufgegeben. Sie setzte ihre tägliche Praxis fort und führte einige kurze Retreats durch. Unversehens war sie auch in ein Projekt verwickelt, den geplanten Aufbau eines Klosters für westliche Nonnen in Pomaia. Sie hatte die Frauen bei einem Sommerkurs kennen gelernt, fand bei ihnen ihre eigenen herben Erfahrungen kurz nach ihrer ersten Ordination wieder und war von ihrer misslichen Lage berührt. «Die Nonnen hatten keinen eigenen Platz, und niemand kümmerte sich um sie. Die Mönche hatten ihr Kloster, aber die Nonnen zogen von Zentrum zu Zentrum. Das war für ihre spirituelle Entwicklung überhaupt nicht gut», sagte sie.

Als sie später die Gelegenheit bekam, sich ihrem Freund Ram auf einer Pilgerreise zum Berg Kailash in Tibet anzuschließen, ergriff sie sie sofort. Sie war nie in dem Land gewesen, von dem die stärksten

Impulse ihres gegenwärtigen Lebens ausgegangen waren, und der Kailash galt als die heiligste Pilgerstätte von allen. In einer abgelegenen Region Westtibets, einer der unwirtlichsten Gegenden dieser Welt, gelegen, wurde er sowohl von den Buddhisten als auch den Hindus als Zentrum des tantrischen Universums verehrt. Auf seinem 6714 Meter hohen Gipfel residierten in dünner Höhenluft die Götter unter dem Vorsitz Taras. Tenzin Palmo hatte schon immer, seit sie zum ersten Mal aus Lama Govindas inspirierendem Buch *Der Weg der weißen Wolken* etwas über diesen mystischen Berg erfahren hatte, den Kailash aufsuchen wollen, aber nicht ernsthaft geglaubt, dass sie es in diesem Leben noch schaffen würde.

«Es war unglaublich, endlich in Tibet zu sein – über das ich schon so viel nachgedacht und gelesen habe. Die Landschaft entsprach absolut meinen Erwartungen – aber es war auch eine Qual, all die Zerstörungen zu sehen, die unter der Herrschaft der Chinesen angerichtet worden waren. Die riesigen Klöster waren nur noch Ruinen. Es war schrecklich traurig», berichtete sie.

Sie mieteten vier Yaks, die ihre Zelte und die Kochausrüstung trugen, während sie selbst in einem Geländewagen reisten. Die Fahrt dauerte zehn Tage, da es keine Straßen gab und das Fortkommen unglaublich schwierig war. Doch als sie schließlich am Ziel waren, hatte sich die Mühe gelohnt. «Der Kailash selbst war wundervoll. Um zu ihm zu gelangen, mussten wir den 6000 Meter hohen Dölma-Pass (den Pass der Tara) in einem Schneesturm überqueren, und Ram und ich waren erschöpft und verloren die Orientierung. Da erschien ein großer schwarzer Hund. Wir gaben ihm ein paar durchgeweichte Kekse, und er zeigte uns den Weg hinunter. Wir waren überglücklich. Es war etwas ganz Besonderes und ein großer Segen. Wir brauchten zweieinhalb Tage, um den Kailash einmal zu umrunden und an den heiligen Orten Niederwerfungen zu machen. Manche Tibeter schaffen das an einem Tag. Sie stehen um drei Uhr morgens auf und sind um zehn Uhr abends damit fertig. Manche machen 20 bis 30 Umrundungen in einem Monat! Einige bringen es sogar auf 108, die Anzahl der Perlen ihrer Malas (Gebetsketten). Und es gibt Leute, die auf dem ganzen Weg Niederwerfungen machen, wozu sie dann etwa zwei Wochen brauchen. Es ist ein sehr steiniger Weg und daher nicht leicht.

Der in der Nähe gelegene Manasarovar-See ist auch ein ganz besonderer Ort. Wir waren an meinem fünfzigsten Geburtstag dort. Ram bestand darauf, im See zu baden, also tat ich es auch. Es brachte mich fast um. Es war bitterkalt, und es wehte ein eisiger Wind. Man muss sein Wasser auch trinken, sonst zählt es nicht!»

Sie begegneten Nomaden, sanften Menschen, die immer noch an einem Leben wie vor tausenden von Jahren festhielten. Sie hörte sie voller Sehnsucht vom Dalai Lama sprechen, sah ihre Armut, dachte aber, dass sie immer noch besser dran seien als die Tibeter in den Städten, die täglich von den chinesischen Besatzern gedemütigt wurden. «Ich war überrascht, dass sich die Tibeter unter diesen Umständen ihren unbeugsamen Geist und ihre Fröhlichkeit bewahrt hatten. Ich war selig, dort zu sein, es war eines der Gipfelerlebnisse in meinem Leben, obwohl es mir körperlich grauenhaft schlecht ging. Ich hatte höllische Kopfschmerzen und war höhenkrank. Doch ich hatte das Gefühl von Erfüllung – ich hatte so lange davon geträumt.»

Es war jedoch kein langer Aufenthalt. Die Bande Tenzin Palmos zu Tibet und seiner Religion mochten noch so stark sein, jetzt war sie eine Westlerin, die zudem noch die westliche Musik entdeckt hatte. Inmitten des steinigen Ödlands von Westtibet, im Schatten des erhabenen mystischen Bergs Kailash spielte sie Mozart. «Du kannst Mozart überallhin mitnehmen», sagte sie begeistert. «Für mich ist das die vollkommene Musik. Sie ist unglaublich bewegend. Meine CDs auf dieser Reise waren fast alle Stücke von ihm. Wenn man sich Musik im Himmel vorstellt, dann ist Mozart dabei.»

Sie wollte auch endlich wieder etwas Anständiges essen. «Die fettigen Nudeln hatte ich satt bis zum Erbrechen. Ich sehnte mich nach Reis und Dhal», sagte sie. Tibet war nicht mehr ihr Zuhause.

Tenzin Palmo war ernsthaft davon überzeugt, dass Assisi für den Rest ihres Lebens ihre Heimstatt bleiben würde. Und so machte sie sich daran, auf dem Gelände ihrer Freunde ein Holzhäuschen mit zwei Räumen zu errichten; das Geld dafür war ihr gespendet worden. Sie wollte künftig wieder ins Retreat gehen, denn sie hatte ihr Streben nach Vollkommenheit keineswegs aufgegeben. Sie hatte mit dem Bau bereits begonnen, als ihr – typisch für Italien – die Baugenehmigung wieder entzogen wurde. Wieder einmal schien das Schicksal, oder ihr

«Karma», einzuschreiten. Sie mochte bereit sein, sich nun endgültig niederzulassen, aber ihre Tage in der «Hauslosigkeit», die der Buddha als den für Mönche und Nonnen idealen Zustand bezeichnet hatte, waren bei weitem noch nicht gezählt. Es lag noch Arbeit vor ihr. Sehr viel Arbeit.

13

Die Vision

Es war im März 1993 in Dharamsala, der ehemaligen britischen Hill Station im nordindischen Bundesstaat Himachal Pradesh, wo nun der Dalai Lama und seine Exilregierung ihren Sitz hatten. Tenzin Palmo war als hochrangige Nonne und aufstrebende Lehrerin zur Teilnahme an der ersten Konferenz zum Thema Buddhismus im Westen eingeladen worden, bei der Probleme im Zusammenhang mit der Übermittlung des Buddha-Dharma im Westen diskutiert werden sollten. Außer ihr waren 21 andere führende europäische und amerikanische Vertreter und Vertreterinnen der wesentlichen buddhistischen Traditionen sowie hohe Lamas der verschiedenen tibetisch-buddhistischen Schulen versammelt. Es wurde alles Mögliche erörtert – die Rolle der Lehrer, die Unterschiede zwischen der östlichen und der westlichen Psyche, ethische Richtlinien –, als plötzlich «die Rolle der Frauen im Buddhismus» zum Diskussionsgegenstand wurde.

Eine attraktive deutsche Laiengläubige, Sylvia Wetzel, ergriff das Wort. Mit einem kleinen, doch merklichen Schlucken lud sie Seine Heiligkeit den Dalai Lama und den versammelten Kreis glanzvoller Geister ein, sich ihr bei einer Visualisation anzuschließen. «Stellen Sie sich bitte vor, Sie sind ein Mann und kommen in ein buddhistisches Zentrum. Sie sehen das Bildnis der wunderschönen Tara, umgeben von 16 weiblichen Arhats, und Sie haben auch die Möglichkeit zu einer Begegnung mit Ihrer Heiligkeit, der 14. Dalai Lama, die sich in allen ihren 14 Reinkarnationen zu einer Wiedergeburt in weiblicher

Gestalt entschlossen hat. Sie sind von sehr hohen weiblichen Rinpoches umgeben – schöne, starke, gebildete Frauen. Dann sehen Sie die Bhikshunis hereinkommen, voller Selbstvertrauen und sich freimütig äußernd. Hinter ihnen kommen die Mönche – schüchtern und ängstlich. Es werden die Linienhalterinnen und Meisterinnen der Tradition genannt, allesamt weiblich bis hin zu der Tara auf dem Gemälde.

Erinnern Sie sich, Sie sind ein Mann, und nähern sich nun einem weiblichen Lama, fühlen sich ein bisschen unsicher und fragen sie auch ein wenig gereizt: ‹Warum sind das hier alles nur weibliche Symbole, weibliche Buddhas?› Und sie antwortet: ‹Mach dir keine Sorgen. Männer und Frauen sind gleichberechtigt. Nun ja, fast. Wir haben ein paar Schriften, denen zufolge eine männliche Wiedergeburt niedriger ist, aber trifft das nicht auch zu? Männer haben es schwerer, wenn alle Führungspersonen auf spiritueller, philosophischer und politischer Ebene Frauen sind.›

Dann wendet sich der männliche Schüler, der sehr ernsthaft und aufrichtig bemüht ist, an eine andere Lama, die der Mahayana-Schule angehört: ‹Ich bin ein Mann, wie kann ich mich mit all diesen weiblichen Ikonen identifizieren?› Und sie erwidert: ‹Du meditierst einfach über Shunyata (Leerheit). In Shunyata ist kein Mann, keine Frau, kein Körper, gar nichts. Kein Problem!›

Sie sagen zu einer tantrischen Lehrerin: ‹Da sind lauter Frauen, und ich bin ein Mann. Ich weiß nicht, wie ich eine Beziehung herstellen soll.› Und sie gibt zur Antwort: ‹Wie wundervoll du bist, schöner Daka, du bist für uns so nützlich, hilfst uns, unsere Kundalini-Energie zu wecken. Wie sehr du doch als Mann gesegnet bist, da du den weiblichen Praktizierenden auf ihrem Weg zur Erleuchtung zu Diensten sein kannst.›»

Das war unerhört, aber auf so charmante Weise vorgetragen, dass alle, auch der Dalai Lama, lachten. «Jetzt hast du mir eine andere Sicht dieser Dinge vermittelt», sagte er.

Sylvia Wetzel aber hatte die Empfindungen von Millionen Frauen aus vielen Jahrhunderten zum Ausdruck gebracht, und andere erhoben nun ebenfalls ihre Stimme. Eine führende buddhistische Lehrerin und Buchautorin, die amerikanische Nonne Thubten Chodron, berichtete, wie das subtile Vorurteil, dem sie innerhalb der Institutionen begegnet war, ihr Selbstvertrauen derart unterminiert hatte, dass es zu einem ernsthaften Hindernis auf ihrem Weg wurde. «Wir würden uns schon besser fühlen, wenn wenigstens unser Schmerz zur Kenntnis genommen würde», erklärte sie.

Mitfühlende männliche Lehrer ergriffen das Wort. «Dies ist eine wunderbare Herausforderung für die Männer – das zu sehen und zu akzeptieren», sagte ein Zen-Meister.

Der amerikanische tibetisch-buddhistische Mönch Thubten Pende schilderte seine Sicht: «Als ich die Texte für die Ordinationszeremonie übersetzte, bekam ich einen gewaltigen Schock. Darin stand, dass auch die höchstrangige Nonne hinter dem jüngsten männlichen Novizen zu sitzen habe; dies trotz ihrer höheren Ordination, denn die Grundlage dieser Ordination, ihr Körper, sei als niedriger anzusehen. ‹Da ist es›, dachte ich. Ich hatte von dieser Ansicht gehört, aber bislang nie einen Beleg dafür gefunden. Ich musste diesen Text bei der Zeremonie rezitieren. Ich genierte mich, ihn zu sprechen, und schämte mich für die Institution, die ich vertrat. Ich fragte mich: ‹Warum steht sie nicht auf und geht?› Ich hätte das getan.»

Der englische Theravada-Mönch Ven Ajahn Amaso meldete sich ebenfalls zu Wort: «Es ist sehr schmerzlich mit anzusehen, dass den Nonnen nicht der Respekt gezollt wird, der den Mönchen entgegengebracht wird. Es ist wie ein Speer in deinem Herzen.»

Dann war Tenzin Palmo an der Reihe und erzählte mit all ihrer angestammten Eloquenz ihre Geschichte: «Als ich nach Indien kam, lebte ich zunächst in einem Kloster mit 100 Mönchen. Ich war die einzige Nonne», sagte sie und schwieg ein paar Sekunden, damit die Worte ihre Wirkung tun konnen. «Ich glaube, das war der Grund dafür, dass ich mich schließlich entschloss, allein in einer Höhle zu leben.» Jedermann begriff. «Die Mönche waren freundlich, und ich hatte keine Probleme mit sexueller Belästigung oder dergleichen, aber natürlich existierte ich unglücklicherweise in weiblicher Gestalt. Sie sagten mir tatsächlich, sie würden für mich beten, damit ich das Glück hätte, als Mann wieder geboren zu werden, um so an allen Aktivitäten des Klosters teilnehmen zu können. In der Zwischenzeit, so erklärten sie, würden sie mir meine niedrigere Wiedergeburt als Frau nicht *allzu sehr* anlasten. Es sei nicht allzu sehr mein Fehler.»

Ihre Chance ergreifend, feuerte sie nun ihre größte Salve ab. Sie schilderte kurz die Situation des westlichen Sangha, vor allem die der Nonnen in Italien, mit denen sie sich angefreundet hatte. «Die Lamas ordinieren die Leute, und dann werden sie ohne Training, Vorbereitung, Ermutigung, Unterstützung oder Anleitung in die Welt hinausgeschickt – und man erwartet von ihnen, dass sie ihre Praxis machen und Dharma-Zentren leiten. Das ist sehr schwer, und ich bin erstaunt, dass so viele westliche Ordinierte so lange durchhalten. Mich überrascht es nicht, wenn sie ihre Gelübde zurückgeben. Sie fangen mit so viel Enthusiasmus, so viel reinem Glauben und so starker Hingabe an, und dann nimmt ihre Begeisterung allmählich ab. Sie werden entmutigt und desillusioniert, und niemand hilft ihnen. Das ist wahr, Eure Heiligkeit. Es ist eine sehr schwierige Situation, so etwas gab es nie zuvor in der Geschichte des Buddhismus.

In der Vergangenheit wurde der Sangha fest etabliert, gefördert und umsorgt. Das geschieht im Westen nicht. Ich weiß wirklich nicht, warum. Es gibt ein paar Klöster, meist der Theravada-Tradition zugehörig, denen es gut geht, aber was wird für die Nonnen getan? Ehrlich gesagt, fast gar nichts. Um aber auf einer höheren Ebene abzuschließen, bete ich darum, dass diese Leben der Reinheit und Entsagung, die in dieser Welt so selten und kostbar sind, diese Juwelen des Sangha, nicht in den Schlamm unserer Gleichgültigkeit und Verachtung geworfen werden mögen.»

Es war ein leidenschaftlicher Aufschrei ihres Herzens. Als sie geendet hatte, senkte sich tiefes Schweigen auf die Versammlung. Jetzt lachte niemand. Und Tenzin Gyatso, der Große Ozean der Weisheit, der von seinem Volk als die Emanation Chenrezigs, des Buddhas des Mitgefühls, angesehen wird, saß, den Kopf in die Hände gestützt, da und weinte still. Nach ein paar Minuten blickte er auf, wischte sich über die Augen und sagte leise: «Du bist sehr tapfer.» Später bemerkten die ranghohen Lamas, eine solche Direktheit sei wirklich eine Seltenheit, und die Konferenz gleiche in dieser Hinsicht einer Familienzusammenkunft, bei der alle ganz offen ihre Meinung äußern würden.

Diese Rede markierte einen weiteren Wendepunkt in Tenzin Palmos Leben. Sie war aufgestanden und hatte – gegenüber dem Mann an der Spitze, nichts weniger – frei heraus gesprochen, aber es war, als wisse sie, dass Worte allein nicht ausreichten. Sich über das System zu beklagen war eine Sache, etwas zu unternehmen eine andere. Und wenn die Frauen, die sich ins Unrecht gesetzt fühlten, nicht zu handeln vermochten, wer dann? Jetzt nutzte sie ihr persönliches Leid als Nonne in Dalhousie für positive Zwecke. Sie hatte fast 30 Jahre gewartet, aber es war keinen Augenblick zu spät. Die Zeit für die spirituelle Befreiung der Frauen war gekommen, und Tenzin Palmo sollte eine führende, aktive Rolle dabei übernehmen. Das war von ihrem geliebten Leben in der Zurückgezogenheit so weit entfernt wie nur irgend möglich, schien aber dennoch ganz in Ordnung zu sein. Sie kannte aus eigener Erfahrung die Schwierigkeiten, mit denen sich die auf dem spirituellen Weg befindlichen Frauen konfrontiert sahen. Sie hatte gelitten, hatte in spiritueller Hinsicht Zurückweisung, Ablehnung und Entmutigung erlebt, doch nun schien das alles einen Sinn gehabt zu haben.

«Ich glaube, aus diesem Grund wurde ich dieses Mal als Frau geboren», sagte sie.

Sie half, eine Konferenz für westliche Nonnen in Bodh-Gaya zu organisieren, wo sie sich ihre Probleme von der Seele reden, Ansichten austauschen und ein Gefühl von Gemeinschaft und Unterstützung aufbauen konnten. Danach schloss sie sich einer kleinen, aber engagierten Frauengruppe an, die sich für die Möglichkeit der vollen Ordination von Nonnen stark machte. Sie wusste besser als die meisten, wie wesentlich dies für die Anhebung ihres Status in den Augen der Gesellschaft und für ihr Selbstwertgefühl war. Es war jedoch eine delikate und komplexe Angelegenheit, verhakt mit jahrhundertelang gehegten Tabus, weitschweifiger theologischer Argumentation und ganzen Schichten männlichen Vorurteils. Es würde Jahre der Beharrlichkeit und sanften Überredungskunst brauchen, bis die bestehende Ordnung umgestürzt werden konnte und die Lamas bereit waren, auf ihren hohen Thronen Platz zu schaffen. Aber wenigstens hatte die Bewegung ihren Anfang genommen.

Als diese Projekte auf den Weg gebracht worden waren und Tenzin

Palmo an eine Rückkehr zu einem Leben im ernsthaften Retreat zu denken begann, reifte ein anderer Plan, einer, der ihrem Herzen noch sehr viel näher stand – und der noch weit schwerer zu verwirklichen war: der Aufbau eines Klosters für Nonnen ihrer eigenen Tradition, der Drugpa-Kagyü-Schule. Der Gedanke hieran war ihr in den siebziger Jahren von ihrem Lama Khamtrul Rinpoche eingegeben worden. Er hatte in die Richtung des fruchtbaren Kangra-Tals gedeutet, wo sein eigenes Kloster, Tashi Jong, wieder aufgebaut worden war, und gesagt: «Du kannst hier ein Nonnenkloster bauen.» Damals hatte sie das als ein unmöglich zu verwirklichendes Vorhaben verworfen. Jetzt war sie älter, hatte zwölf Jahre Meditation in einer Höhle hinter sich und war wieder in die Welt zurückgekehrt. Vielleicht war das der richtige Zeitpunkt.

Aus ihrem Plan, den westlichen buddhistischen Nonnen beim Aufbau eines Klosters zu helfen, war nichts geworden, und sie wusste, wie dringend die tibetischen Nonnen der Hilfe bedurften. Wie die westlichen Nonnen hatten auch sie keinen eigenen Ort. In der Hektik des Aufbaus von Klöstern für die geflüchteten Mönche war an sie nicht gedacht worden. Folglich blieb ihnen nichts anderes übrig, als in den Klosterküchen für die Mönche zu kochen oder aber in ein häusliches Leben zurückzukehren. Sie befanden sich in einer erbärmlichen Lage.

«Die Nonnen sind so jung und frisch, so voller Hingabe und Enthusiasmus, aber sie bekommen so wenig Ermutigung. Sie sind offen und unglaublich fleißig. Wir sprechen hier von Mädchen, die den ganzen Weg von Kham bis zum Kailash, hunderte von Kilometern, und dann um den Kailash herum Niederwerfungen machen. Sie denken nicht einmal darüber nach! Und selbst die Nonne, die es, selten genug, schafft, eine gewisse philosophische Ausbildung zu erhalten, ist gehandikapt, weil sie eine Frau ist. Ich kenne den Fall einer Nonne, der es gelang, einen Studienplatz an der angesehenen Universität im indischen Sarnath zu ergattern. Sie wurde, obwohl sie mit Spitzenleistungen glänzte, nach zwei Jahren wieder herausgenommen mit der Begründung, dass sie nun für eine Frau genug gelernt habe und jedes weitere Studieren eine Vergeudung von Zeit und Geld sei.»

Der Aufbau eines Nonnenklosters war jedoch ein gewaltiges Unterfangen, und Tenzin Palmo schauderte es ein wenig bei dem Gedanken daran. Es würde Jahre der Planung, des Organisierens, weltlichen Bemühens und, nicht zu vergessen, des persönlichen Einsatzes bedeuten. Während sie noch zögerte, traf sie auf einen christlichen Mönch, einen weisen Mann, der sie davon überzeugte, dass die schwierige Option immer auch die war, die mehr Wachstum versprach.

Sie kehrte nach Assisi zurück und arbeitete in den folgenden Monaten ihre Pläne für die Art von Kloster aus, die ihr vorschwebte. Vor allem sollte es ein Ort sein, an dem Frauen ihr spirituelles Potenzial voll entwickeln und ausschöpfen konnten. Erleuchtung zu erlangen als Frau war noch immer das Ziel. Es sollte ein Ort sein, an dem die Frauen nicht nur in religiösen Dingen unterrichtet wurden, sondern sich auch in Yoginis verwandeln würden, in Frauen, die die Wahrheit im Innern verwirklicht hatten. Nur solche weisen Frauen, nicht die mit bloßen Kenntnissen, würden über die wahre spirituelle Kraft und Macht verfügen, an das Leben anderer zu rühren und es zu transformieren.

Die einzigen, die ihres Wissens so weit gekommen waren, waren die Togdenmas, das weibliche Gegenstück zu den großen Yogis von Tashi Jong, den Togdens. Die Togdenmas hatten sich in spirituellen Techniken geübt, die im 12. Jahrhundert von Rechungpa, einem der Hauptschüler Milarepas, speziell für Frauen entwickelt worden waren: Methoden, die in dem Ruf standen, Frauen in Buddhas zu verwandeln, und zwar rasch! Selbst in Tibet mit seiner Fülle an Systemen für das Erreichen der Erleuchtung galt das Verfahren Rechungpas als einzigartig. Doch seit der chinesischen Okkupation hatte man von den Togdenmas nichts mehr gesehen oder gehört. Aber noch war nicht alles verloren. Tenzin Palmo wusste, dass die alten Togdens, die jetzt in Tashi Jong in Nordindien lebten, den Schlüssel zu dieser uralten Schatztruhe besaßen. Wenn sie die richtigen Nonnen für die Ausbildung fand, konnte die Togdenma-Linie vielleicht wieder auferstehen.

«Diese Lehren sind unerhört kostbar. Sie sind eine Flamme, die durch lebendige Übertragung weitergegeben werden muss. Wenn das nicht geschieht, bevor die Togdens sterben, besteht die Gefahr, dass sie für immer ausgelöscht sind. Wird diese Traditionslinie nicht mehr praktiziert, ist sie ein für alle Mal am Ende. Wenn es mir gelänge, die Praxis und die Nonnen zusammenzubringen, würde das für viele fühlende Wesen von enormem Nutzen sein», erklärte sie.

Sie begann mit dem Ausfeilen ihrer Pläne. Das Nonnenkloster, das den Namen Dongyu Gatsal Ling (Wunderbarer Hain der Wahren Linie) erhalten würde, sollte Frauen im Alter zwischen 17 und 30 Jahren aufnehmen, die ihre Grundausbildung bereits beendet hatten. Sie gedachte weder ein Waisenhaus noch eine Grundschule zu führen. Am Anfang würden es nur zehn bis 15 Personen sein, um sicherzustellen, dass es einen Kern an gut ausgebildeten Nonnen gab, die andere unterrichten konnten. Danach konnte die Zahl auf vielleicht 100 oder 200 erhöht werden. Es war somit unabdingbar, dass für den Anfang zwei oder drei erwachsene, ausgebildete Nonnen gefunden wurden, die den jüngeren Frauen als Vorbild dienen und ihnen Lehrerinnen sein konnten.

Das anfängliche Ausbildungsprogramm mit einer Dauer von fünf Jahren würde aus dem Studium der klassischen Texte und dem Unterricht in Logik bestehen und die Schülerinnen zudem mit speziellen rituellen Praktiken und religiösen Zeremonien vertraut machen. Und die Nonnen würden als Bestandteil des Grundkurses Englisch lernen. War diese Ausbildung abgeschlossen, würden jene Nonnen, die sich dafür eigneten und weitermachen wollten, dazu auserwählt sein, sich dem Togdenma-Training zu unterziehen – der *raison d'être* des Klosters.

Neben dem Kloster sollte ein internationales Retreat-Zentrum gebaut werden, in dem Frauen aus aller Welt in einer förderlichen Atmosphäre praktizieren konnten. Sie würden allgemeine buddhistische Belehrungen und Unterweisungen für die Meditation von den Dongyu-Gatsal-Ling-Nonnen erhalten. Wenn sie sich allerdings als Togdenmas ausbilden lassen wollten, mussten sie sich erst der ganzen dafür erforderlichen Grundausbildung unterziehen, sich psychisch dafür eignen und Tibetisch können, die Sprache, die im Kloster gesprochen werden würde. Im gegenwärtigen Stadium, in dem die tiefen Verwirklichungen noch immer in den traditionellen

Praktiken des alten Tibet begründet waren, gab es keinen anderen Weg.

Abgesehen vom Klostercollege und dem internationalen Zentrum würde es auch einen Tempel, einzelne Retreat-Hütten und ein Gästehaus für den kurzen Aufenthalt von weiblichen und männlichen Besuchern geben.

Während der Grundplan für dieses Kloster in Tenzin Palmo heranreifte, begannen sich auch gewisse revolutionäre Ideen bei ihr einzunisten – Gedanken, die sie von den christlichen Gemeinschaften in Europa übernommen hatte, in denen sie Belehrungen gegeben hatte. Sie würde das traditionelle System des persönlichen Sponsorentums abschaffen, das in Tibet jahrhundertelang vorgeherrscht hatte, wonach die Mönche und Nonnen das für ihren Lebensunterhalt nötige Geld von Familienangehörigen oder reichen Schirmherren erhielten. Das war eine ärgerliche Praxis, so legte sie dar, weil sie nicht nur das Konkurrenzdenken und die Gerissenheit förderte, sondern auch eine profane Gesinnung und von der Konzentration auf das spirituelle Leben ablenkte. Die Nonnen von Dongyu Gatsal Ling sollten daher nach ökonomischer Unabhängigkeit streben. Es würde regelmäßige Phasen geben, in denen sie arbeiteten und lernten, sich ihren Unterhalt, etwa durch Kunsthandwerk, zu verdienen. (Ihr Bruderkloster Tashi Yong konnte sie in diesen Dingen umfassend unterrichten.) Die gemeinschaftliche Arbeit würde auch der Harmonie zuträglich sein. Alles eingehende Geld würde in eine Gemeinschaftskasse fließen, und jede Nonne bekäme ihre Roben, ihr Essen und ein kleines wöchentliches Taschengeld für persönliche Dinge. Das würde mit der Rivalität aufräumen.

Und weiter: «Es sollte zwar eine gewisse, aber doch nicht so augenfällige Hierarchie geben. Die hochrangigen Nonnen würden die Lehrerinnen sein, doch alle anfallenden Arbeiten sollten im Rotationsverfahren erledigt werden. Jede würde auch mal als Küchenmagd arbeiten und lernen, dass das genauso wichtig ist, wie eine Lehrerin zu sein. Ich würde ihnen beibringen, dass das achtsame Fegen des Hofes eine spirituelle Praxis ist. Und dass eine Köchin wahrscheinlich unentbehrlicher ist als eine Lehrerin! Auf diese Weise verstehen alle die Probleme der anderen. Ich wollte dieses Kloster zu einem harmonischen Ort machen, zu einem Umfeld, in dem jede aufblühen kann», sagte sie.

Einer der vielen Kritikpunkte, der den nach Erleuchtung strebenden Frauen seit ewigen Zeiten vorgehalten wird, ist der, dass sie nicht gut miteinander auskämen und dadurch gehandikapt seien. Die Männer behaupten, sie seien zänkisch und nicht imstande, gemeinschaftlich zu leben, worunter ihre spirituelle Konzentration stark leide. Das sei einer der Gründe dafür, dass es die Nonnenklöster in Tibet nicht zur gleichen Blüte gebracht hätten wie die großen Mönchsklöster.

«Das ist absoluter Unsinn», meinte Tenzin Palmo dazu. «Frauen haben seit Jahrtausenden zusammengehalten. Mir ist aufgefallen, dass sich eine ungeheure, eine ganz besondere Energie entfaltet, wenn Frauen gemeinsam an einem Projekt arbeiten. Frauen gefällt der Gedanke an Retreats allein mit Frauen. Wenn wir unsere innere Arbeit machen, kommen wir wunderbar miteinander aus. Und Frauen mögen die Gesellschaft von Frauen. Meine Tante fährt mit ihren Freundinnen nach Paris und lässt ihren Mann zu Hause – sie amüsieren sich großartig. Meiner Ansicht nach ist ‹Gemeinheit› kein natürlicher Bestandteil weiblicher Wesensart. Auch Männer rücken nicht immer zusammen.»

Sie machte sich an die Weiterentwicklung ihrer Pläne. Sie würde Hatha-Yoga einführen (der ihr in ihrem langen Retreat so sehr geholfen hatte) als Kompensation für die langen Zeiten des Sitzens und um den Körper auf die Meditation einzustellen. Körperübungen jeglicher Art waren für die tibetischen Nonnen etwas Neues. «Yoga eignet sich sehr gut. Du brauchst keine Gerätschaften und auch nicht viel Platz, und es ist sehr würdevoll», erklärte sie. «Vielleicht würde es ein bisschen Widerstand geben, aber wenn man gleich damit begänne, sollte das in Ordnung gehen. Ich halte das für wirklich wichtig.»

Je mehr sie darüber nachdachte, desto deutlicher nahm das Kloster Gestalt an. Sie legte ihren Plan den versammelten spirituellen Oberhäuptern des Tashi-Yong-Klosters, einschließlich des jungen Khamtrul Rinpoche, vor und erläuterte ihnen genau ihr Vorhaben. Als sie damit fertig war, sagte sie: «Bis heute haben die Mönche viel Hilfe erhalten, doch auch die Frauen haben Unterstützung nötig. Es ist wichtig, dass Frauen in die Lage versetzt werden, sich selbst zu helfen. Frauen brauchen Selbstvertrauen, um Lehrerinnen werden und so sich selbst versorgen zu können und nicht von Männern abhängig zu sein. Und Frauen benötigen weibliche Lehrer, andere Frauen, mit denen sie reden können und die ihre Probleme von der weiblichen Warte aus betrachten. Ich bin zutiefst davon überzeugt, dass Frauen die Erleuchtung erlangen können – es hat ihnen bisher nur an der Gelegenheit dazu gefehlt. Das also ist mein Vorhaben. Wenn ich dieses Nonnenkloster aufbaue, diene ich nicht nur meinem Lama, der als Erster diesen Vorschlag machte, sondern auch der Traditionslinie und den Frauen. Das sind die drei wichtigsten Dinge, die ich in diesem Leben tun kann.»

Es gebe allerdings eine Bedingung, erklärte sie. Sie habe keinesfalls die Absicht, Äbtissin zu werden. Sie werde dazu beitragen, das Kloster zu etablieren, aber danach würde sie zu dem von ihr in diesem Leben gewählten Weg zurückkehren – dem Weg der Kontemplation.

Das versammelte Gremium von Tashi Jong hörte sich alles an und stimmte dann zu ihrem großen Erstaunen allen ihren Vorschlägen zu. Sie gaben ihr ihren vollen Segen für ihr Projekt. Das einzige Problem sei, so sagten sie, dass sie als Flüchtlinge, die ihre eigene Gemeinschaft aufzubauen versuchten, wenig Geld übrig hätten und sie sich daher selbst darum kümmern müsse. Es sei eine große Aufgabe, erklärten sie, aber sie solle nicht verzweifeln. Sie hatten ihre Beobachtungen gemacht und sagten voraus, dass das Dongyu-Gatsal-Ling-Nonnenkloster entstehen und ein großer Erfolg werden würde.

Ja, es war ein ehrgeiziger Plan, um das Mindeste zu sagen. Und seine Umsetzung beinhaltete zahlreiche Faktoren, die dem Reich der Utopie anzugehören schienen: Land, Baugenehmigung, Architekturpläne, Baumaterial, Fachkenntnisse auf vielen Gebieten und Geld. Eine Menge Geld. Nur das Auffinden von künftigen Klosterbewohnerinnen würde leicht sein. Tenzin Palmo war heimatlos, mittellos und hatte seit 30 Jahren dem Erwerbsleben und dem weltlichen Getriebe fern gestanden. Doch das war kein Grund, es nicht zu versuchen. Mit ihrer gewohnten Beherztheit und ihrem Vertrauen in den Buddha, den Dharma und den Sangha, denen sie ihr Leben geweiht hatte, stürzte sie sich nun auf diese Aufgabe und übernahm die Rolle eines internationalen Fundraisers. Sie hatte vor, Dharma-Belehrungen zu geben, wo immer sie dazu eingeladen wurde, und hoffte, dass jemand da sein würde, der ihr zuhörte und ein paar Pfennige in ihre Bettelschale warf.

14

DIE LEHRERIN

Durch eine Wendung der Ereignisse, die sie selbst für überaus unwahrscheinlich gehalten hatte, fand sich Tenzin Palmo nun in der Rolle der Lehrerin wieder. Weder hatte sie diese Entwicklung geplant, noch freute sie sich besonders darüber, denn ein Leben in Abgeschiedenheit und die Innenschau waren ihre eigentliche Berufung. Doch hunderttausende Dollar wurden gebraucht, um das Gelände in der Nähe von Tashi Jong und die Baumaterialien zu kaufen. Um Geld aufzutreiben, blieb ihr nichts anderes übrig, als in der Welt herumzureisen, von einem buddhistischen Zentrum zum anderen, von einer interessierten Gruppe zur nächsten, und die Weisheit und die Kenntnisse zu übermitteln, die sie im Verlauf von 30 Jahren angesammelt hatte. Es war ein schmerzlich langsamer Prozess, denn ihre Einnahmen beruhten allein auf freiwilligen Spenden. Trotzdem blieb Tenzin Palmo erstaunlich gelassen und ruhig und nahm jede Spende, seien es fünf oder 5000 Dollar, mit der gleichen aufrichtigen Dankbarkeit entgegen.

«Die hohen Lamas hatten dem Projekt ihren Segen gegeben und gesagt, dass es verwirklicht werden würde. Also hatte ich Vertrauen und machte weiter.» Doch der radikale Wechsel ihrer Lebensweise frappierte sie immer noch. «Ich wusste nicht, wie ich da hineingeraten war. Wenn mir jemand vor ein paar Jahren gesagt hätte, dass ich um die Welt reisen, unterrichten und Geld sammeln würde, hätte ich ihn für verrückt gehalten», sagte sie, lehnte sich zurück und verschränkte die Hände hinter dem Kopf. «Aber wenn ich es nicht machte, wer dann? Und es war eine Möglichkeit, mich für die Güte meines Lamas zu bedanken.»

Obwohl er seine Richtung leicht geändert hatte, hielt der Fluss, der Tenzin Palmos Leben durchzog, sie immer noch fest im Griff seiner Strömung. Wie immer ergab sie sich darein, ließ sich von ihm tragen, wohin er sie offensichtlich führen wollte. Sie fing 1994 in Singapur an, ein Jahr nach ihrer leidenschaftlichen, an den Dalai Lama gerichteten Rede. Anfänglich liefen die Dinge nicht sehr gut. Sie hatte Singapur aufs Geratewohl gewählt, nichts war organisiert. Niemand wusste, dass sie sich in der Stadt befand, wer sie war, und sie hatte absolut keine Erfahrung darin, Reklame für sich zu machen. Als sie schon zu glauben anfing, die Sache sei hoffnungslos, stieß sie auf eine alte Freundin, eine Chinesin namens Wong Pee Lee. Es muss ein bemerkenswertes Wiedersehen gewesen sein, denn in der Nacht zuvor hatte Pee Lee einen überaus eindrücklichen Traum. Darin hatte sie Tenzin Palmo gesehen, umringt von in wunderschöne Seidengewänder gehüllte Dakinis, und eine Stimme hatte gesagt: «Es ist jetzt an der Zeit, dass du den Frauen hilfst.» Tenzin Palmo erzählte Pee Lee von ihrer Mission, ein Nonnenkloster aufzubauen. Pee Lee erinnerte sich an ihren Traum, schritt zur Tat und der erste von hunderten von Vorträgen wurde organisiert. Von Singapur aus reiste Tenzin Palmo durch ganz Südostasien. Ihre Tour führte sie nach Malaysia, Taiwan, Brunei, Hongkong, Sarawak, Indonesien, Kambodscha, die Philippinen, dann nach England und Frankreich, weiter in die Vereinigten Staaten und dort kreuz und quer nach Washington, Seattle, New York, Maryland, Vermont, Hawaii, die kalifornische Küste rauf und runter, bevor sie nach Asien zurückkehrte und die Runde von neuem begann. Jedesmal nahm jemand den Stab auf und organisierte eine Zusammenkunft. Es fehlte weder an Vortragsräumen noch an Helfern. Wo immer sie hinkam, versammelten sich Leute, da das Wort von der Engländerin, die zwölf Jahre in einer Höhle im Himalaya meditiert hatte, die Runde gemacht hatte und die Menschen, neugierig geworden, dieses Phänomen mit eigenen Augen sehen wollten. Viele waren auch erpicht darauf zu hören, wie sich eine solche Erfahrung in Worte übersetzte.

Sie wurden nicht enttäuscht. Obwohl sie sich nur widerstrebend auf die Bühne begeben hatte, erwies sich Tenzin Palmo als inspirierte Lehrerin. Sie sprach aus dem Herzen, ohne Notizen, ohne Vorbereitung, und die Worte strömten kristallklar aus ihr heraus. Mehr als alles andere enthüllten sie das wahre Ausmaß ihrer spirituellen Reife und all dessen, was sie in der Höhle erreicht hatte. Gleichsam als Beweis dafür, dass die Quintessenz weiblicher Qualität der messerscharfe Schnitt durch alle abstrakten Theorien und verknöcherten intellektuellen Konstrukte war, ignorierte sie alle traditionellen Herangehensweisen und kam direkt zum Kern der Sache. Sie war pragmatisch, bodenständig, klar. Ihr Publikum sog alles auf. Hier war eine Person, die den Buddha-Dharma flüssig und beredt übermitteln konnte, jemand der mit den Nuancen und versteckten Motiven der westlichen Psyche vertraut war und, vor allem, aus eigener Erfahrung sprach statt ein lediglich angelerntes Wissen vorzutragen. Und schließlich: Es war eine Frau, eine Nonne da oben auf dem Podium – das war in der Tat etwas Neues.

Darauf hatten viele gewartet. Die tibetischen Lamas, die Buddhas Worte als erste den gespannten Westlern zu Gehör gebracht hatten, hatten diese in erster Linie durch die Kraft ihrer spirituellen Präsenz begeistert. Den Sinn herauszufiltern, der sich hinter der sprachlich unbeholfenen Übermittlung und dem exotischen kulturellen Kontext verbarg, hatte außerordentlich harte Arbeit erfordert. Es entstanden Verwirrung und Probleme, denn die Lamas, daran gewöhnt, ihre Worte an Versammlungen speziell ausgebildeter Mönche zu richten, wussten nicht, wie man den Buddha-Dharma auf geeignete Art Hausfrauen und normalen Berufstätigen im Westen nahe brachte.

Bei Tenzin Palmo war das anders. Sie begab sich von tibetischen Meditationszentren zu Zen-Gruppen, von hingebungsvollen Vipassana-Praktizierenden zu christlichen Gemeinschaften, ja sogar zu nichtreligiösen Organisationen und ließ sie an ihrer Weisheit, ihrem gesunden Menschenverstand und ihren hart errungenen Einsichten teilhaben. Und mit ihren Reisen nahm ihr Einfluss zu, und ihr Ruf verbreitete sich, obwohl sie gar nicht darauf aus war.

«Unser Gehirn gleicht einem Schrottplatz. Wir füttern es meist mit Müll! Gespräche, Zeitungen, Vergnügungen – wir stopfen einfach alles hinein. Da drin findet eine Jamsession statt. Und das Problem ist, dass uns das sehr müde macht», sagte sie zu einer Gruppe von Beschäftigungstherapeuten in Seattle. Diese hatten gehört, dass sie in der Stadt war, und sie eingeladen, einen Vortrag zu halten, da sie glaubten, ihre Erfahrungen könnten ihnen bei der Bewältigung der Stressbürde helfen, die sie mit sich herumschleppten. «Ich gratuliere Ihnen allen zu der Arbeit, die Sie machen», fuhr sie fort. «Sie haben sie nicht nur gewählt, weil Sie Ihren Lebensunterhalt verdienen müssen. Es gibt leichtere Wege, zu ein paar Dollar zu kommen. Irgendwie haben Sie sich für diese Arbeit entschieden, weil Sie helfen möchten. Ihr gebt und gebt und müsst wieder aufgefüllt werden – sonst werdet ihr zu einem leeren Gefäß. Wir müssen sowohl nehmen als auch geben.

Wenn wir uns erholen wollen, schalten wir normalerweise den Fernseher ein, gehen aus oder genehmigen uns einen Drink. Aber das verschafft uns keine wirkliche Erholung. Damit stopfen wir nur noch mehr Zeug in uns hinein. Um zu einer echten Entspannung zu kommen, müssen wir uns etwas inneren Raum geben. Wir müssen die Schutthalde wegräumen, den inneren Lärm abstellen. Und das tun wir, indem wir mit unserem Geist im Augenblick verweilen. So erholt er sich am besten. Das ist Meditation. Gewahrsein. Der Geist ist entspannt und wach. Fünf Minuten, und Sie fühlen sich erfrischt und hellwach», versicherte sie.

«Die Leute sagen, sie hätten für Meditation keine Zeit. Das stimmt nicht! Sie können meditieren, wenn Sie einen Flur entlanggehen, darauf warten, dass der Computer ein Programm lädt, wenn Sie bei Rotlicht vor der Ampel stehen, in der Schlange warten, ins Badezimmer gehen, Ihr Haar kämmen. Seien Sie einfach in der Gegenwart, ohne mentalen Kommentar.

Wählen Sie für den Anfang eine Aktivität am Tag aus, und beschließen Sie, während dieses einen Vorgangs vollkommen gegenwärtig und gewahr zu sein. Beim Tee am Morgen, beim Rasieren. Fassen Sie den Vorsatz, sich dabei wirklich ganz auf das Hier und Jetzt zu konzentrieren. Es ist alles Gewohnheit. Im Augenblick haben wir die Gewohnheit, nicht gewahr zu sein. Wir müssen uns angewöhnen, gegenwärtig zu sein. Alles öffnet sich, wenn wir erst einmal anfangen, im Augenblick gegenwärtig zu sein. Wenn wir achtsam sind, gibt es keinen inneren Kommentar – es ist eine sehr nackte, unverhüllte Erfahrung, wachsam, intensiv und klar.»

Sie betonte bei jeder Gelegenheit, dass man, um ein spirituelles Leben zu führen, nicht ihren Weg gehen müsse. «Meditation heißt nicht nur, dass man zwölf Jahre in einer Höhle sitzt. Sie bedeutet auch Alltagsleben. Wo sonst praktizieren Sie Großzügigkeit, Geduld, ethisches Verhalten? Wie viel Geduld musste ich denn aufbringen, um in meiner Höhle zu sitzen und den Wölfen beim Heulen zuzuhören? Letztlich geht es beim Buddha-Dharma um die Transformation des Geistes, der im buddhistischen Sprachgebrauch das Herz mit einschließt. Die Transformierung von Geist und Herz lässt sich nicht erreichen, wenn wir nur in Meditation dasitzen und den Dharma des Alltagslebens ignorieren», betonte sie.

Sie würzte ihre Vorträge mit Zitaten aus den Sutras, mit Geschichten, die sie gehört hatte, mit eigenen Erfahrungen, mit Dingen aus dem heutigen Leben: «*Und täglich grüßt das Murmeltier* ist ein sehr buddhistischer Film», sagte sie. «Er handelt von einem Mann, der immer und immer wieder den gleichen Tag durchleben muss. Er kann nicht verhindern, dass die Ereignisse stattfinden, merkt aber, dass die Art und Weise, wie er auf sie reagiert, sich auf die ganze Erfahrung des Tages auswirkt und sie verwandelt. Das entdeckt er, nachdem er seine Feindseligkeit und seine Gier überwunden hat. Als er anfängt, auch an andere zu denken, fühlt er sich besser. Natürlich braucht er sehr lange, bis er den dahinterstehenden Gedanken erfasst, was daraus zu ersehen ist, dass er am Anfang des Films Klavier spielen lernt und am Schluss eine Sonate spielt.»

Vor einer spezifisch buddhistischen Zuhörerschaft erweiterte sie das Thema und ging mehr in die Tiefe. «Achtsamkeit kann in zweierlei Hinsicht interpretiert werden», sagte sie. «Da ist die ‹Konzentration›, die eingerichtet und gebündelt wie ein Laserstrahl ist, und dann das ‹Gewahrsein›, das mehr einem Rundblick ähnelt. Man kann das Musikhören als Beispiel nehmen. Wenn man Musik wirklich hört, ist es so, als sei man in ihr versunken. So wie der Dichter T. S. Eliot es ausdrückte: ‹Musik, so tief gehört, dass du sie gar nicht hörst, doch für die Dauer der Musik bist du die Musik.› Das ist Konzentration. Gewahrsein aber bedeutet, dass man weiß, dass man in der Musik versunken ist. Erkennen Sie den Unterschied? Wenn wir gewahr sind, erfasst unsere Achtsamkeit nicht nur das, was wir tun, sondern auch unsere Gefühle, die aufsteigenden Emotionen und das Geschehen in unserem Umfeld.

Es ist so einfach, dass es uns ganz entgeht. Wir meinen, es müsse etwas Größeres, Spektakuläreres sein. Was glauben die Leute denn, was spirituelle Entwicklung ist? Da ist nichts mit Lichtern und Trompetenmusik. Sie ist etwas sehr Einfaches. Sie findet im Hier und Jetzt statt. Die Menschen stellen sich vor, dass Erleuchtung und Verwirklichung irgendetwas in der Ferne sei – ein fantastisches und großartiges Ereignis, das alles ein für alle Mal transformiert. Aber so ist es ganz und gar nicht. Es ist manchmal etwas so Einfaches, dass wir es kaum wahrnehmen. Es existiert vor unserer Nase, so nah, dass wir es nicht bemerken. Und es ist etwas, das jeden Augenblick passieren kann. In dem Augenblick, in dem wir es sehen, ist es da. Es war die ganze Zeit da, aber wir hatten unser inneres Auge geschlossen. Wenn sich die Augenblicke des Gewahrseins alle zusammenschalten – dann werden wir ein Buddha.

Das Sanskrit-Wort für Achtsamkeit ist *smriti*, in Pali heißt es *sati* und im Tibetischen *drenpa*. Bemerkenswerterweise bedeuten alle diese Begriffe wörtlich übersetzt ‹Erinnerung›. Es ist das, was die Katholiken mit ‹im Zustand der Versenkung sein› bezeichnen. Und das ist außerordentlich schwer. Wenn wir nur ein paar Minuten gewahr sein können, ist das schon eine Menge. Wenn Achtsamkeit gleichbedeutend ist mit ‹Erinnern›, folgt daraus, dass der Feind des Gewahrseins ‹Achtlosigkeit› oder ‹Vergesslichkeit› ist. Wir können ein paar kurze Augenblicke gewahr sein, und dann sind wir achtlos, vergesslich. Wie erinnern wir uns daran, dass wir uns erinnern sollen? Das ist der Knackpunkt. Das Problem ist unsere ungeheure Trägheit. Wir haben einfach nicht die Angewohnheit, uns zu erinnern.»

Sie suchte zur Verdeutlichung ihrer Aussage nach einer Analogie. «Im Moment ist es so, als schauten wir durch ein Fernglas und die Sicht ist verschwommen. Wenn wir eine Erfahrung machen, nehmen wir sie durch einen Filter von Ideen, vorgefassten Meinungen und Urteilen wahr. Wenn wir zum Beispiel einer Person begegnen, sehen wir sie nicht so, wie sie wirklich ist, sondern im Kontext dessen, was wir über sie denken – wie sehr wir sie mögen oder nicht mögen, wie sehr sie uns an einen anderen Menschen erinnert, welche Eigenschaften sie hat. Wir erleben sie nicht in ihrem Selbst. Und das gilt für alles, was wir wahrnehmen – für alles, was wir sehen, essen, hören, berühren. Alles wird sofort in Übereinstimmung mit unseren Gedanken und Erfahrungen zurückübersetzt und interpretiert.

Vielleicht denken wir: ‹Na und? Was soll's. Es spielt keine Rolle.› Doch damit hinken wir immer ein paar Schritte hinter der Erfahrung selbst her und werden deshalb immer konditionierter, immer roboterhafter. Wir ähneln zunehmend einem Computer. Jemand ‹drückt auf unsere Knöpfe›, wie man so treffend sagt, und heraus kommt eine konditionierte Reaktion.

Was müssen wir tun? Wir müssen alles in den Brennpunkt rücken, eine Scharfeinstellung vornehmen, die Dinge so sehen, wie sie wirklich sind, so, als sähen wir sie zum ersten Mal – wie ein kleines Baby, das die Wandbilder in einem Tempel betrachtet, wie die Tibeter sagen. Das Baby sieht die Farben und Formen ohne Urteil, mit frischem, unvoreingenommenem Geist. Das ist der Geisteszustand, den wir in unser Alltagsleben einbringen müssen. Wenn wir lernen können, das zu tun, ohne irgendetwas anderes zu tun, wird sich dadurch die Situation automatisch verwandeln.»

Sie fuhr mit einer umfassenden Beschreibung der verschiedenen Methoden fort, mittels derer «gewöhnliche» Menschen allmählich Achtsamkeit erreichen können. Ihre Anweisungen waren, wie stets, außerordentlich pragmatisch. Sie erklärte den Leuten, wie sie ihren Atem, ihren Körper, ihre Gedanken beobachten konnten. Die Instruktionen waren detailliert und klar. Manchmal wurde ihre Stimme lebhaft, melodisch, bekam jenes «Sprudelnde», für das sie in ihrer Kindheit bekannt war, wenn ein Gedanke sie erregte.

«Die Leute haben die Vorstellung, dass man, um eine spirituelle Person zu werden, so ein kosmischer Kloß werden muss, und davor haben sie Angst. Aber so ist es überhaupt nicht. Es bedeutet nicht, dass man nichts mehr fühlt, dass man emotional völlig flach ist. Man hat immer noch seine eigene Identität, seine Persönlichkeit – nur glaubt man nicht mehr an sie. Wenn wir hohen Lamas begegnen, stellen wir fest, dass sie überaus lebhaft sind. Das kommt daher, dass die vielen Knoten im Bewusstsein, die uns so behindern und hemmen, von ihnen abgefallen sind und die eigentliche, spontane Natur des Geistes durchscheinen kann. Der Geist des Buddha ist kein blankes Nichts – er ist von Mitgefühl, Freude und Humor erfüllt. Er ist wundervoll licht. Er ist zudem außerordentlich sensitiv und zutiefst intelligent», sagte sie und hielt auf der Suche nach einem veranschaulichendem Beispiel inne.

«Gewahrsein ist wie ein Surfboard. Wenn Sie ein Surfer sind, wollen Sie keinen stillen See, Sie wollen eine große Welle. Je größer die Welle, desto größer der Spaß, richtig? Milarepa sagte: ‹Je größer der Tumult, desto größer die Freude›, denn er glitt darüber hinweg, geschickt das Gleichgewicht bewahrend. Aus spiritueller Sicht ist es nicht von Vorteil, ein Hase zu sein. Besser, man ist ein Tiger», fuhr sie, die Metapher wechselnd, fort. «Hasen sind sehr lieb und kuschelig, aber sie besitzen kein großes Potenzial für den Druchbruch. Tiger hingegen sind sehr wild, doch genau diese schiere Energie ist es, die, wenn sie geschickt gehandhabt wird, auf dem Weg gebraucht wird. Alle großen Heiligen waren sehr leidenschaftliche Menschen. Sie haben ihre Leidenschaften nur nicht in negativen Kanälen versickern lassen. Sie nutzten sie als Treibstoff auf ihrem Weg zur Erleuchtung.»

An diesem Punkt schien sie dem größten aller in einer Höhle Meditierenden nahe zu kommen, Milarepa, dem Begründer ihrer eigenen Traditionslinie, der von seinen Erfahrungen über die Lehre hinausgetragen wurde.

Seit langem in mündlich übertrag'ne Weisheit mich versenkend,
Was Schrift und Druck in Büchern fasst, vergaß ich ganz.
Seit langem angleichend neu Erfahrenes dem geist'gen Wachstum,
All Glaubensmeinung, alle Lehr' vergaß ich ganz.
Seit langem alles Irdischen Bedeutung kennend,
Der Worte und der Sätze Herkunft vergaß ich ganz.

Je fortgeschrittener ihre Zuhörerschaft war, desto gehaltvoller und lebhafter wurden ihre Vorträge, die dann oft in einen angeregten Dialog übergingen.

«Da ist der Gedanke, und dann ist da das Wissen um den Gedanken. Und der Unterschied, der zwischen dem Gewahrsein des Gedankens und dem bloßen Denken besteht, ist ungeheuer. Gewaltig ... Normalerweise identifizieren wir uns so sehr mit unseren Gedanken und Emotionen, dass wir sie sind. Wir sind das Glücklichsein, wir sind die Wut, wir sind die Angst. Wir müssen lernen, zurückzutreten und zu erkennen, dass unsere Gedanken und Emotionen einfach nur Gedanken und Emotionen sind. Es sind schlicht mentale Zustände. Sie sind nichts Stabiles, Substanzielles, sie sind transparent», sagte sie, bevor sie zum Kernpunkt kam. «Das muss man wissen und darf sich dann nicht mit dem identifizieren, der dies weiß. Man muss wissen, dass der Wissende nicht ein Jemand ist.»

Stille kehrte ein. Tenzin Palmo hatte sich auf zutiefst philosophisches Terrain begeben. Eine Stimme aus dem Publikum ließ sich vernehmen: «Auch der Wissende ist nicht ein Jemand – das ist schwierig!»

«Ja! Aber das war Buddhas große Erkenntnis», erwiderte Tenzin Palmo ruhig und in respektvollem Ton.

«Du denkst, du hast es kapiert, wenn du begreifst, dass du nicht deine Gedanken oder Gefühle bist – aber wenn du weiter gehst und weißt, dass du nicht der Wissende bist, dann bringt dich das zu der Frage: ‹Wer bin ich?›», ließ sich die Stimme aus dem Publikum wieder vernehmen.

«Und das war Buddhas große Einsicht – die Erkenntnis, dass, je weiter wir zurückgehen, unser Bewusstsein desto offener und leerer wird. Statt eine solide, kleine, ewige Wesenheit zu finden, die das ‹Ich› ist, gelangen wir zu diesem ungeheuer weiträumigen Geist, der mit allen Lebewesen wechselseitig verbunden ist. In diesem Raum müssen wir uns fragen, wo das ‹Ich› und wo das ‹Andere› ist. Solange wir uns im Bereich der Dualität befinden, existieren das ‹Ich› und das ‹Andere›. Das ist unsere Grundtäuschung – das ist es, was alle unsere Probleme verursacht», sagte Tenzin Palmo mit Entschiedenheit. «Deshalb haben wir das Gefühl, so getrennt, so vereinzelt zu sein. Das ist unsere Grundunwissenheit.»

Das ist Buddhismus in seiner Quintessenz – die Philosophie der Leerheit oder Leere –, das Heilmittel für alles Leid der Menschheit.

Der Dialog mit dem Publikum setzte sich fort. «Diese Dualität, dieses Gefühl des Getrenntseins, ist also die Ursache unseres fundamentalen Schmerzes, der tiefen Einsamkeit, die wir Menschen im Kern unseres Wesen empfinden?»

«Natürlich», erwiderte Tenzin Palmo. «Sie erschafft alles. Die Unwissenheit, die der Buddhismus hier meint, ist nicht die Unkenntnis von diesem oder jenem auf intellektueller Ebene – es ist eine Unwissenheit im Sinne von unbewusst sein. Wir erschaffen dieses Gefühl von einem ‹Ich› und all dem anderen, das ‹Nicht-Ich› ist. Und daraus entsteht das Angezogensein von anderen ‹Nicht-Ichs› – von dem, was ‹ich› will, und die Abneigung gegenüber allem, was ich nicht will. Das ist die Quelle unserer Gier, unserer Aversionen und aller unserer negativen Eigenschaften. Es entsteht alles aus dieser dualistischen Grundauffassung.

Wenn wir erst einmal erkennen, dass die Natur unserer Existenz jenseits von Gedanken und Emotionen liegt, dass sie von unglaublicher Weite und mit allen anderen Wesen wechselseitig verbunden ist, fällt das Gefühl von Isolation, von Angst und Hoffnung von uns ab. Das ist eine ungeheure Erleichterung, eine Erlösung!», sagte sie, und das Publikum musste ihr glauben. Es war die mystische Wahrheit, die Heilige aller Religionen entdeckt haben – die Freude der Einheit, die entsteht, wenn das Ego abgestreift worden ist.

Sie legte wieder eine Pause ein. «Der Grund dafür, dass wir nicht erleuchtet sind, ist, dass wir faul sind», fuhr sie fort, sich auf die in der Höhle gemachte Entdeckung ihrer eigenen größten «Schwäche» beziehend. «Es gibt keinen anderen Grund. Wir sind nicht darauf aus, uns in die Gegenwart zurückzubringen, weil wir von den Spielen unseres Geistes zu fasziniert sind. Denkt man wirklich darüber nach, dann geht es bei der Entsagung nicht so sehr um das Aufgeben von äußerlichen Dingen wie zum Beispiel Geld oder das Verlassen von Heim und Familie. Das ist leicht. Echte Entsagung bedeutet, dass wir die uns lieben Gedanken, unser Schwelgen in Erinnerungen, unsere Hoffnungen und Tagträume, unser mentales Geschnatter aufgeben. Darauf zu verzichten und nackt und bloß in der Gegenwart zu verweilen, das ist Entsagung», sagte sie, nun leidenschaftlicher werdend.

«Wir sprechen zwar davon, dass wir die Erleuchtung erlangen wollen, aber im Grunde wollen wir es nicht. Nur kleine Teile von uns möchten es. Das Ego, das denkt, wie nett, bequem und angenehm es doch wäre. Aber dann wirklich alles fallen zu lassen und es anzugehen! Wir könnten es binnen eines Augenblicks bewerkstelligen, aber wir machen es nicht. Und der Grund ist der, dass wir zu faul sind. Wir werden durch Angst und Lethargie davon abgehalten – von der großen Trägheit des Geistes. Die Praxis ist da. Jeder Mensch, der sich auf dem buddhistischen Weg befindet, weiß mit Sicherheit um diese Dinge. Wie kommt es also, dass wir nicht erleuchtet sind? Es liegt an keinem anderen als an uns selbst. Und deshalb verweilen wir im Samsara – weil wir immer Ausreden finden. Stattdessen sollten wir uns aufwecken. Beim ganzen buddhistischen Weg geht es ums Aufwachen. Doch der Wunsch, weiterzuschlafen, ist zu stark. Auch wenn wir noch so oft erklären, dass wir aufwachen wollen, um allen fühlenden Wesen zu helfen, wollen wir es im Grunde doch nicht. Wir möchten träumen.»

Was sie sagte, war tief empfunden und wirkte umso stärker, als alle Anwesenden spürten, dass sie aus eigener Erfahrung sprach.

Sie führte in einer der ältesten amerikanischen buddhistischen Einrichtungen, Goat in the Road im kalifornischen Muir Beach, ein Wochenendseminar zum Thema «Wie man das Herz öffnet» durch. Das war ihr besonders wichtig, da sie in einigen der neu eröffneten westlichen buddhistischen Zentren, die sie besucht hatte, einen gravierenden Mangel an Herzenswärme erlebt hatte. «Ich komme herein, und es herrscht eine drückende, ziemlich kalte Atmosphäre. Ich meine, sie reden ungeheuer viel über Mitgefühl und Bodhicitta, aber in ihren Herzen ist keine wirkliche Freundlichkeit und Güte, nicht einmal für die Personen in ihrer eigenen unmittelbaren Umgebung. Irgendetwas läuft schief. Der Dharma funktioniert nicht so, wie er sollte. Ich sehe Leute, die schon seit Jahren ernsthaft den Buddhismus studieren und praktizieren und immer noch dieselben Komplexe und Probleme haben.»

Das Seminar war restlos ausgebucht, sie saß vor ihrem Publikum, sprach die Situation an und versuchte, Abhilfe zu schaffen: «Sehr oft besteht eine fundamentale Trennung zwischen der Praxis und uns selbst. Die Praxis bleibt außerhalb unserer selbst. Uns Westlern fällt die Überwindung unserer Kopflastigkeit sehr schwer. Wir gehen die

Meditation nur vom Verstand her an und somit die Dualität – Subjekt und Objekt. Die Praxis muss sich ins Herz hinabsenken, muss irgendwo tief in unserem Innern landen. Dann gibt es kein Subjekt (ich) und Objekt (die Meditation) mehr. Dann findet eine Transformation auf sehr tiefer und grundlegender Ebene statt.

Im Augenblick blicken wir Westler ins Herz hinab – in die Visualisationen, die wir dort aufbauen. Wir müssen lernen, ins Herz hinunterzukommen, zum Sitz unseres wahren Selbst. Wenn wir ‹ich› meinen, deuten wir instinktiv auf unser Herz, nicht auf unseren Kopf. Das Problem ist, dass wir nicht diesen Sprung machen und selbst zur Meditation werden. Deshalb transformieren wir uns nicht. Liebe und Mitgefühl sollten etwas so Spontanes sein, dass wir nicht darüber nachdenken müssen. Sie sind kein theoretischer Gedanke. Sie sind etwas, das wir fühlen. Das sich öffnende Herz ist etwas ganz Reales», sagte sie fast flehentlich.

Und dann geleitete sie die Gruppe in eine kurze Meditation. Sie saß in der Lotoshaltung, die Augen geschlossen, die Hände waren im Schoß ineinander gelegt, und in Sekunden zeigte sich auf ihrem Gesicht ein Ausdruck von Seligkeit und Ruhe, ein kleines Lächeln spielte um ihren Mund. Ganz offensichtlich funktionierte es, zumindest bei ihr.

Wo immer sie hinkam, standen die Menschen Schlange, um sie zu sehen. Einmal empfing sie in Madison, New Jersey, sechs Stunden lang am Stück Leute zu einem persönlichen Gespräch, im Fünfzehnminutentakt. Sie kamen mit ihren persönlichen Problemen, ihren Schwierigkeiten im Beruf, ihren spirituellen Fragen, ihren Sorgen und ihrem Leid zu ihr. Sie war für jede einzelne Person da, hörte zu, gab Ratschläge, hielt ihre Hand, weinte, wenn sie etwas dazu bewegte. Sie schien nie müde oder ungeduldig zu werden. Eine Frau fragte sie, wie sie ihren Job bei der Armee mit ihrem neu gefundenen buddhistischen Glauben an Gewaltlosigkeit vereinbaren könne. Eine junge Nonne breitete vor ihr ihr Elend aus, weil sie sich von ihrer Gemeinschaft nicht unterstützt fühlte. Ein rundgesichtiger junger Mönch wollte ihr einfach nur von seiner eigenen spirituellen Reise berichten. Eine Kalifornierin in mittleren Jahren fragte, wie man denn von ihr erwarten könne, Verantwortung für das Wohlergehen aller Lebewesen zu übernehmen, wo sie doch gerade zehn Jahre Therapie hinter sich habe, um zu lernen, sich für ihre alkoholabhängige Mutter nicht verantwortlich zu fühlen. Ein Mann, dem die schauerlichen buddhistischen Geschichten über die Höllenbereiche stark zu schaffen machten, wollte wissen, was nach Tenzin Palmos Ansicht nach dem Tod geschehe. Ihre Antwort zeigt, dass sie sich auch nach Jahrzehnten der Versenkung in den Buddhismus ihre geistige Unabhängigkeit bewahrt hatte.

«Ich habe einmal einen Lama danach gefragt, da ich seiner Ansicht nach definitiv in den Höllenbereichen landen würde. ‹Mach dir deswegen keine Sorgen›, meinte er und gab mir einen Klaps auf den Rücken. ‹Wir sagen das nur, damit sich die Leute gut benehmen.› Ehrlich gesagt, glaube ich nicht, dass das funktioniert. Wir haben es so schon schwer genug. Den Leuten mit Geschichten über die Hölle Angst einzujagen führt zu nichts – es bringt sie nur dazu aufzugeben!

Die Lamas haben die Tendenz, den Zustand nach dem Tod als Belohnung oder Bestrafung für unser Tun in diesem Leben hinzustellen, der dann für eine gewisse Zeit anhält, bis wir wieder auf die Erde zurückkehren und von neuem an unserer spirituellen Entwicklung zu arbeiten beginnen», fuhr sie mit ihrer Erläuterung fort. «So, als würden wir in diesem Leben Geld ansparen und es dann im nächsten ausgeben, um anschließend wieder mit dem Sparen anfangen zu müssen. Für mich persönlich ergibt die Vorstellung der Spiritualisten mehr Sinn. Sie glauben ebenfalls, dass es nach dem Tod viele verschiedene Dimensionen gibt, in die man sich begeben kann und in denen man gleichgesinnten Wesen begegnet. Der Unterschied ist der, dass sie davon ausgehen, dass wir nach dem Tod daran arbeiten können, anderen zu helfen, die in einer weniger glücklichen Lage sind, was dann zu einer spirituellen Weiterentwicklung führt. Das ist eine der Möglichkeiten, wie wir uns durch die Kultivierung von Liebe und Mitgefühl auch im Geisterreich fortentwickeln können.»

Der Mann zog erleichtert von dannen.

Nicht nur die Menschen im Publikum waren auf eine Begegnung mit Tenzin Palmo erpicht. Etablierte Lehrerinnen und Lehrer, die sich ebenfalls vor die Aufgabe der Darlegung des Buddhismus im Westen gestellt sahen, waren neugierig und wollten sich von der

Tauglichkeit ihrer Ausführungen überzeugen. Yvonne Rand, die Gründerin von Goat in the Road, gehörte zu ihnen. Als eine von Amerikas führenden Zen-Unterweisenden und glühende Verfechterin der Verwirklichung von weiblichen Eigenschaften, Werten und Prinzipien im Buddhismus war sie besonders stark an Tenzin Palmo interessiert.

«Ich schätze die Tatsache, dass sie eine Frau ist und den Leuten sehr selbstsicher und auf verständliche Art die Kerngedanken der Lehre übermittelt. Sie ist eine sehr begabte Lehrerin. Außerdem ist sie in keiner Weise sentimental, was ich besonders mag», sagte sie. «Wir haben eine rasch ansteigende Zahl von Lehrerinnen, und da wir mehr und mehr auf nicht sektiererische Weise zusammenarbeiten, wird das zu mehr Selbstvertrauen führen. Diese Kooperation ist ein überaus kreativer Prozess.»

«Sie ist ungewöhnlich – ich glaube, sie kam mit einem ziemlich reinen Geist in dieses Leben», sagte Lama Palden Drolma, eine Kalifornierin, die ihren Lama-Titel nach der Vollendung eines dreijährigen Gruppenretreats unter der Anleitung des bedeutenden Lehrers Kalu Rinpoche erworben hatte. Sie hatte Tenzin Palmo zu einem Vortrag in ihrer gerade eröffneten Sukhasiddhi Foundation in Mill Valley, San Francisco, eingeladen. «Für mich ist ihr ganzes Leben eine Inspiration. Die Tatsache, dass sie 30 Jahre lang Nonne geblieben ist, ist schon für sich genommen eine großartige Leistung. Ihre Hingabe ist eindrucksvoll. An ihr kann man sehen, dass der Dharma wirklich funktioniert. Sie ist warmherzig, ganz natürlich, und ich persönlich kann nicht viel Ego in ihr spüren. Sie ist zudem eine außergewöhnlich klar denkende Lehrerin, die den Dharma auf sehr direkte und gehaltvolle Weise zum Ausdruck bringt. Es wollten sie so viele Menschen hören, dass wir eine Menge wieder wegschicken mussten.»

Trotz ihres unzweifelhaft erfolgreichen Lehrprogramms, der Schar von Anhängerinnen und Anhängern, die sie um sich versammelte, und ihres ständig wachsenden Rufs, blieb Tenzin Palmo eigentümlich unbeeindruckt. Ganz offensichtlich konnte sie leicht ein Guru werden, doch diesen Job wollte sie schlicht nicht.

«Es macht mir einfach keinen Spaß», sagte sie offen. «Wenn ich unterrichte, höre ich diese kleine Stimme in mir sagen: ‹Was machst du denn da?› Und daher denke ich, dass es nicht richtig sein kann. Natürlich treffe ich viele wunderbare Menschen, denen ich normalerweise nicht begegnen würde. Alle sind sehr freundlich. Aus Fremden werden Freunde. Und ich lerne eine Menge daraus, dass ich mich in unterschiedlichen Situationen befinde, Fragen beantworte, unterrichte. Tatsächlich denke ich oft, dass ich mehr lerne als die Menschen, die ich belehre. Ich sehe die Dinge auf neue Art. Das ist hilfreich. Aber es ist einfach etwas, das ich nicht für den Rest meines Lebens tun möchte.»

Doch vorerst machte sie weiter. Sie hatte eine Aufgabe zu erledigen, einem Bedürfnis zu entsprechen. Andere Frauen strebten nach Erleuchtung, und sie musste darauf antworten. Ihr Bodhisattva-Gelübde, «alle leidenden Wesen zu befreien und in die Seligkeit zu führen», verlangte es. Und ihr Tun erweiterte ihre Perspektive erheblich. Hatte sie zunächst ihre persönliche Befreiung als Frau angestrebt, so half sie nun anderen Frauen, dieses Ziel zu erreichen. Und so, wie sie zu den ersten westlichen Frauen gehörte, die den Buddhismus für sich entdeckten, Nonne wurde und in einer Höhle im verschneiten Himalaya lebte, war sie jetzt, mit 50, immer noch eine Pionierin – bahnte immer noch den Weg, diesmal bei einem noch ehrgeizigeren Projekt. Und so machte sie weiter, ganz ohne Hektik und Getue, und stieß nur gelegentlich einen Seufzer aus.

15

HERAUSFORDERUNGEN

Aus der vormaligen «Höhlenbewohnerin» Tenzin Palmo war eine Weltreisende geworden. Sie, die so lange an einem einzigen Ort verharrte hatte, jagte nun um den Globus. Sie, die sich ins Schweigen versenkt hatte, sprach nun stundenlang. Sie, die eine zutiefst einfache Existenz geführt hatte, sah sich nun mit der ganzen Bandbreite des ausgehenden 20. Jahrhunderts konfrontiert. Die Welt, in die sie wieder eingetreten war, war ein radikal anderer Ort als jener, den sie, als sie 1963 nach Indien aufbrach, verlassen hatte. Sie sah nun mit eigenen Augen all den Stress und die Unsicherheit, den Verlust der Arbeitsplätze und das Phänomen der Obdachlosigkeit. Sie las von steigender Kriminalität, eskalierender Gewalt und Drogenproblemen. Sie beobachtete, wie ihre Freundinnen und Freunde immer schneller und schneller in die Pedale traten, um überhaupt noch mithalten zu können. Sie sah, wie überall die Regierungen die Prinzipien des Dienstes an der Öffentlichkeit gegen den ökonomischen Rationalismus eintauschten; und als neue Luxusgüter galten jetzt Stille, Raum, Zeit und eine intakte Ökologie. Sie erfuhr aus erster Hand, wie groß das Bedürfnis nach spirituellen Werten in einer Welt war, die zunehmend materialistischer wurde.

«Die Menschen sind völlig ausgedörrt», sagte sie. «In Lahoul war das Leben trotz aller Härten und Entbehrungen reich. Hier hungern die Leute nach wirklichem Sinn und Tiefe in ihrem Leben. Wenn die Sinne gesättigt sind, will man mehr. Deshalb sind die Menschen aggressiv und deprimiert. Sie haben das Gefühl, dass alles nichtig ist.

Du hast alles, was du willst, und was dann? Die Antwort der Gesellschaft lautet, immer noch mehr und mehr zu bekommen, aber wohin führt dich das? Ich sehe überall Einsamkeit, und sie hat nichts mit Alleinsein zu tun. Sie wird durch seelische Entfremdung verursacht.»

Was ihre eigene Geschichte anging, so hatte die westliche Welt Mitte der 90er Jahre das erste Hochgefühl ihrer Liebesaffäre mit dem Buddhismus hinter sich und begann nun mit nüchternerem Blick die komplexe, exotische Religion zu betrachten, die da in ihrer Mitte aufgetaucht war. Dass sie den Okzident im Sturm genommen hatte, war unstrittig. Geistig rege Menschen jeden Alters und in allen Lebenslagen in Europa, den USA, in Kanada, Australien und Neuseeland waren von der Tiefgründigkeit ihrer Botschaft beeindruckt und fühlten sich von den Qualitäten der Lamas, die sie überbracht hatten, angezogen. Als Folge davon waren rund um den Globus buddhistische Zentren, speziell tibetisch-buddhistische Zentren, wie Pilze aus dem Boden geschossen. Aber jetzt waren die Flitterwochen vorbei. Die frühen Schüler und Schülerinnen sahen, nach 30 Jahren Forschung und Praxis, diese Religion allmählich in einem realistischeren Licht. Schwachpunkte wurden erkennbar, Diskrepanzen taten sich auf, und während sich im Osten, den Sitten und Gebräuchen entsprechend, eine offene Kritik an der etablierten Religion und ihren spirituellen Oberhäuptern verboten haben mochte, hatte der Westen mit seinem Recht auf freie Meinungsäußerung keine solchen Skrupel. Als Tenzin Palmo die Arena betrat, wurden gewisse Aspekte des Buddhismus laut und in aller Öffentlichkeit in Frage gestellt – und damit implizit auch die von Tenzin Palmo gewählte Lebensweise.

Der erste Gegenstand kritischer Betrachtung und Überprüfung war der Guru – bisher als Hüter der Wahrheit, unfehlbarer Leitstern und, im tibetischen Buddhismus, als eins mit dem Buddha selbst betrachtet. «Der Guru ist der Buddha, der Guru ist der Dharma, der Guru ist auch der Sangha», lautete das Gebet. Die Argumentationskette war schlüssig. Der Geist des Buddha war absolut und alles durchdringend, doch der Guru existierte in Fleisch und Blut hier auf Erden. Die Tibeter gebrauchten zur Veranschaulichung eine Analogie. Der Buddha war wie die Sonne, die allmächtig auf alles scheint, aber doch kein Blatt Papier zum Brennen zu bringen vermag. Dafür benötigte man ein Vergrößerungsglas, einen Leiter zur Kanalisierung der Energie, deshalb der Guru. Gleichwohl war dies für jeden Menschen eine prekäre Position, ganz zu schweigen von einem Mann, der sich in einem fernen Land unter fremden Menschen mit seltsamem Gebaren befand. Und so stürzten unvermeidlich so manche Gurus, vom Geschrei der Öffentlichkeit begleitet, von ihrem Podest.

Tenzin Palmos alter Freund und Mentor Chögyam Trungpa führte die Reihe der Skandale an, wobei das meiste erst nach seinem Tod im Jahr 1987 ans Licht kam. Trungpa, so wurde enthüllt, hatte nicht nur häufig nach Alkohol stinkend auf seinem Thron gesessen, sondern sich auch auf so manche sexuelle Beziehung mit seinen Schülerinnen eingelassen. Es spielte keine Rolle, dass er keinem zölibatären Orden angehörte. Die Verwirrung, die daraus entstand, war groß. Viele Schüler versuchten, es ihm gleichzutun, indem sie ebenfalls zur Flasche griffen, und einige seiner Partnerinnen behaupteten, er habe ihr Leben zerstört. Auf die Ruinierung seines Rufs folgte rasch die Horrornachricht, dass sein erwählter Nachfolger, der in Amerika geborene Thomas Rich, später Ösel Tendzin, nicht nur AIDS hatte, was er verheimlichte, sondern auch eine seiner Schülerinnen damit angesteckt hatte.

Nachdem der Deckel erst einmal vom Topf war, traten auch andere mit ihren Geschichten ans Licht der Öffentlichkeit. Eine Frau strengte wegen sexuellen Fehlverhaltens einen 10-Millionen-Dollar-Prozess gegen einen sehr populären tibetischen Lehrer an. Die Sache wurde außergerichtlich geregelt, aber nicht, bevor die Gerüchte um die Schürzenjägerei dieses Mannes um die gesamte buddhistische Welt gegangen waren. (Die Tibeter in Dharamsala freilich konnten schlicht und einfach nicht glauben, dass eine Frau es wagte, einen Lama anzuklagen, und taten die Sache als politisches Komplott ab.) Zen-Lehrer gaben zu, dass «sexuelles Fehlverhalten» unter ihren Kollegen weit verbreitet war. Die britische Autorin June Campbell beschrieb in ihrem Buch *Traveller in Space* höchst eloquent ihre Affäre mit dem hoch geachteten Lama Kalu Rinpoche und schilderte, wie verwirrend und negativ sich diese Geschichte auf sie ausgewirkt hatte. Jack Kornfield, einer der bekanntesten buddhistischen Lehrer und Autoren Nordamerikas, trug zu der Kontroverse bei, indem er fast beiläufig erwähnte, dass er 53 Zen-Meister, Lamas, Swamis und/oder andere hochrangige Schüler über ihr Sexualleben befragt und dabei entdeckt habe, dass «die Vögel es machen, die Bienen es machen und die meisten Gurus auch. So wie in jeder Menschengruppe unserer Kultur», fuhr er fort, «variieren auch hier die Sexualpraktiken. Da gibt es Heterosexuelle, Homosexuelle, Fetischisten, Monogame und Polygame.» Er wollte eigentlich nur klarmachen, dass sich die östlichen spirituellen Oberhäupter in nichts von allen anderen unterschieden, doch es fruchtete nichts. Hier ging es um die vermeintliche Unfehlbarkeit des Gurus und den Missbrauch spiritueller Autorität und Macht.

Mit diesen Enthüllungen konfrontiert, erklärte der Dalai Lama ganz offen, dass er schockiert sei. «Das ist für den Buddha-Dharma sehr, sehr schädlich. Der Buddhismus soll den Menschen nützen – das ist sein einziger Sinn und Zweck. Wenn man es wirklich untersucht, ist ein solch schändliches Verhalten auf einen Mangel an innerer Stärke zurückzuführen, und es zeigt, dass eine Diskrepanz besteht zwischen dem Buddhismus und dem Leben der Betreffenden, dass der Dharma nicht richtig verinnerlicht wurde», sagte er, bevor er erklärte, dass die einzige Lösung in einer solchen unheilvollen Situation darin bestehe, die Schuldigen zu «outen». «Ihr müsst sie mit Namen nennen, es öffentlich machen und dürft sie nicht länger als Lehrer betrachten.»

Die westliche buddhistische Welt mit ihren idealistischen Neubekehrten geriet aus der Fassung, als eine Enthüllung die andere jagte. Es stimmte, dass hunderte von Anhängern mit ihren tibetischen Lehrern vollkommen glücklich waren und in ihnen hohe Vorbilder für ethisches Verhalten, Weisheit und Mitgefühl fanden. Manche Schülerinnen und Schüler verteidigten sogar Trungpa.

«Mein Lehrer hielt sich nicht an ethische Normen, und meine Hingabe an ihn bleibt unerschütterlich. Er zeigte mir die Natur meines Geistes, und dafür bin ich ihm ewig dankbar», bekundete die amerikanische Nonne und Lehrerin Pema Chödrön, Leiterin von Gampo Abbey in Nova Scotia, in der buddhistischen Zeitschrift *Tricycle*. «Trungpa Rinpoche lehrte mich auf jede ihm mögliche Weise, dass man Dinge nie richtig oder falsch machen kann. Seine ganze Lehre war darauf ausgerichtet, die Menschen davon abzubringen, an irgendeiner Art von Sicherheit festhalten zu wollen, sie dazu zu bringen, die Parteilinie fallen zu lassen. Wir haben es jedoch immer mit unserer menschlichen Natur zu tun. Der Lehrer sagt etwas, und jeder macht es. Es gab Zeiten, in denen Trungpa Zigaretten rauchte, und alle fingen mit dem Rauchen an. Dann hörte er damit auf, und sie taten dasselbe. Es war einfach lächerlich.»

Aber die Verteidiger des Glaubens bildeten die schweigende Mehrheit. Die Unzufriedenen hauten auf den Putz und die Skandale befleckten das vordem blitzsaubere Image des Buddhismus. Jene, deren Leben von den gestürzten Gurus in Mitleidenschaft gezogen worden war, eilten zu den Psychiatern (und zur Presse), um von ihren Qualen und Zweifeln zu berichten. Der neue Schlag beredter, emanzipierter Frauen tat sich besonders hervor und behauptete, dies sei wieder einmal ein Fall von Ausbeutung und Verrat an den Frauen, bedingt durch die männliche Macht.

Da war etwas dran. Mochten religiöse Lehrer aller Glaubensrichtungen, die sich mit ihren Schülerinnen auf eine sexuelle Beziehung einließen, in moralischer und ethischer Hinsicht fragwürdig sein, so war dies im Kontext des tibetischen Buddhismus zweifellos in noch stärkerem Maße der Fall. Im tibetischen Buddhismus gab es das Tantra, die legitime sexuelle Vereinigung von spirituellen Partnern, die beide Beteiligte auf höhere Ebenen führen sollte. Von einem Guru als Gefährtin für einen solchen mystischen Akt ausgewählt zu werden bedeutete deshalb in der Tat die Erhebung in den Status einer ganz besonderen Frau. Und das war in vielen Fällen unwiderstehlich. Wie konnte sich eine Frau, da der Guru als Buddha betrachtet wurde, dem wohl widersetzen?

Tenzin Palmo traf mitten im Sturm ein. Der Guru, von einem amerikanischen Kommentator als «armseliges, neurotisches Rollenvorbild» bezeichnet, saß auf der Anklagebank. Er war die Säule, die Tenzin Palmos gesamtes spirituelles Leben trug. Für sie war der Guru der Kern des Ganzen. Khamtrul Rinpoche war die wichtigste Person in ihrem Leben gewesen. Das «Einzige», das sie in all den Jahren in der Höhle vermisst hatte, der Mann, der Jahre nach seinem Tod noch immer unkontrollierbares Schluchzen in ihr auslösen konnte. Sie beurteilte die Lage mit kühlem, neutralem Blick.

«Natürlich richtet es außerordentlich großen Schaden an, wenn sich ein Lama unehrenhaft verhält. Es schafft eine Atmosphäre von Rivalität, Eifersucht, Heimlichtuerei und Chaos. Ich habe von einigen Lamas gehört, die sich praktisch einen Harem zugelegt oder ein und zwei heimliche Verhältnisse haben. Unter solchen Umständen haben die Frauen ein Recht, sich gedemütigt und ausgebeutet zu fühlen. Zudem ist es Heuchelei. Der Lama gibt sich als Mönch, doch er ist es nicht. Ich kann nicht erkennen, wie das dem Dharma oder dem Wohl aller fühlenden Wesen dienen soll. Das ist eine ganz andere Situation als die eines Lamas, der kein Zölibatsgelöbnis abgelegt, ganz offen eine Gefährtin und eine anständige, dauerhafte Beziehung hat», sagte sie dazu.

Die Frau, die sich, erst 19, mit einem Lachen über Trungpas sexuelle Annäherungsversuche hinweggesetzt und seither die Freundschaft mit ihm bewahrt hatte, beabsichtigte jedoch keineswegs, sich aufs hohe moralische Ross zu setzen. «Manchen Frauen schmeichelt es, ‹die Gefährtin› zu sein, und sie sollten in diesem Fall auch die Konsequenzen tragen. Und es gibt Frauen, die sich nur in dieser Weise auf Männer beziehen können. Ich habe manchmal das Gefühl, wir Frauen müssen von dieser Opfermentalität wegkommen. Zudem muss man die Situation, in der sich so ein Lama befindet, verstehen. Er wurde in einem monastischen Umfeld zusammen mit hunderten von gleichgesinnten Männern erzogen und ist nun in diesem westlichen Umfeld der einzige Lama. Er hat niemanden, an den er sich wenden kann, um Kameradschaft zu pflegen und sich Rat zu holen, und er ist von hingebungsvollen Schülerinnen umgeben, die nur allzu bereit sind, ihm zu Gefallen zu sein. Da der Sexualität im Westen ein so großes Gewicht beigemessen wird und sie einen so breiten Raum einnimmt, haben meiner Ansicht nach viele Lamas die Zeichen falsch gedeutet und sind überrascht festzustellen, dass die Frauen ihre Avancen ernst nehmen. Diese allgemeine Verwirrung kommt durch eine Menge falsch verstandener Botschaften zustande.»

Ein Großteil des gegenwärtigen Problems war ihrer Ansicht nach auf die Tatsache zurückzuführen, dass die Westler nur wenig Erfahrung darin hatten, wie sie ihren wirklichen Guru suchen und finden konnten. Und sie begriffen auch nicht, worin die Funktion eines wahren Gurus bestand. Östliche Meister waren in Mode, der Durst der Westler nach spiritueller Führung, irgendeiner Art von Führung, ungeheuer groß. Ihre Naivität und Empfänglichkeit ließen sie daher zur leichten Beute von Missverständnissen und in manchen Fällen auch von spiritueller und sexueller Ausbeutung werden. Nach Tenzin Palmos Erfahrung war das Finden eines Gurus in der Tat ein sehr spezielles Unterfangen.

«In Tibet wusste man, dass, wenn man seinem Wurzelguru begegnet, sofort dieses wechselseitige Erkennen da ist – und unmittelbares Vertrauen. Du weißt es in deinem Innern. Das Problem im Westen ist, dass die Leute vielleicht einem charismatischen Lama begegnen, in ihnen das Gefühl von Hingabe aufwallt und sie dann meinen, das sei es. Doch selbst wenn sie aus vergangenen Leben eine Verbindung mit Tibet haben, sind die Chancen, wieder auf ihren Lama zu treffen, sehr gering. Ihr Wurzelguru kann sonstwo sein oder auch tot, da die meisten hohen Lamas in der Folge der chinesischen Invasion ums Leben kamen. Davor war es sehr viel einfacher. Die Lamas wurden in ihrem eigenen Distrikt wieder geboren, und damit bestand eine sehr viel höhere Wahrscheinlichkeit, seinen Guru wieder finden zu können», erklärte sie.

«Viele Westler haben eine falsche Vorstellung davon, was ein Guru ist. Sie meinen, wenn sie den vollkommenen Meister mit den vollkommenen Lehren finden, seien sie am Ziel. Sie glauben, dass der Guru sie auf jedem Schritt des Weges anleitet und sie führt. Es ist die Suche nach der Mami. Aber so ist es nicht. Ein echter Guru ist da, um den Leuten zu helfen, erwachsen zu werden und aufzuwachen. Die wahre Funktion eines Gurus besteht darin, dich in die ungeborene Natur deines Geistes einzuführen, und die Beziehung ist eine des wechselseitigen Engagements. Die Schüler sollen das Tun des Gurus als vollkommene Buddha-Aktivität ansehen, machen, was ihnen der Lama sagt, und in die Praxis umsetzen, was immer er sie lehrt. Der Lama seinerseits ist verpflichtet, den Schüler oder die Schülerin auf dem ganzen Weg bis zur Erleuchtung zu führen, gleich, wie viele Leben es dauert. Darin liegen seine Glorie und die Gefahr seines Sturzes. Wenn es ein echter Lama ist, hast du die Gewissheit, nie verlassen zu werden. Wenn es kein echter Lama ist, öffnest du dich allen möglichen Formen der Ausbeutung.»

Der Dalai Lama hat sein eigenes Rezept für die Unterscheidung zwischen einem authentischen Guru und einem Schwindler: «Sie sollten ihn oder sie mindestens zehn Jahre lang ‹ausspionieren›. Sie sollten zuhören, überprüfen, beobachten, bis Sie davon überzeugt sind, dass diese Person aufrichtig, rein und lauter ist. In der Zwischenzeit sollten Sie sie als gewöhnlichen Menschen behandeln und ihre Lehren nur als ‹Information› in sich aufnehmen. Es sind der Schüler oder die Schülerin, die am Ende dem Guru die Autorität verleihen. Der Guru geht nicht herum und hält nach Schülern Ausschau. Die Schülerin oder der Schüler sind es, die den Guru bitten müssen, sie oder ihn zu belehren und anzuleiten», erklärte er.

Tenzin Palmo hatte, vor allem wenn es um Lamas ging, die eine sexuelle Liaison vorschlugen, andere Ideen. «Eine Möglichkeit zu beurteilen, ob er vertrauenswürdig ist, ist die zu sehen, ob er nicht nur jungen, hübschen, sondern auch alten, unattraktiven Frauen Avancen macht. Wenn er ein echter Lama ist, betrachtet er alle Frauen als Dakinis, jung und alt, dick und dünn, hübsch und hässlich, weil er die reine Sicht hat. Und wenn er ein echter Guru ist, kannst du auch immer ‹nein› sagen, ohne das Gefühl zu haben, es zu vermasseln. Ein wahrer Guru wird, selbst wenn er das Gefühl haben sollte, dass eine tantrische Beziehung für diese Schülerin von Nutzen wäre, dafür Sorge tragen, dass ihre Beziehung keinen Schaden nimmt, wenn seine Bitte abgeschlagen wird. Keine Frau sollte aus Autoritätsgründen einwilligen müssen. Es sollte Klarheit darüber herrschen, dass es, ‹wenn sie möchte, gut, wenn nicht, auch gut› ist, dass sie eine Wahl hat und ihr mit Respekt begegnet wird. Dann ist es keine Ausbeutung.

Tatsächlich sind tantrische Beziehungen extrem selten. Einmal fragte ich Khamtrul Rinpoche: ‹Wenn der sexuelle Yoga ein so schneller Weg zur Erleuchtung ist, wie kommt es dann, dass ihr alle Mönche seid?› Er erwiderte: ‹Es stimmt, dass es ein schneller Weg ist, aber du musst fast ein Buddha sein, um ihn zu praktizieren.› Bei einer echten tantrischen Beziehung darf zunächst einmal kein Gefühl von sexueller Begierde existieren. Dann dürfen keine Sekrete austreten. Stattdessen musst du lernen, die Flüssigkeiten durch den Zentralkanal ins Scheitelchakra hinaufzuleiten, während du sehr komplizierte Visualisationen und Atempraktiken durchführst. All das erfordert eine ungeheure Kontrolle über Körper, Rede und Geist. Selbst Yogis, die viele Jahre lang Tumo praktiziert haben, sagen, dass sie ein oder zwei Leben brauchen, um den sexuellen Yoga zu meistern. Daher mögen einem die tantrischen Wochenendseminare, die im Westen angeboten werden, eine fidele Zeit bescheren, sonst aber kaum etwas.»

Trotz der Anschuldigungen, des Misstrauens und der allgemeinen Verunsicherung gerieten Tenzin Palmos Gefühle für Khamtrul Rinpoche nie ins Wanken, nicht für eine Sekunde. «Ich kann sagen, dass Khamtrul Rinpoche die eine Person war, der ich von meinem Gefühl her vollkommen vertrauen konnte. Es gehört zu den größten Segnungen meines Lebens, dass ich ihn nie auch nur einen einzigen Augenblick lang als Guru, als meinen Guru anzweifelte. Er führte mich auf unfehlbare Weise. Es gab nie etwas, das ich in Frage stellen musste. Er war immer vollkommen selbstlos und weise», sagte sie mit Nachdruck.

Doch für viele westliche Buddhisten war die Position des Gurus nachhaltig erschüttert worden. Und das lag nicht nur an den Skandalen, sondern auch am Zeitgeist. Im ausgehenden 20. Jahrhundert verkündeten so manche, habe die Guru-Schüler-Beziehung ausgedient. Die Gestalt des Gurus, so erklärten sie, sei ein Produkt des die Hierarchie betonenden Patriarchats, und dessen Tage seien gezählt.

Andrew Harvey, Dichter und ehemaliger Geisteswissenschaftler aus Oxford, verbrachte auf der Suche nach spiritueller Wahrheit viele Jahre zu Füßen einer Vielfalt prominenter Meister, zu denen unter anderem einige hochkarätige Lamas, der christliche Mönch Bede Griffiths, der ein Ashram in Indien aufgebaut hatte, und Mother Meera, ein indischer weiblicher Guru, zählten. Er beschrieb das neue Gefühl wie folgt: «Ich bin für alle Beziehungen zu meinen Lehrern und Lehrerinnen zutiefst dankbar, aber ich habe begriffen, dass man durch eine solche Beziehung im Zustand des Infantilismus erstarren kann. Sie bestärkt dich möglicherweise in vielerlei Hinsicht in deiner Unfähigkeit, mit der Welt zurechtzukommen. Sie kann auch den Meister korrumpieren. Wir haben gesehen, dass viele der von uns verehrten Menschen in der Tat sehr, sehr viele Schwächen aufweisen», erklärte er in einem Rundfunkinterview. «Wir versuchen, zu einem neuen Verständnis zu gelangen, zu einem neuen Paradigma, wie die

Beziehung zwischen Lehrer und Schüler aussehen sollte. Ich denke, diese wird sich in den nächsten zehn bis 15 Jahren dramtisch verändern. Wir werden nicht an der alten fernöstlichen Fantasie von Avataras und Meistern festhalten. Wir brauchen etwas, das uns alle direkt befähigt und ermächtigt.»

Die «Reformer» wollten den Guru durch den spirituellen Freund oder die spirituelle Freundin ersetzen. Durch eine Person, die nicht behauptete, erleuchtet zu sein, die nicht als unfehlbar betrachtet werden wollte und von unbedingtem Gehorsam ausging, sondern Seite an Seite den Weg mit dem oder der Suchenden ging. Eine demokratische Lösung, wie sie sich für die westliche Kultur schickte. Tenzin Palmo war damit einverstanden. Sie hatte durch die Beziehung zu ihrem Guru unschätzbare Erfahrungen gewonnen, aber sie hatte auch außerordentlich viel Glück gehabt.

«Ehrlich gesagt, halte ich es zu diesem Zeitpunkt für wichtiger, dass der Westen den Buddhismus praktiziert, und da kommt es mehr auf gute Lehrer an als auf Gurus. Das ist nicht unbedingt dasselbe. Ein Guru, das bedeutet eine ganz besondere Beziehung, aber man kann sehr viele Lehrer haben. Nimm Atisha [ein Begründer des tibetischen Buddhismus, der um das Jahr 1000 lebte.] Er hatte 50 Lehrer. Und wir sind durchaus imstande, uns selbst anzuleiten. Wir verfügen über innere Weisheit. Wenn du jemandem begegnest, mit dem du eine tiefe Verbindung hast, großartig, aber wenn nicht, so ist der Dharma doch immer da. Es ist nicht sehr hilfreich, sich auf einen Guru-Trip zu begeben. Besser ist es, den Buddha, den Dharma und den Sangha zu verstehen.»

Wie auch bei den katholischen Priestern hatte die Flut von Sexskandalen im Zusammenhang mit den Lamas eine andere Frage in den Brennpunkt gerückt – die des Zölibats. Das war ein Thema, das Tenzin Palmo sehr am Herzen lag, auch mit Hinblick auf die schwierige Entscheidung, die sie für sich getroffen hatte. War der Zölibat noch relevant? War er noch möglich? War er überhaupt wünschenswert? Tenzin Palmo hatte da keine Zweifel.

«Der Zölibat ist immer noch außerordentlich wichtig», beharrte sie. «Er hat etwas für sich. Er befreit nicht nur den Körper, sondern macht auch den Geist klar. Wenn du nicht in einer sexuellen Beziehung engagiert bist, kannst du deine Energien in andere Richtungen und auf eine höhere Ebene lenken. Er macht dich auch in deinen Gefühlen und Emotionen frei, lässt dich eine große Liebe für jedermann entwickeln, nicht nur deine Familie und einen kleinen Kreis enger Freunde. Natürlich ist der Zölibat nicht für jeden Menschen geeignet, und da liegt das Problem. Entschieden zu viele Männer werden buddhistische Mönche, weil es ein gutes Leben ist und sie über Hingabefähigkeit verfügen. Der Dalai Lama hat öffentlich erklärt, dass von 100 Mönchen nur zehn echte Kandidaten seien.

Soweit ich sehe, befinden sich auch viele römisch-katholische Priester in einer schwierigen Lage. Ich finde, sie sollten wählen können, ob sie heiraten möchten oder nicht. Manchen würde eine enge Beziehung sehr gut tun, dann würden sie die Gesetze und Bedingungen des Ehelebens kennen lernen, bevor sie anderen Ratschläge erteilen. In Tibet gab es viele verheiratete Lamas. Lama bedeutet nur Guru, nicht unbedingt Mönch. Auch heutzutage sind viele verheiratet, zum Beispiel Sakya Trizin und Dilgo Khyentse Rinpoche. Sie begannen in sehr jungen Jahren mit ihrer Ausbildung und brachten einige Jahre Retreat hinter sich, bevor sie sich eine Gefährtin nahmen. Oft taten sie das nur auf Geheiß ihres Gurus und lebten mit ihrer Frau und ihren Kindern im Kloster. Das kann sehr angenehm sein, denn wenn sie eine Frau und Töchter haben, verstehen sie die Frauen und wissen die weibliche Sichtweise zu schätzen. Man muss nicht zölibatär leben, es ist nur so, dass es für viele Menschen förderlich ist.»

Ihr war natürlich die sexuelle Revolution, die während ihres Aufenthalts in der Höhle stattgefunden hatte, nicht entgangen. Wie denn auch? In der Welt, in die sie wieder eingetreten war, sprangen einem überall nackte, ineinander verschlungene Körper entgegen, auf Plakaten, im Fernsehen, in Filmen und in den Magazinen an den Verkaufsständen an jeder Straßenecke. Dieses Tabu war wahrlich durchbrochen worden, es wurde über Sex diskutiert, und es wurden alle Praktiken vorgeführt wie nie zuvor. Kondome prangten auf T-Shirts, die Sexindustrie hatte die Prostitution ersetzt, die Leute gaben sich nicht mehr der «Liebe» hin, sie hatten «Sex». Das war etwas ganz anderes als in jenen Tagen, in denen die Schallplatten von Elvis Presley den Teenagern noch Schauer über den Rücken gejagt hatten.

«Zweifellos ist der Westen vom Sex besessen, man glaubt, ohne ihn nicht leben zu können, und dass man, wenn man ein Leben ohne Sex führt, verschroben und verquer wird. Das ist absurd! Einige der strahlendsten und erfülltesten Menschen, denen ich begegnet bin, lebten keusch. Wenn ich mir die Mönche in Tashi Jong und die Laiengläubigen in der Gemeinschaft ansehe, dann zeigt sich hier in physischer und spiritueller Hinsicht ein gewaltiger Unterschied. Die Mönche sehen gesund und glücklich aus, die Laiengläubigen oft ziemlich krank und düster. Das ist natürlich eine Verallgemeinerung, aber die Tendenz ist vorhanden.

Ich entsinne mich, dass einmal ein hoher indischer Beamter nach Dalhousie kam, kurz nachdem ich dort eingetroffen war, und mich fragte: ‹Sie sind doch eine Frau von Welt, sagen Sie mir, wo kriegen die Mönche es her?› – ‹Was kriegen?›, fragte ich naiv. ‹Na, ich meine, ich habe acht Kinder und kann immer noch nicht ohne es auskommen. Wie kommt es also, dass diese Mönche so glücklich aussehen?› Er fand es schier unglaublich, dass ein zölibatärer Mönch so frohgemut sein konnte. Und du hättest ihn sehen sollen – er war ein totales Wrack! Ich habe auch eine Menge christliche Mönche getroffen, die ihre Gelübde einhielten und ganz bestimmt nicht verschroben oder gestört aussahen. Die Trappisten leben sehr lange – und die essen nur Gemüse und Käse», fügte sie hinzu.

1997 hatte Tenzin Palmo 33 Jahre lang zölibatär gelebt. Mit 21 hatte sie die Entscheidung getroffen, ohne jegliche Form von sexuellem Kontakt oder sexueller Erfüllung zu leben, ohne jeden Trost körperlicher Intimität – alles im Namen ihrer Berufung. Jetzt war sie 54 und immer noch sehr viel allein. Das schien im besten Fall heroisch, im schlimmsten Fall unnatürlich zu sein. Was war mit dem Mädchen mit den hohen bleistiftdünnen Absätzen und dem Gefolge von Boyfriends passiert? «Ich glaube, es wurde integriert», sagte sie. «Ich mag Musik, ich genieße es, Kunstwerke zu sehen und mich in einer schönen Landschaft aufzuhalten. Ich bin gerne mit Freunden zusammen und lache viel – das ist der Ausdruck meiner sinnlichen Seite. Ich bin nicht annähernd so ernsthaft, wie ich es einmal war, und betrachte ‹das andere Mädel› nicht mehr als Bedrohung.»

Was ihr zölibatäres Leben anging, verspürte sie keinerlei Bedauern:

«Ich fühle mich vollkommen wohl! Ich denke einfach nicht in dieser Weise an Männer. Das wissen sie und sagen, ich sei die einzige ihnen bekannte Frau, von der keine sexuellen Schwingungen ausgehen. Ob gut oder schlecht, so bin ich nun mal. Ich habe eine Menge männlicher Freunde und genieße männliche Gesellschaft. (Ich liebe auch Frauen und finde sie ebenfalls sehr interessant.) Eine der Freuden des Nonnendaseins ist die, dass es die Beziehungen zu Männern in gewisser Hinsicht sehr viel tiefer werden lässt, weil sie sich nicht bedroht fühlen. Sie können mit mir reden und mir Dinge mitteilen, die sie wahrscheinlich nicht vielen anderen Leuten erzählen würden. Im Grunde denke ich nicht mehr in den Kategorien von männlich und weiblich. Was die Zuneigung auf körperlicher Ebene angeht, so habe ich sie in all den Jahren, in denen ich im Kloster war, vermisst. Jetzt ist das Bedürfnis verschwunden. Wenn die Leute mich umarmen möchten (was sie in den USA sehr viel tun), ist das o. k. Aber es ist auch völlig in Ordnung, wenn sie es nicht tun. Wie Masters und Johnson schlussfolgerten, ist Sex zwar eine der Freuden des Lebens, aber wahrlich nicht die einzige und auch nicht die wichtigste. Meiner Meinung nach besteht das Leben aus sehr viel mehr als nur aus dieser Art von Beziehungen.»

Abgesehen von den Themen Sex, Zölibat und Gurus galt es, sich noch anderen Herausforderungen zu stellen. Als Tenzin Palmo auf ihrer Dharma-Runde um die Welt reiste, begannen die neuen Schüler versuchsweise mit der Herausbildung von einer Art «westlichem Buddhismus», indem sie die Nuggets der Weisheit des Buddha aus ihren östlichen Hülsen herausschälten, um sie ihrer eigenen Kultur zu adaptieren. Das war eine Revolution, still und unendlich viel substanzieller als jene Sensationen, die die Aufmerksamkeit der Medien erheischten. Und sie stand zudem völlig im Einklang mit der Geschichte des Buddhismus. Dieser, im Verlauf der Zeit von einem asiatischen Land zum nächsten gewandert, zeigte sich derart flexibel, dass er wie ein Chamäleon seine Farbe wechseln konnte, um sich dem jeweiligen Umfeld anzupassen. Die Folge davon war, dass sich der japanische Buddhismus stark von dem in Sri Lanka unterschied, und dieser wiederum sah radikal anders aus als der, der in Thailand, Burma, Vietnam oder Tibet praktiziert wurde. Doch unter der regionalen Oberfläche blieben die fundamentalen Wahrheiten dieselben – die der leidvollen zyklischen Existenz und der Notwendigkeit, einen Weg aus ihr heraus zu finden. Nun hatte die Woge des Buddhismus auch die Ufer Europas, Süd- und Nordamerikas sowie Australiens erreicht, Kontinente mit jeweils ganz eigenen Kulturen. Und jede von ihnen würde den Buddhismus mit ihren Eigenschaften und Charaktermerkmalen ausstatten.

Jetzt begannen die fortgeschritteneren Schüler und Schülerinnen, die Liturgie umzuschreiben und zu versuchen, die machtvolle Symbolik der tibetischen Bilderwelt und Sprache in Worte zu kleiden, die für die westliche Zuhörerschaft zugänglicher waren. Sie fanden Wege, die uralten Wahrheiten in einen zeitgenössischen Kontext einzubetten. Es war ein überaus heikles Unterfangen und erforderte ein vorsichtiges Prüfen und Abwägen, sollte das Kind nicht mit dem Bad ausgeschüttet werden. Gleichzeitig wurden die einflussreichsten Strömungen westlichen Gedankenguts auf organische Weise mit der östlichen Religion verbunden. Hier traf nicht nur der Osten auf den Westen, sondern auch der Westen auf den Osten. Es wurden die ethischen Prinzipien des Dienstes an der Gemeinschaft und des tätigen Mitgefühls (statt eines solchen, das nur auf dem Meditationskissen gepflegt wird) eingeführt. Überall entstanden buddhistische Hospize und häusliche Pflegedienste für die Sterbenden wie auch Leprakliniken und Heimstätten für die Obdachlosen. Buddhistische Zentren initiierten Meditationssitzungen für den Stressabbau, Beratungs- und Hilfsprogramme für Alkohol- und Drogenabhängige. Und es wurden die Erkenntnisse westlicher Meister wie Jung und Freud aktiviert, um dem Buddha-Dharma eine weitere, bereichernde Komponente hinzuzufügen. Ein Prozess hatte eingesetzt, eine neue Form von Religion war im Werden. Es war eine aufregende Zeit.

Tenzin Palmo, die gar keine andere Wahl gehabt hatte, als sich mit dem tibetischen Buddhismus in seiner reinsten Form zu verschweißen, blickte fasziniert auf die Veränderungen. «Ich glaube, der Westen wird einige wirklich wichtige Beiträge zum Buddhismus leisten. Tibet, das war eine ganz einmalige und spezielle Situation, und die Tibeter schufen eine Form von Buddhismus, die für sie ideal war. Aber die Umstände, mit denen sich der Buddhismus nun im Westen konfrontiert sieht, sind offensichtlich ganz andere, und der Dharma muss sich ändern. Natürlich nicht in seiner Essenz, aber in seiner Präsentationsweise und seinen Akzenten.

Ich denke, der geschickte Einbau gewisser psychologischer Prinzipien wird sehr wichtig sein. Mir gefällt auch die Idee des sozialen Engagements, wirklich hinzugehen und anderen zu helfen, statt nur auf dem Meditationskissen zu sitzen und daran zu denken. Es ist ein Öffnen des Herzens durch praktische Anwendung, und das passt zum Westen. Übrigens ist es nichts, was im Gegensatz zum Dharma stünde, es war immer schon vorhanden, lag aber ein bisschen brach. Es kommen immer wieder andere Aspekte des Dharma zum Vorschein, wenn er in bestimmten Eigenschaften der Psyche der Menschen, die ihm begegnen, Widerhall findet. Ein absolut notwendiger Prozess, wenn der Buddhismus in den Ländern des Westens heimisch und praktizierbar werden soll.

Aber das steckt alles noch in den Kinderschuhen. Der Dharma brauchte hunderte von Jahren, um in Tibet Wurzeln zu schlagen. Es gibt noch keinen westlichen Buddhismus. Der Buddhismus wird erst dann wirklich im Westen verwurzelt sein, wenn ein paar Westler den Dharma genommen, verspeist, verdaut und ihn dann in einer Form zurückgegeben haben, die für den westlichen Menschen zuträglich ist. Im Augenblick befinden wir uns in einer Phase, die sich mit der damaligen in Tibet vergleichen lässt, als man nach Indien ging, um Schriften zurückzubringen, und als indische Meister Tibet besuchten. Die Tibeter brachten den Buddhismus nur sehr allmählich in die für sie richtige Form, so wie auch die Thais oder die Burmesen. Die Westler werden das schließlich auch tun, aber es muss auf ganz natürliche Weise vonstatten gehen.»

Doch was Tenzin Palmos eigene Geschichte anlangt, so war es der Aufschwung des Feminismus im Westen, der die interessantesten Resultate erbrachte, aber auch die größten Herausforderungen nach sich zog.

16

IST DER RÜCKZUG IN EINE HÖHLE NÖTIG?

Während Tenzin Palmo in der Abgeschiedenheit ihrer Höhle
beharrlich den Weg zur Vollkommenheit verfolgte, waren die
Frauen im Westen mit dem Organisieren ihrer eigenen Revolution
beschäftigt. Und als sie ihre Höhle verließ, hatten ihre Geschlechtsgenossinnen im öffentlichen wie im privaten Bereich Breschen in die
männlichen Bollwerke geschlagen und richteten nun ihren Blick entschlossen und zunehmend zuversichtlicher auf die letzte Bastion
männlicher Vorherrschaft, die Religion. Auch der Buddhismus blieb
davon nicht verschont. Zwar hatte er keinen strittigen «Gottvater»
aufzuweisen, weil man hier an ein geschlechtsloses «Absolutes»
glaubt, aber wie alle großen Weltreligionen war er von Männern formuliert worden, entsprechend den Regeln und Gesetzen einer männlich dominierten Gesellschaft. Doch die Zeiten änderten sich, und
die alte Ordnung wich einer neuen. Feministinnen begannen, einige
Dinge in Frage zu stellen, die zum Kern dieser uralten, von Tenzin
Palmo so getreulich befolgten Tradition gehörten, und forderten ein
weiblicheres Erscheinungsbild des Buddha.

Sie stellten kritische Fragen mit weitreichenden Konsequenzen.
Seit Jahrtausenden gab es diese männlich-hierarchische Struktur, wonach das Oberhaupt an der Spitze stand und der Rest der Gemeinschaft sich in Pyramidenform nach unten ausbreitete. Warum sollten
sich nicht stattdessen das Oberhaupt in der Mitte eines Kreises und
alle anderen in gleichem Abstand darum herum befinden? Warum
wiesen die Stätten der Anbetung und Verehrung immer gerade

Linien auf? Warum waren sie nicht rund, den «weiblichen» Prinzipien des Kreises und der Spirale entsprechend? Warum gehörten die Qualitäten der Fürsorglichkeit und des Nährens nicht zum Bestandteil der Praxis? Warum wurde nicht mehr Gewicht auf die Heiligkeit des Körpers und der Verkörperung gelegt, statt das Ideale ewig in der Transzendenz anzusiedeln? Warum war das Irdische nicht ebenso heilig wie das Immaterielle? Warum wurden die Beziehungen nicht stärker geachtet und gewürdigt? Und warum wurden in der sakralen Kunst die Gefährtinnen immer mit dem Rücken zum Betrachter dargestellt, wodurch der Eindruck entstand, dass ihre Rolle, gemessen an der des männlichen Partners, zweitrangig sei, wo sie doch im Verlauf des spirituellen Entwicklungsprozesses eine ebenso große Bedeutung hatten?

Und sie fragten – im Hinblick auf Tenzin Palmos Weg besonders wichtig –, ob denn eine Höhle nötig sei. Eine Höhle, so sagten sie, sei ein männliches Privileg, das Frauen mit Kindern, Mann und Heim, für das sie sorgen mussten, ernstlich benachteiligte. Während Männer ihre Familien verlassen können und es auch tun, wie der Buddha selbst ja auch, um sich in der Abgeschiedenheit langen Meditationsphasen hinzugeben und so ihre spirituellen Chancen zu erhöhen, können oder wollen Frauen das nicht. Warum sollte der mütterliche Instinkt, der ja schließlich für das Hervorbringen aller Wesen in der Welt verantwortlich war, Buddha, Christus und alle anderen Heiligen eingeschlossen, ein solches Handicap darstellen? Die Höhle (oder eine Hütte im Wald) und der damit verbundene totale Verzicht auf die Welt waren ein schon allzu lange dominierendes patriarchales Ideal, so hieß es.

Wie bereits in anderen Bereichen der feministischen Bewegung geschehen, erklärten nun auch die spirituell ambitionierten Frauen, dass sie alles wollten. Spiritualität und Familie. Die Höhle und den Herd. Zu diesem Zweck begannen sie, Kinder und Familie einbeziehende Praktiken zu entwickeln. Sie führten das Heilen der emotionalen Schichten als Meditationsweg ein, statt diese als Feind der Meditation zu betrachten. Sie unternahmen Anstrengungen zur Veränderung der Liturgie und der sexistischen Sprache in den Gebeten und Ritualen. Und sie verwiesen darauf, dass die Küchenspüle ein ebenso guter Ort sei, um die Erleuchtung zu erlangen, wie der Meditationsraum oder die abgelegene Höhle im Himalaya.

Die Amerikanerin Tsültrim Allione stand an vorderster Front dieser Bewegung. Sie war 1970 ordiniert worden, gab aber vier Jahre später ihre Gelübde zurück, um zu heiraten und Kinder zu bekommen. Sie schrieb *Tibets weise Frauen*, eines der ersten Bücher zum Lob der Frauen im Buddhismus, und errichtete das Tara Mandala Retreat Centre in Pagosa Springs, Colorado, das sie nach neuen, experimentellen, feministischen Richtlinien entworfen hatte. Durch ihren persönlichen Lebensweg war sie mit beiden Seiten der Geschichte aufs Beste vertraut.

«Ich habe die Gelübde zurückgegeben, weil ich damals die einzige tibetisch-buddhistische Nonne in den USA war und mich sehr isoliert und überhaupt nicht unterstützt fühlte», sagte sie in Seattle bei einem Vortrag mit Diashow über ihren kürzlich erfolgten Besuch von weiblichen Heiligtümern in Indien und Nepal. «Ich war 25, ich hatte sexuelle Bedürfnisse und begann den Zölibat als Unterdrückung zu empfinden. Die Folge war, dass ich binnen eines Jahres mein Nonnendasein aufgab und Mutter und Schriftstellerin wurde. Das war für mich eine sehr intensive Erfahrung – und ganz entschieden die beste Entscheidung, die ich für mich treffen konnte. Nachdem ich alle Zeit der Welt für mich gehabt hatte, hatte ich nun überhaupt keine mehr. Nachdem ich die Eifersucht, den Zorn und alle diese negativen Gefühle überwunden zu haben glaubte, sah ich mich nun wieder voll damit konfrontiert. Da wurde mir klar, dass ich als Nonne davor geschützt gewesen war, derartige Gefühle zu hegen. Ich musste tiefer in den Schichten der fünf Gifte graben, um zu erkennen, was sie wirklich sind, und zu lernen, direkt mit ihnen zu arbeiten und sie nicht zu überdecken. Wenn ich Nonne geblieben wäre, wäre ich vielleicht sehr arrogant geworden und hätte geglaubt, über all diese Dinge erhaben zu sein», erklärte sie.

Tsültrim Allione brachte in fünf Jahren vier Kinder zur Welt (eines davon starb im Babyalter), eine Erfahrung, die sie dazu brachte, die rigide «offizielle» Anschauung anzuzweifeln, wonach Mutterschaft ein Hindernis für den spirituellen Fortschritt darstellt. «Wir müssen uns fragen, was spirituelle Verwirklichungen sind. Der ganze mütterliche

Impuls ist dasselbe wie der Drang nach Liebe und Selbstopfer. Verwirklichungen sind von Männern definiert worden und als solche Ereignisse, ‹die da oben und da draußen› stattfinden. Sie sind nicht die Erfahrungen von Verkörpertsein. Der Instinkt einer Mutter, geben zu wollen, ist Nicht-Anhaftung. Und als Mutter und Laiengläubige entwickelst du ein ganz spezifisches, konkretes Verständnis der menschlichen Bedingtheit, das du als ordinierte Person nicht gewinnst. Als Mutter erlebte ich ständig, wie die Illusionen, die ich in Bezug auf mich selbst hegte, zerstört wurden. Ich traf die Wahl hinsichtlich der *Art* meines Versagens.»

Was sie selbst anging, so zweifelte sie nicht daran, dass ein Rückzug in die Höhle unnötig war. «Ich glaube, Frauen können auch zu Hause erleuchtet werden», sagte sie. «Das ist der Kernpunkt des Tantra. Da gibt es die Geschichte von einer Frau, die immer beim Wassertragen praktizierte. Eines Tages ließ sie den Eimer fallen, und dabei erfuhr sie Erleuchtung. Die tantrischen Lehren entwickelten sich eigentlich aus einer Protestbewegung der Laiengemeinschaft gegen das Mönchtum, was dann zur Herausbildung von zwei Systemen mit verschiedenen Idealvorstellungen führte. Man kann sowohl dem tantrischen als auch dem monastischen Paradigma folgen.»

Im Tara Mandala führte sie die Konzeption einer runden Gebetsstätte ein, indem sie den Schrein mit 21 Figuren der weiblichen Gottheit Tara in der Mitte platzierte. «Man betritt einen Raum der Ganzheitlichkeit. Es läßt sich schwer beschreiben, aber alle spüren den Unterschied. Niemand kann sagen, ob die Frauen den Buddhismus verändern werden, weil wir noch am Anfang stehen und weil wir nie in einer Gesellschaft gelebt haben, in der das Weibliche geachtet und geehrt wird, daher wissen wir nicht, wie das sein könnte. Die Frauen beginnen erst, in kleinen Schritten aus dem Schatten des Patriarchats zu treten. Es ist eine sehr interessante Zeit.»

Yvonne Rand, wie schon erwähnt eine der führenden Zen-Lehrerinnen der USA, kennt die Schwierigkeiten, mit denen sich spirituell bestrebte Frauen konfrontiert sehen, ebenfalls aus eigener Erfahrung. Bevor sie ihr eigenes unabhängiges Zentrum errichtete, war sie Vorsitzende des Aufsichtsrats des San-Francisco-Zen-Zentrums, eine Position, die sie in Konflikt mit ihrer Mutterrolle brachte.

«Als Frau wurde von mir erwartet, dass ich eine Menge Verantwortung übernahm, aber ich fühlte mich wie eine Bürgerin zweiter Klasse. Es gab nicht viel Verständnis für die Probleme einer allein erziehenden Mutter, und mir wurde immer unterstellt, dass ich meine Praxis nicht ernst nähme. Zum Beispiel gab es immer einen großen Druck, frühmorgens aufzustehen und in der Meditationshalle zu sitzen, aber das hätte für mich bedeutet, die kleinen Kinder allein in der Wohnung zurücklassen zu müssen», berichtete sie. Sie kam zu dem Schluss, dass die Regeln, die sie zu befolgen suchte, ein Produkt der japanischen Mentalität und nicht dem Buddhismus selbst entsprungen waren und dass ihr Zuhause ein ebenso guter Ort zum Praktizieren war wie die formellen Gruppenzusammenkünfte. «Mir wurde schließlich klar, dass ich eine Laiengläubige, eine ordinierte Priesterin und eine Hausfrau bin, die phasenweise als Nonne praktiziert. Zum ersten Mal sah ich, wie ich da hineinpasste, und das war eine ungeheure Erleichterung.»

Sie sann über die Frage nach, wie weit eine Frau kommen kann, die zu Hause praktiziert. «Was die Erleuchtung angeht, so weiß ich nicht recht, aber ich bin ganz sicher, dass Frauen sehr viel erreichen können. Die Befreiung ist nahe, wenn ich anfange, die Möglichkeit des Seins im Augenblick zu erfahren, wenn ich nicht immer noch das ganze Gepäck von gestern oder aus der Zeit, als ich zwei Jahre alt war, mit mir herumschleppe. Das wichtigste ist Beständigkeit. Wenn du eine Praxis aufnimmst, sagen wir, die Praxis der Achtsamkeit, musst du sie oft durchführen. Zwölfmal am Tag kann sehr wirkungsvoll sein. Es gibt da eine großartige kleine Praxis, Halblächeln genannt, bei der du drei Atemzüge lang die Mundwinkel ein wenig anhebst. Wenn du das sechsmal oder mehr am Tag übst, macht das binnen dreier Tage schon einen gewaltigen Unterschied für Körper und Geist aus. Du kannst das immer tun, wenn du irgendwo wartest, am Telefon, im Supermarkt, auf dem Flughafen, vor einer Ampel», fügte sie hinzu und hörte sich dabei bemerkenswert ähnlich an wie Tenzin Palmo.

«Es gibt so vieles, das du zu Hause machen kannst», fuhr sie fort. «Du kannst die Praxis des Entwickelns von Geduld befolgen oder Hindernisse als deinen Lehrer benutzen. Ich pflegte am Bett von Sterbenden zu sitzen und dann hinterher noch ein wenig bei ihrer sterblichen Hülle zu verweilen. Das war eine unglaubliche Lehre. Nicht nur lernte ich etwas über die Vergänglichkeit und die Verbindungen zwischen Atem und Geist, sondern auch, dass wir so sterben, wie wir gelebt haben. Die Themen und Probleme unseres Lebens kommen beim Sterben hoch. Wenn du dir deine Praktiken ausgesucht und sie einige Jahre lang ausgeübt hast, kannst du sie dir noch einmal vornehmen und den Acker bestellen. Du brauchst nicht immer neue Praktiken hinzuzufügen, solange du die nicht vervollkommnet hast, die du schon übst. Wir Amerikaner sind nicht besonders bescheiden. Wir sind immer in Eile und wollen alles sofort.»

Auch der Weg der Küchenspüle hat seine Fallgruben, wie Yvonne Rand als nun über 30 Jahre Praktizierende und Hausfrau bezeugte. Sie waren zwar hinsichtlich der Dramatik nicht zu vergleichen mit der Konfrontation mit dem Hungertod oder mit wilden Tieren, aber gleichermaßen real und mussten mit der gleichen Achtsamkeit, Sorgfalt und Beständigkeit durchgearbeitet werden. «Es gibt zwei Hauptprobleme – die Konfusion bezüglich der Prioritäten und den Widerwillen, Dinge aufzugeben, so dass du schließlich von dem Versuch, alles zu machen, überfordert wirst. Um praktizieren, studieren und lehren sowie für meinen Mann und meine Familie da sein zu können, habe ich es aufgegeben, öfters auszugehen. Tatsächlich bin ich zu einem Huhn geworden. Ich stehe um halb sechs Uhr morgens auf und gehe oft schon um halb acht Uhr abends zu Bett. Für mich ist das relativ problemlos, weil meine Kinder schon groß sind und mein Mann ebenfalls den Dharma praktiziert. Die Stunden, die ich am frühen Morgen für mich habe, sind sehr wichtig. Ich mache Sitz- und Gehmeditation und erneuere meine Gelübde wie nicht zu lügen, nichts zu nehmen, was mir nicht freiwillig gegeben wird, und kein Lebewesen zu töten oder ihm Schaden zuzufügen. Ich übe mich jetzt in diesen Praktiken schon so lange, dass sie Teil meines Lebens geworden sind.»

Nicht nur die Feministinnen stellten kritische Fragen. Auch männliche Praktizierende zogen den Wert des langen Rückzugs in eine Höhle in Zweifel. Der Vipassana-Lehrer Jack Kornfield, einer der bekanntesten Meditationsmeister der USA, führte das Konzept «ein paar Monate drinnen» und «ein paar Monate draußen» als Alternative zu den Jahren ununterbrochenen Retreats an abgeschiedenen Orten ein. Er befürwortete auch Häuser für eine Übergangsphase am Ende eines Retreats. Er begründete das damit, dass Personen, die so lange vom normalen Leben abgeschnitten seien, sich nur außerordentlich schwer wieder in die Gesellschaft einfügen könnten. Die westliche Psyche sei für solch strenge Praktiken ungeeignet, sagte er, wie viele selbst herausgefunden hätten, die dergleichen auf heimatlichem Boden versucht hätten. Lange Einzelretreats würden zu Psychosen und Entfremdung führen.

Ein anderer sehr bekannter buddhistischer Lehrer, Stephen Bachelor, Studienleiter am Sharpham College for Buddhist Studies and Contemporary Enquiry, schloss sich dieser Ansicht an. Er war zehn Jahre lang Mönch der Zen- und Buddhismus-Traditionen gewesen, bevor er zu einem der berühmtesten Skeptiker unter den Buddhisten wurde. Er stellte ganz offen eine so fundamentale Doktrin wie die Wiedergeburt in Frage. Er war ein Freund von Tenzin Palmo und konnte als solcher gut zu der Frage Stellung nehmen, ob eine Höhle für die fortgeschrittene spirituelle Praxis nötig sei.

«Ich glaube nicht, dass es viel Sinn macht, hier zu verallgemeinern. Es hat sehr viel mit dem Naturell der Person zu tun, die sich in eine Höhle begibt», sagte er. «Für Tenzin Palmo war es ganz offensichtlich eine enorm wertvolle Erfahrung, die sich auch hinterher noch, in einer Art Dominoeffekt, sehr positiv auswirkte. Sie ist warmherzig, gesellig, dem Leben zugewandt. Aber sie entspricht nicht der Norm des Eremiten, der im allgemeinen introvertiert ist und der Welt ablehnend gegenübersteht. Ich kann mir andere Fälle vorstellen, Menschen, die psychisch nicht so gefestigt sind und bei denen lange Meditationsphasen in völliger Einsamkeit zu psychotischen Zuständen führen können. Die Leute wenden sich nach innen, um Antworten auf ihre Unsicherheit und Entfremdung zu finden, und laufen dann Gefahr, sich in ihren neurotischen Wahrnehmungen einzukapseln, statt über sie hinauszugelangen. Man muss die entsprechende Persönlichkeitsstruktur haben, um mit dieser Form von Isolation zurechtkommen zu können.»

Als Mönch hatte Stephen Bachelor seine eigenen Retreats durchgeführt, wobei er einmal drei Jahre lang abwechselnd drei Monate drinnen und drei Monate draußen war. Er kennt die Art von Traumata, die eine solche Praxis auslösen kann. «Du konfrontierst dich mit deinen eigenen Dämonen (so du welche hast), was von enormem Wert ist. Du setzt dich mit dir selbst auseinander und musst mit Hilfe der Werkzeuge, die dir an die Hand gegeben wurden, auf deine Realität reagieren. Mein langes Retreat hat mein Glaubenssystem unterminiert», gestand er. «Ich war in einem Zen-Kloster, in dem wir nichts weiter taten, als uns die Frage zu stellen: ‹Was ist dies?› In meinem Retreat ging es darum, dass ich mich all dessen entledigte, was ich gelernt hatte. Das war ein ganz anderer Ansatz als der Tenzin Palmos. Im Zen gibt es diese Hingabe an einen bestimmten Lehrer nicht. Zu den größten Stärken Tenzin Palmos gehört, dass sie ein so großes Vertrauen zu ihrem Guru und der Tradition, der sie angehört, hat. Offen gestanden ist das ein für mich unbegreiflicher Glaube.»

All das stellte Tenzin Palmos Entschlossenheit und die zwölf Jahre außerordentlicher Anstrengungen und Bemühungen auf den Prüfstand. Hatte sie ihre Zeit vergeudet? Hätte sie ihr Retreat nicht auch in London oder Assisi durchführen können? War sie ein Anachronismus? Hätte sie es, wenn sie nicht mit 20 in den Osten verschwunden wäre, irgendwie anders gemacht? Sie verteidigte wie immer ihren Standpunkt und legte ein entschiedenes Bekenntnis zur Höhle ab.

«Es ist ein Armutszeugnis, dass so viele Menschen nicht über das Materielle hinaussehen können. In diesem Zeitalter der Dunkelheit mit seiner Gier, Gewalttätigkeit und Unwissenheit ist es wichtig, dass es einige Bereiche des Lichts gibt, etwas, das die ganze Schwere und Dunkelheit ausbalanciert. Für mich sind die Kontemplativen und in der Abgeschiedenheit Meditierenden so etwas wie Leuchttürme, die Liebe und Mitgefühl in die Welt ausstrahlen. Und da sie gebündelte Lichtstrahlen aussenden, sind sie sehr machtvoll. Sie werden quasi zu Generatoren – und sie sind im Grunde unverzichtbar.

Selbst jetzt noch treffe ich bei meinen Reisen um die Welt immer wieder Menschen, die mir sagen, wie sehr sie mein Aufenthalt in der Höhle inspiriert hat. Ich bekam einen Brief von einer Frau, in dem sie schrieb, dass ihr Sohn AIDS habe und im Sterben liege und dass sie in Augenblicken tiefster Depression an mich da oben in meiner Höhle denke, und dass ihr das ein Trost sei. So empfinden viele Menschen.

Ich kenne Katholiken, die der Gedanke beflügelt, dass christliche Kontemplative für die Sünder der Welt beten. Die Leute müssen bedenken, dass die Meditierenden in den Höhlen das nicht für sich selbst tun – sie meditieren zum Wohl aller fühlenden Wesen.» Ihre Worte lassen an jenen alten, aus dem Osten stammenden Spruch denken, der lautet: Gäbe es die Meditierenden nicht, die ihre Gebete auf das Wohlergehen der ganzen Menschheit richten, so würde sich die Sonne nicht jeden Morgen im Osten erheben. Und hat nicht Pascal gesagt, dass alle Probleme entstehen, weil der Mensch nicht still in seinem Zimmer sitzen kann?

Als Frau war Tenzin Palmo diese Entscheidung jedoch leicht gefallen. Sie hatte sich nie auch nur eine Sekunde lang nach einem Kind gesehnt. Und sie hatte somit auch nie, wie so viele ihrer Geschlechtsgenossinnen, die Anforderungen, die die Mutterschaft sowie die häusliche Verantwortung an eine Frau stellen, und den Ruf nach spiritueller Entwicklung unter einen Hut bringen müssen. Tsültrim Allione hatte, wie andere westliche Mütter, das Problem dadurch zu bewältigen versucht, dass sie ihre Kinder zu ihren Meditationssitzungen mitbrachte (wo sie dann über sie hinwegkletterten). Andere Frauen mussten vor der Morgendämmerung aufstehen, um die vorgeschriebenen Praxisstunden zusammenzukriegen, bevor sie ihre Kinder zur Schule brachten. Dann schoben sie andere Sitzungen zwischen dem Kochen und dem Besorgen der Wäsche ein und beendeten spätabends den Tag mit einer letzten Sitzung, wenn die Kinder im Bett waren. Tibetische Mütter wie Machig Lapdrön (die berühmte Yogini) lösten das Problem, indem sie ganz einfach ihre Kinder monatelang beim Vater zurückließen. Wirkte sich also die Mutterschaft ganz real gesehen auf das spirituelle Fortkommen nachteilig aus?

«Wir machen in unseren verschiedenen Leben jeweils andere Dinge», gab Tenzin Palmo zur Antwort. «Wir sollten herausfinden, wozu wir in diesem Leben aufgerufen sind. Es ist lächerlich, aufgrund irgendeines Ideals Nonne oder Eremitin zu werden, wenn man in einer engen Beziehung oder in der Familie sehr viel mehr lernen könnte. Durch die Mutterschaft lassen sich alle möglichen Qualitäten entwickeln, die man in einem monastischen Leben nicht zu fördern vermag. Die Tatsache, dass du eine Mutter bist, schneidet dich nicht vom Weg ab. Überhaupt nicht! Es gibt viele Vorgehensweisen, viele Wege und Möglichkeiten. Allerdings ist die Erwartung unrealistisch, dass du Mutter oder Geschäftsfrau werden und zugleich imstande sein könntest, dieselbe Art Praxis durchzuführen, die für Eremiten entwickelt wurde. Wenn Frauen die Wahl getroffen haben, Kinder zu bekommen, dann sollten sie eine Praxis entwickeln, die die Familie zu ihrem Dharma-Weg macht. Sonst werden sie am Ende sehr frustriert sein.

Im Grunde hängt alles von den Mitteln ab, die einem zur Verfügung stehen, und davon, wie viel Entschlusskraft und Mühe man hineinsteckt. Auf einer bestimmten Ebene ist es irrelevant, ob du nun ein Mönch, eine Nonne, ein Eremit oder eine Eremitin, eine Hausfrau, ein Geschäftsmann oder eine Geschäftsfrau bist. Die Praxis, im Augenblick präsent zu sein, das Herz zu öffnen, kann überall ausgeübt werden. Wenn du imstande bist, deine Achtsamkeit, dein Gewahrsein ins Alltagsleben, in deine Beziehungen, an deinem Arbeitsplatz und zu Hause einzubringen, dann spielt es keine Rolle, wo du dich aufhältst. Auch in Tibet waren die Personen, die den Regenbogenkörper erlangten, oft ganz ‹gewöhnliche› Menschen, von denen niemand wusste, dass sie praktizierten. Tatsache ist, dass man eine echte Praxis unter jeglichen Umständen ausüben können sollte.» Sie hielt einen Augenblick inne und setzte dann hinzu: «Es ist nur so, dass sich diese fortgeschritteneren Praktiken in einer förderlichen Umgebung, fernab von allen äußeren und inneren Ablenkungen, leichter durchführen lassen. Deshalb hat der Buddha den Sangha geschaffen. Denn man muss zugeben, dass sehr enge Beziehungen eine starke Ablenkung bedeuten können.»

Das war ein entscheidender Zusatz. Faktisch erklärte Tenzin Palmo, dass sich zwar sehr viel an spiritueller Entwicklung zu Hause oder im Büro erreichen ließ, dass aber die Höhle nach wie vor das Treibhaus für das Erlangen der Erleuchtung blieb. Das hatte sie im Grunde immer gesagt.

«Der Vorteil des Aufenthalts in einer Höhle ist der, dass du hier die Zeit und den Raum hast, dich vollständig zu konzentrieren. Die Praktiken sind kompliziert und beinhalten detaillierte Visualisationen. Die inneren yogischen Praktiken und Mantras erfordern sehr viel Zeit und einen abgeschiedenen Ort. Die kann man nicht mitten in der Stadt machen. Das Retreat bietet die Möglichkeit, das Essen gar zu kochen», sagte sie und bediente sich mit einer gewissen Ironie eines Gleichnisses aus der Küche, um sich besser verständlich zu machen. «Du musst alle Zutaten in einen Topf werfen und sie dann schmoren lassen. Und dazu brauchst du eine beständige Hitze. Wenn du die Flamme immer an- und ausmachen musst, wird es nie fertig. Das Retreat ist wie ein Leben im Dampfkochtopf. Alles wird sehr viel schneller gar. Deshalb wird es empfohlen.

Auch kurze Zeiten können schon sehr hilfreich sein. Du musst nicht dein ganzes Leben im Retreat verbringen. Ich denke, dass es vielen Menschen eine große Hilfe wäre, wenn sie ab und zu einige Zeit in der Stille und Abgeschiedenheit verbringen könnten, um Innenschau zu halten und herauszufinden, wer sie wirklich sind. Zeiten, in denen sie nicht so sehr damit beschäftigt sind, Rollen zu spielen, sich nicht damit abgeben, Mutter, Ehefrau, Ehemann, Karrieremensch, jedermanns bester Freund oder Freundin zu sein oder was wir sonst an Fassade der Welt gegenüber als unsere Identität ausgeben. Es ist sehr wohltuend, die Möglichkeit zu haben, mit sich allein zu sein und zu schauen, wer wirklich hinter all diesen Masken steckt.»

So betrachtet, sagte sie, sei die Einsiedelei kein archaisches Ideal, wie manche meinten. Und solange bestimmte Personen, so wie sie, das Verlangen hätten, den einsamen inneren Weg zu gehen, fernab von der Hektik und dem Getriebe des normalen Lebens, werde es auch immer die Höhle in der einen oder anderen Form geben. «Ist denn die Suche nach der Wirklichkeit altmodisch?» Es war eher eine rhetorische Frage. «Solange die Suche nach spirituellem Verstehen Bestand hat, wird auch die Höhle Bestand haben.»

Tenzin Palmo, nun draußen in der Welt, war mit vielen der Frauen in Kontakt gekommen, die sich für ein weiblicheres Erscheinungsbild des Buddha einsetzten, und zollte ihren Bemühungen Beifall. «Der Druck der Frauen, diese Veränderungen herbeizuführen, wird einer der größten Beiträge sein, die der Westen für den Dharma leistet», sagte sie. Mit den Jahren hatte sie eine interessante Beziehung zu den stärksten Verfechterinnen dieser Bewegung entwickelt. Wie diese strebte auch sie Chancengleichheit für alle Frauen in der spirituellen

Arena an. Wie diese verabscheute sie die latente Frauenfeindlichkeit des patriarchalen Systems. Wie diese war sie äußerst unabhängig und absolut gewillt, sich ungeachtet aller Hindernisse ihren eigenen Weg zu bahnen. Wie diese bezog sie gegen Diskriminierung und Ungerechtigkeit Stellung, wo immer sie sie wahrnahm. Aber im Gegensatz zu ihnen glaubte sie nicht, dass frontale Attacken, wie die Feministinnen sie oft führten, das richtige Mittel waren.

«Diese zornigen Feministinnen! Überall stoße ich auf sie. Sie haben eine Vorstellung von gerechter Empörung, die sie dann benutzen, um ihre Opposition gegen alles, was ihnen unbillig erscheint, zu nähren. Sie richten eine Unmenge Zorn und Wut auf die Männer, so, als wären diese für alles Übel dieser Welt verantwortlich. Ehrlich gesagt, glaube ich nicht, dass dieser Zorn hilfreich ist. Und das sage ich ihnen auch. Zorn ist einfach Zorn, wir benutzen ihn zur Rechtfertigung unserer eigenen negativen Bewusstseinszustände und Gefühlslagen. In uns allen steckt ein riesiges Reservoir an Wut, Zorn und Ärger, und wir gießen nur zusätzlich Öl ins Feuer, wenn wir diese Energien auf was auch immer richten. Wenn wir mit Zorn und Wut an etwas herangehen, führt das auf der anderen Seite nur zu Widerstand, Feindseligkeit und Abwehrhaltung. Der Buddha sagte, dass Hass nicht durch Hass überwunden wird, sondern nur durch Liebe.

Zugegeben, die Männer haben einige wirklich schreckliche Dinge getan, aber Frauen haben ihnen oft dabei geholfen. Wenn man die Situation fair betrachtet, sind es nicht selten Frauen, die andere Frauen unten halten. Da stehen nicht Männer gegen Frauen, sondern Frauen gegen Frauen. Schließlich war die größte Widersacherin der Suffragetten Königin Victoria! Was könnten die Männer denn schon tun, wenn die Frauen zusammenhalten würden? Bei der ganzen Sache geht es nicht um die Polarisierung des Menschengeschlechts. Dies ist eine sehr viel subtilere Angelegenheit.»

In ihren Worten lag Weisheit. Was, wenn die letzten paar tausend Jahre eine Gegenreaktion auf die vorangegangenen Jahrtausende waren, in denen die Erdgöttin die Oberherrschaft innehatte (wie viele Expertinnen sagen), konnte es nutzen, wenn das Pendel nun wieder in die andere Richtung ausschlug? Wenn sich eine neue Ordnung herausbilden sollte, war ein Gleichgewicht zwischen Männlichem und

Weiblichem (wie auch zwischen Ost und West) ganz offensichtlich die beste Lösung. Und weil das, was sie sagte, vernünftig war und einen Sinn ergab, hörten die Frauen ihr zu und sagten, dass sie das bislang noch nicht so gesehen hatten.

Tenzin Palmo hatte ihre eigenen Vorstellungen von einer Revolution. «Sie sollte sich auf eine freimütige Diskussion, Geduld, Kompromissbereitschaft, eine Menge Gleichmut und ein weiches, warmes Herz gründen.» Das waren die klassischen buddhistischen Werte. «Der Buddha sagte, dass wir alle fühlenden Wesen lieben sollen. Wie können wir dann irgendwelche fühlenden Wesen als Feinde betrachten?» Sie befürwortete ganz besonders eine ruhige, nicht schrille und schneidende Stimme. «Natürlich kannst du deine Stimme erheben, aber erst musst du deine Motivation überprüfen. Erhebst du sie aus Liebe zu anderen Frauen und ihren Bedürfnissen und Notwendigkeiten oder aus Wut und Zorn? Wenn wir sie von negativen Emotionen geleitet erheben, macht es die Sache nur noch schlimmer», erklärte sie. «Andererseits müssen wir auch nicht einfältig dazu lächeln.»

Ihr Bild einer machtvollen Frau entsprach der Madonna des Malers Piero della Francesca. Mit weit geöffnetem Umhang bietet sie den Menschen unter ihr Schutz. «Sie schaut die Betrachter direkt an. Sie ist stark, selbstsicher, in keiner Weise unterwürfig, aber auch nicht zornig oder ärgerlich. Da sind Liebe, Mitgefühl, Würde und Kraft. Sie ist eine sehr machtvolle Lady», sagte sie.

Da war auch eine junge Tibeterin namens Khandro Rinpoche, die überall auf der Welt begonnen hatte zu lehren und die Tenzin Palmo zutiefst achtete und bewunderte. «Sie hat einen messerscharfen Verstand, ist absolut klar und zugleich total weiblich. Ich habe sie nie ärgerlich oder wütend erlebt, doch alle haben einen gewaltigen Respekt vor ihr. Sie strahlt von innen heraus Autorität aus, und wenn sie auf dem Thron sitzt, sitzt sie dort in völligem Selbstvertrauen, einem egolosen Selbstvertrauen. Da ist überhaupt kein Stolz. Mit ihrer unschätzbaren Weisheit verbindet sich eine warmherzige, fürsorgliche Seite. Sie hat sich absolut unter Kontrolle, ist in keiner Weise schwach oder sentimental.»

Tenzin Palmo hielt einen Moment inne und fügte dann hinzu: «Wie sieht unser weibliches Leitbild denn aus? Für mich beinhaltet es vor allem Gelassenheit und innere Stärke. Wenn du darüber verfügst, strahlst du eine ganz natürliche Autorität aus, und die Menschen werden dir gerne folgen. Das sind die Qualitäten und Eigenschaften, die zu entwickeln ich die Frauen im Nonnenkloster Dongyu Gatsal Ling ermuntern möchte.»

Und so setzte Tenzin Palmo ihren Weg fort, durchreiste in aller Ruhe die Welt und sammelte Almosen für ein Nonnenkloster, in dem dies alles verwirklicht werden konnte.

17

DIE GEGENWART

Neun Jahre sind nun seit meiner ersten Begegnung mit Tenzin Palmo vergangen. In dieser Zeit hat sich viel verändert. Tenzin Palmo hat etwas von jener lichten Ausstrahlung verloren, die sie direkt nach dem Verlassen ihrer Höhle hatte, aber ihre Augen funkeln immer noch, und sie ist so lebhaft und munter wie eh und je. Doch die Jahre des Herumreisens, des ständigen In-Bewegung-Seins, des unaufhörlichen Unterrichtens forderten ihren Preis. Es war eine lange, harte Strecke. Inzwischen hat sie genügend Geld gesammelt, um Grund und Boden kaufen und die Fundamente des Klosters errichten zu können. Dies stellt an sich schon eine ungeheure Leistung dar, noch ungewöhnlicher aber ist es für eine Frau, die dies alles ganz allein, ohne die Hilfe von professionellen Fundraisern, zuwege gebracht hat. Dennoch hat sie immer noch einen langen Weg vor sich, und so reist sie nach wie vor herum, um weitere Mittel für den Aufbau des Nonnenklosters aufzutreiben. So langsam der Prozess auch vorangeht, sie bleibt merkwürdig unbekümmert, zeigte keine Anzeichen von Ungeduld, um die Dinge zu beschleunigen und die Sache zu Ende zu bringen. Sie verbindet keinerlei persönlichen Ehrgeiz damit. Auf einer bestimmten Ebene ist es ihr wirklich egal.

«Mein Leben liegt buchstäblich in den Händen von Buddha, Dharma und Sangha. Ich habe es übergeben. Was immer ich zum Wohle aller Lebewesen tun soll, das will ich tun. Es ist mir gleich», gesteht sie. «Abgesehen davon habe ich festgestellt, dass alles schief läuft, sobald ich versuche, darauf zu drängen, dass die Dinge so gemacht werden, wie ich mir das vorstelle.»

Nachdem sie sich dem Buddha ergeben hat, scheinen sich alle praktischen Dinge ihres Lebens auf seltsame Weise von allein zu regeln. Die Menschen sind nur allzu glücklich, sie bei sich zu haben, solange es ihr möglich ist – sie bieten ihr Flugtickets, ihre Häuser, Essen, Transport, Geld an, so dass allen ihren physischen Bedürfnissen entsprochen wird. Und so soll es auch sein, sagt sie. «Eine echte Nonne oder ein echter Mönch lebt ohne Sicherheit, nur von der Großzügigkeit anderer. Das ist im Gegensatz zu dem, was manche Westler denken mögen, kein Parasitentum, sondern ein Leben im Glauben und in der Zuversicht. Auch Jesus sagte: ‹Sorgt euch nicht um morgen. Fragt nicht: Was sollen wir essen? Was sollen wir trinken? Was sollen wir anziehen?› Wir sollten darauf vertrauen, dass wir, wenn wir aufrichtig praktizieren, nicht verhungern und nicht nur materiell, sondern in jeder Hinsicht unterstützt werden.»

So steht Tenzin Palmo mit dem Ausleben ihres Glaubens in einem merkwürdigen Gegensatz zum Rest unserer heutigen Gesellschaft, die so ungeheuer großen Wert auf den Erwerb und die Befriedigung von Wünschen legt. Sie hat kein eigenes Heim, keine Familie, keine Sicherheit, keinen Partner, keine sexuelle Beziehung, keine Altersvorsorge. Sie hat kein Bedürfnis nach einer Anhäufung von Dingen. Noch immer besitzt sie nichts außer dem Notwendigsten – ihre Nonnengewänder, ein paar Texte, einen Pullover, einen Schlafsack und ein paar wenige, persönliche Dinge. Einmal wurde sie extravagant und gestattete sich den Luxus des Kaufs eines Nackenkissens für ihre Reisen, das ihr aber bald darauf wieder abhanden kam. «Das geschah mir ganz recht. Ich hing schon bei weitem zu sehr an dem Ding», bemerkte sie lachend. Ihr Bankkonto sieht so mager aus wie eh und je. Sie weigert sich, irgendetwas von den Spenden anzurühren, die sie für ihr Nonnenkloster bekommt – noch nicht einmal für die Kosten der Reisen, die sie zu diesem Zweck unternimmt. Wie schon immer, ist sie peinlich genau, was die Gelder angeht, die für religiöse Zwecke gespendet werden. Doch ungeachtet ihrer Mittellosigkeit bleibt sie heiter und zuversichtlich, Geld interessiert sie nicht. Sie würde immer frohgemut ihr Portmonnee öffnen und jedem, der sie darum bittet, geben, was sie kann. Sie lebt das Leben der Entsagung, das sie immer leben wollte, und demonstriert damit anschaulich, dass die Beschränkung auf das Notwendigste Glück und inneren Frieden mit sich zu bringen vermag.

Wenn ich sie auf ihren Reisen in die verschiedenen Teile der Welt begleitete, trat mir eine anziehende und doch rätselhafte Persönlichkeit entgegen, eine merkwürdige Mischung aus Widersprüchen, die sich einer Ergründung letztlich entzieht. Sie ist außerordentlich pragmatisch, realistisch, sachlich und nüchtern in ihrer Rede und hat zugleich etwas Anderweltliches, Übersinnliches an sich, den Blick auf einen Horizont gerichtet, der zu fern ist, als dass die meisten von uns ihn wahrnehmen könnten. Sie ist es zufrieden, klaglos Stunden, ja Tage auf Menschen, Flugzeuge, Ereignisse zu warten, so dass man sie für passiv und leicht beeinflussbar halten könnte. Aber niemand könnte entschlossener und entschiedener auftreten, wenn es um Dinge geht, die ihr am Herzen liegen. Sie wird jedermann unverblümt sagen, warum man kein Fleisch essen soll, tief aufseufzen, wenn die Rede auf die Truthähne zu Thanksgiving kommt, und einen finsteren Blick auf die im Regal stolz zur Schau gestellten Angelbücher werfen. Und wehe dem, der sich in theologischen Dingen mit ihr anlegt; dann aktiviert sie die ganze Kraft ihres fulminanten Denkvermögens und ihrer rhetorischen Begabung, und ihr Gegner kann nur noch atemlos in Deckung gehen. Sie ist unendlich gütig und freundlich, aber man sieht sich vor, denn trotz ihrer Demut hat sie etwas Ehrfurchtgebietendes. Und manchmal kann sie einem, wenn sie einen ansieht, vielleicht nachdem man gerade etwas Bedeutendes gesagt zu haben meinte, das Gefühl geben, wirklich noch ein ziemlich kleines Kind zu sein.

Es fallen noch andere Dinge an ihr auf. Trotz ihrer Effizienz und der Belastungen, die ihre Lehrtätigkeit mit sich bringt, ist ihr Tempo langsam und es umgibt sie eine Atmosphäre der Muße. Irgendwie scheint die Devise der 1990er Jahre an ihr vorübergegangen zu sein, wonach wir unbedingt unglaublich beschäftigt zu sein haben und unsere Zeit vergeuden, wenn wir nicht 60 Stunden in der Woche arbeiten und dann unsere Freizeit im Fitnessstudio verbringen (um noch bessere Arbeitsleistungen vollbringen zu können). Dass es heutzutage quasi als Sünde gilt, sich hinzusetzen und einfach nur aus dem Fenster zu schauen, lässt sie kalt. Und so ist sie – starker Kontrast zu den emotional gestressten und physisch erschöpften Menschen, die auf sie zuströmen – eine Oase der Ruhe und Gelassenheit. Auf diese Weise lehrt sie, dass «Sein» oft besser ist als «Tun» und dass sich Zeit zu nehmen, um still zu werden und nachzudenken, häufig eine bessere Investition in eine künftige Produktivität darstellt, als jeden Augenblick mit fieberhafter Aktivität voll zu stopfen.

Ihre hervorstechendste Eigenschaft jedoch ist und bleibt ihre offene und spontane Geselligkeit. Trotz ihres Status und der vielen Leute, denen sie begegnete, ist sie der menschlichen Gesellschaft nicht müde geworden. Ihr Freundeskreis ist ungeheuer groß, und wer einmal in ihre Domäne eingetreten ist, wird nie wieder vergessen. Sie hält Kontakt mit Freundinnen und Freunden aus ihrer Kindheit und mit fast allen ihren Familienangehörigen, einschließlich ihres Bruders Mervyn und seiner Frau Sandy, mit der sie zur Schule gegangen ist. Sie heißt alle willkommen, vor allem jene, die sich wirklich auf der Suche befinden. Ihre Herzlichkeit ist ebenso echt, wie ihr Interesse an der Unmenge von Problemen, die ihr vorgelegt werden, ihre Fähigkeit zuzuhören und Rat zu erteilen scheint unerschöpflich. Aber im Innern weiß man, dass sie einen, wenn sie einen nie wieder sähe, nicht wirklich vermissen würde. Ihr Mangel an emotionalen Bedürfnissen bringt einen aus der Fassung, denn das Ego möchte umschmeichelt werden, möchte erwünscht sein. Von ihr wird es das aber nie bekommen. Es ist ihr hart errungenes «nicht anhaftendes Engagement», das ihr das freie Herumstreifen in der Welt ohne Verwicklung in enge persönliche Beziehungen erlaubt.

«Ich halte das für keine schlechte Sache», sagt sie dazu. «Das heißt nicht, dass man keine Liebe und kein Mitgefühl empfindet, dass man gleichgültig ist. Es bedeutet nur, dass man an nichts festhält. Das Beisammensein mit jemandem kann einen mit großer Freude erfüllen, aber es macht auch nichts, wenn man nicht beisammen ist. Die Leute, vor allem Familienangehörige, sind verstimmt, wenn man nicht an ihnen hängt, das liegt daran, dass wir ständig Liebe mit Anhaftung verwechseln.»

Wenn sie sich in Tashi Jong aufhält, sucht sie stets den jungen

Khamtrul Rinpoche auf, aus dem mittlerweile ein ernster, ziemlich schüchterner Teenager geworden ist. Sie bringt ihm etwas Englisch bei und versucht, westliche Bücher in seine strenge und ihrer Meinung nach allzu isolierte Welt einzuschmuggeln. Jetzt, da ihr großer Mentor, der vorangegangene Khamtrul Rinpoche, nicht mehr da ist, hat sie das Gefühl, Führung aus einer anderen Quelle zu erhalten. «Ich glaube, ich werde von den Dakinis geleitet», sagt sie. Von jenen mächtigen weiblichen spirituellen Kräften, zu denen sie schon immer eine besonders enge Verbindung hatte.

Auch im weiteren feministisch-buddhistischen Umfeld hat es einige Veränderungen gegeben. Seit 1993, als sie und andere Frauen auf der Konferenz in Dharamsala den Dalai Lama mit der Diskriminierung der Frauen konfrontierten, hat sich das Los der Frauen ein kleines bisschen verbessert. Ein Team von entsprechend ausgebildeten Nonnen hat begonnen, durch die Welt zu reisen und für die Sache des Weltfriedens Sand-Mandalas der Kalachakra-Gottheit anzufertigen – traditionellerweise eine Angelegenheit der Mönche. Auch wurde ein neues Nonnenkloster, Dolma Ling, in Dharamsala eröffnet, in dem die Nonnen nun auch die Kunst des Debattierens erlernen. Das bedeutet einen gewaltigen Sprung nach vorn, da das Geschäft der Dialektik bislang als ausschließliche Domäne der Mönche betrachtet wurde. Im letzten Jahr brachten die Nonnen schließlich genügend Mut auf, um im Tempelhof des Dalai Lama vor den Mönchen öffentlich zu debattieren. Da standen sie, kleine, junge, enthusiastische Gestalten, in der rituellen Gestik des Punktemachens mit den Füßen aufstampfend und in die Hände klatschend. Westliche Beobachter berichteten, dass sie dieser Anblick zu Tränen gerührt habe. Und was die Einführung der vollen Ordination von Nonnen angeht, so rückt auch sie immer näher. Der Dalai Lama hat Boten nach Taiwan zur Erkundung der chinesischen Bhikshuni-Tradition entsandt in der Hoffnung, diese auch den tibetischen Nonnen zugänglich machen zu können. Nach 1000 Jahren wäre es auch an der Zeit.

Doch es ist immer noch ein langer Weg. Noch immer sitzen keine Frauen unter den massierten Reihen von Mönchsgestalten im Großen Tempel. Und es ist bedrückend, dass der neue Zustrom von anerkannten Reinkarnationen ehemaliger Meister und Linienhalter durchweg aus Knaben besteht – was wenig Hoffnung auf ein Zusammenbrechen der patriarchalen hierarchischen Strukturen macht. Und noch immer wird der normale Mann auf den Straßen Asiens allein schon bei der Erwähnung des Gedankens, dass eine Frau Erleuchtung erlangen könnte, ungläubig die Augen aufreißen.

Mit den Jahren hat sich Tenzin Palmo, die Nonne, einen geradezu legendären Status erworben und wird von den jüngeren westlichen Nonnen ehrfürchtig bestaunt, wann immer sie unter ihnen auftaucht. Sie ist eine Ikone geworden. Eine Frau, die es allen gezeigt hat. Eine – noch dazu westliche – Frau, die zwölf Jahre lang, ganz allein, in einer Höhle überlebt und sich der ernsthaften Meditation gewidmet hat, ohne je in ihrem Bestreben wankend zu werden oder nachzulassen. Eine Frau, deren weise Worte nun die Menschen inspirieren, seien sie buddhistische Laiengläubige oder Ordinierte. So fungiert Tenzin Palmo für spirituell orientierte Frauen allerorten weiterhin als Rollenvorbild und Fackelträgerin.

Ihre Pläne für die Zukunft, sofern sie sich sie zu haben gestattet, kreisen um ein einziges Thema, das Thema ihres Lebens, das Erlangen der Erleuchtung. Mit diesem Ziel vor Augen, möchte sie, wenn ihr Vorhaben, der Aufbau des Nonnenklosters, beendet ist, wieder in die Höhle zurückkehren. Damit wird sich der Kreis geschlossen haben. Sie hatte die Welt verlassen, kehrte dann wieder in sie zurück und wird sie neuerlich verlassen, um in der Einsamkeit und Stille dem inneren Leben zu folgen. Auch wenn heutzutage tapfer behauptet wird, man könne auch in der äußeren Welt zur Erleuchtung gelangen, hat sie doch das Gefühl, dass die Höhle in unserer modernen Welt noch immer ihre Bedeutung hat und dass sie letztlich dorthin gehört.

«Ich möchte gerne sehr tiefe Erkenntnisse verwirklichen», sagt sie leise. «Und alle meine Lehrer, einschließlich des Dalai Lama, haben gesagt, dass für mich das Wichtigste, das ich in diesem Leben zu tun habe, das Retreat ist. Wenn ich im Retreat bin, weiß ich auf einer sehr tiefen Ebene, dass ich am richtigen Ort bin und das Richtige tue.»

Damit bleibt sie nach wie vor eine seltene Ausnahme. Wie Richard Gere, der Schauspieler und engagierte Buddhist, sagte: «Die meisten von uns Westlern würden einen Gehirntumor kriegen, wenn sie sich in eine Höhle begeben würden. Wir sind so aktiv, dass sich unser Karma im Tun ausagieren muss. Nicht viele von uns sind so weit, dass sie ihre Geistesströme ausreichend spiritualisiert haben, um mit einer Höhle zurechtkommen zu können.»

Tenzin Palmo, die zweifellos auf dem spirituellen Weg sehr weit vorangekommen ist, behauptet dennoch, dass sie noch einen langen Weg vor sich hat. «Ich habe noch kaum angefangen. Es gibt noch eine Menge Barrieren, die ich in meinem Geist durchbrechen muss. Ein kurzes Aufblitzen ist nicht genug. Es bedarf der fortgesetzten Wiederholung, bis sich die Erkenntnisse in deinem Geist gefestigt haben. Deshalb dauert es so lange – zwölf Jahre, 25 Jahre, ein Leben, mehrere Leben.»

Sie wird allerdings nicht in ihre Höhle in Lahoul zurückkehren. Ihr Körper sei zu alt, um den extremen Härten eines Lebens in über 4000 Metern Höhe im Himalaya standzuhalten, sagt sie. Auch kann sie nicht mehr, wie ehedem, mit einer Last von 15 Kilogramm an Vorräten auf dem Buckel die Berge hochklettern. Ganz abgesehen davon, dass ihr altes Zuhause gar nicht mehr existiert. Nachdem sie es 1988 verlassen hatte, hatte keine der Nonnen und auch kein Mönch den Willen oder den Mut, dort einzuziehen und da weiterzumachen, wo Tenzin Palmo aufgehört hatte. In der Folge wurde die Höhle eingerissen – die Tür und die Fenster wurden hinunter in den Ort gebracht, um eine neue Verwendung zu finden, und die Steine wurden auf dem Abhang verstreut, wo sie ursprünglich hergekommen waren. Der Felsüberhang wurde wieder sichtbar, und lange sah alles so aus, als habe da oben nie jemand gesessen, gegärtnert und gebetet. Jahre später erlebte die Höhle noch einmal für kurze Zeit ein Comeback. Eine ebenfalls aus dem Westen stammende Frau, die deutsche Nonne Edith Besch, entdeckte 1995 den durch Tenzin Palmo berühmt gewordenen Ort wieder und baute die Höhle von neuem auf – diesmal in sehr viel luxuriöserer Ausführung. Es wurde noch ein Raum hinzugefügt und die Vorderwand weiter vorgesetzt. Es gab sogar eine eigene Küche und eine Außentoilette. Edith verbrachte allerdings nur ein Jahr in der Höhle, bevor sie an Krebs erkrankte und, erst 43 Jahre alt, in einem Kloster unten im Tal starb. Die Ortsansässigen bezeugten, dass sie, als sie ankam, ein sehr hitziges Gemüt gehabt habe, aber nach zwölf Monaten trotz ihrer Krankheit als heiterer, gelassener und geduldiger Mensch aus ihrem Retreat hervorgekommen und einen friedlichen Tod gestorben sei. Die Höhle hatte noch einmal, so schien es, ihre Magie ausgeübt.

Tenzin Palmos nächste Höhle wird eher eine metaphorische denn eine real existierende Höhle sein. «Sehr wahrscheinlich wird es sich um eine kleine Retreat-Hütte an einem ruhigen und friedlichen, aber nicht so abgelegenen Ort handeln. Vielleicht eine kleine Eremitage auf irgendeinem Grundstück, wo sich die Vorräte leichter herbeischaffen lassen. Dieser Platz kann überall sein, nur nicht in England! Ich fühle mich dort nach wie vor nicht zu Hause. Er könnte gut im Osten sein, ich hatte schon immer das Gefühl, dass ich im Osten sterben werde», sagte sie nachdenklich.

Der Ort spielt keine Rolle. Wo immer er sein wird, sie hat nur ein Ziel vor Augen: die Fortsetzung ihres Weges zur Vollkommenheit im Körper einer Frau.

DANK

Folgenden Personen möchte ich meinen herzlichen Dank ausspre-
chen: Robert Drew für seine unschätzbare Ermutigung; Monica
Joyce, unerschrockene Mitreisende; Ngawang dafür, dass er mich zur
Höhle hinaufschleppte; Dave Reynolds dafür, dass er an mich glaubte; Ruth Logan und dem Bloomsbury-Team für ihre ungeheuren Bemühungen; Andrew Doust dafür, dass er mir den Marsch blies, wenn
es hart auf hart ging; und natürlich Tenzin Palmo, die mich so groß-
zügig in ihr Leben einließ.

Die Übersetzerin bedankt sich herzlich bei Ulli Olvedi für ihre
Unterstützung.

LITERATURHINWEISE

Allione, Tsültrim: *Tibets weise Frauen,* München 1986.

Armstrong, Karen: *The Gospel According to Woman,*
Fount Paperbacks 1986.

Batchelor, Stephen: *Der große Tibet-Führer,* Bergwang/Tirol 1988.

Blofeld, John: *Rad des Lebens,* Zürich 1991.

Chagdud Tulku: *Der Herr des Tanzes,* Zürich 1998.

Crook, John, und Low, James: *The Yoginis of Ladakh,*
Motilal Banarsidass, Indien, 1997.

Dalai Lama, S. H. Tenzin Gyatso: *Beyond Dogma,*
Souvenir Press 1994.

Dalai Lama, S. H. Tenzin Gyatso, und Carriere, Jean-Claude:
*Die Kraft des Buddhismus und der Zustand der Welt: Bewußter
leben in der Welt von heute,* Freiburg i. Br. 1998.

David-Néel, Alexandra: *Magic and Mystery in Tibet,* Rupa, Indien,
1989.

Dowman, Keith: *Sky Dancer,* Snow Lion 1996.

Evans-Wentz, W. Y.: *Milarepa – Tibets grosser Yogi,* Bern/München/
Wien ⁴1993.

Hardy, Justine: *Die ockerbraune Grenze,* Bergisch-Gladbach 1996.

Harvey, Andrew: *Der Pfad ins Herz,* Reinbek 1994.

Hixon, Lex: *Mother of the Buddhas,* Quest 1993.

Humphreys, Christmas: *Karma und Wiedergeburt,* Bern/München/
Wien 1980 u. ö.

Kornfield, Jack: *Frag den Buddha und geh den Weg des Herzens,* München 1993.

Lama Yeshe: *Introduction to Tantra,* Wisdom 1987.

Nydahl, Ole (Hrsg.): *Der Diamantweg,* Wien ²1979.

Pema Chodron: *Start Where You Are,* Shambala 1994.

Rahula, Walpola: *Was der Buddha lehrte,* Zürich 1963.

Satprem: *Mutter oder der göttliche Materialismus,* Gladenbach 1992.

Shaw, Miranda: *Erleuchtung durch Ekstase. Frauen im tantrischen Buddhismus,* Frankfurt a. M. 1997.

Sogyal Rinpoche: *Das tibetische Buch vom Leben und vom Sterben,* Bern/München/Wien ¹⁴1995.

Therese von Lisieux: *Geschichte einer Seele und weitere Selbstzeugnisse,* München 1949.

Trungpa, Chögyam: *Ich komme aus Tibet: Mein Leben in der buddhistischen Mönchswelt und die Flucht über den Himalaya,* Olten 1970.

Tweedie, Irina: *Daughter of Fire,* The Golden Sufi Center 1986.

Whitmont, Edward C.: *Die Rückkehr der Göttin: von der Kraft des Weiblichen in Individuum und Gesellschaft,* München 1989.